Beck'sche Reihe
BsR 360

Ein chronologischer Bericht über alle Phasen des „Historikerstreits", der im Frühsommer 1986 in der Bundesrepublik ausbrach und der so rasch nicht beigelegt werden wird. Zugleich eine entschiedene Stellungnahme zu den wissenschaftlichen und politischen Streitfragen dieser Kontroverse.

„Die Mündigkeit, die reflektierte Identität des Bürgers der Bundesrepublik wird sich auch künftig daran erweisen, wie selbstkritisch, wie frei von Arroganz und Verdrängungsgelüsten er mit der schweren Bürde unserer Vergangenheit umzugehen bereit ist. Daran wird sich seine innere Freiheit und Souveränität erweisen. Auf die Identitätsverkrümmung der falschen Propheten kann er dagegen umstandslos verzichten. Heute geschrieben, gehört ihr Lockruf morgen zur Makulatur der Zeitgeschichte, wenn keiner auf ihn hereinfällt." (Hans-Ulrich Wehler)

Hans-Ulrich Wehler, geb. 1931, war 1961–1970 Assistent bzw. Privatdozent in Köln (Promotion und Habilitation bei Theodor Schieder), 1970/71 Professor an der Freien Universität Berlin und ist seit 1971 Professor für Geschichte an der Universität Bielefeld. Er war Gastprofessor an den Universitäten Harvard, Princeton und Stanford. Im Verlag C.H.Beck erschienen 1987 die beiden ersten Bände seiner vierbändigen ‚Deutschen Gesellschaftsgeschichte'.

HANS-ULRICH WEHLER

Entsorgung der deutschen Vergangenheit?

Ein polemischer Essay zum „Historikerstreit“

VERLAG C.H.BECK MÜNCHEN

CIP-Titelaufnahme der Deutschen Bibliothek

Wehler, Hans-Ulrich:
Entsorgung der deutschen Vergangenheit : e. polem. Essay
zum "Historikerstreit" / Hans-Ulrich Wehler. –
Orig.-Ausg. – München : Beck, 1988
(Beck'sche Reihe ; 360)
ISBN 3-406-33027-4

NE: GT

Originalausgabe
ISBN 3 406 33027 4

Umschlagentwurf von Uwe Göbel, München

Gesamtherstellung: Appl, Wemding
Printed in Germany

Inhalt

Einleitung

Im Juni 1986 brach hierzulande ein Streit über die historische Interpretation und die politische Bedeutung der neueren deutschen Geschichte aus. Vordergründig sah er zuerst wie ein wissenschaftlicher Disput aus. Tatsächlich aber handelte es sich von Anfang an um eine öffentliche Meinungskontroverse: Es ging um Grundfragen des politischen Bewußtseins und des Selbstverständnisses der Bundesrepublik, das sie heute besitzt und künftig besitzen soll. Wegen dieser Dimension gewann er zu Recht seine Vehemenz. Bei diesem sogenannten „Historikerstreit" geht es vor allem

- um die historische Stellung des Nationalsozialismus, seiner Massenverbrechen, seiner Vernichtungskriegführung an sich, aber auch und gerade um ihre Bedeutung für unsere Gegenwart und für die Zukunft der Bundesrepublik;
- um den abenteuerlichen Versuch einer Relativierung seiner grenzenlosen Untaten durch irreführende Vergleiche;
- um den angeblichen Verlust eines stabilisierenden Geschichtsbewußtseins und daher um den Versuch neokonservativer Historiker und Publizisten, zur Erweckung eines wendekonservativ geläuterten Identitätsgefühls nach Kräften beizutragen;
- um die Berechtigung des Vorwurfs, daß „apologetische Tendenzen" unter einigen Historikern, die sich – geleitet von derartigen Intentionen – mit der neueren deutschen Geschichte beschäftigten, zutage getreten seien und bereits Wirkungen ausgelöst hätten.

Der „Historikerstreit" schlug, wie gesagt, alsbald hohe Wellen; er läuft vielerorts weiter; sein Ende ist noch nicht in Sicht. Das kann angesichts der fundamentalen Probleme, die dabei zur Debatte stehen, auch gar nicht anders sein.

Da dieser Streit kurz vor den Sommerferien 1986 begann,

während der Ferienpause in obskurem Stil weiterlief, ehe er im frühen Herbst einen ersten Höhepunkt erreichte, wurden viele, die sich für diese Fragen interessieren, überrascht oder standen doch erheblichen praktischen Schwierigkeiten gegenüber, wenn sie sich danach sowohl mit der Vorgeschichte als auch mit den frühen Phasen der eskalierenden Diskussion vertraut machen wollten. Wer nicht von Berufs wegen diese Probleme kannte oder wer nicht von Anfang an den Gang der Diskussion genau verfolgt hatte, konnte sich in der schnellen Abfolge wechselseitiger Attacken, die öfters wesentliche Behauptungen der Gegenseite stillschweigend als bekannt voraussetzten, nur schwer oder überhaupt nicht zurechtfinden.

Nicht zuletzt auf den Wunsch von zahlreichen Studenten und Lehrern, von in- und ausländischen Historikern und Sozialwissenschaftlern folgt daher hier ein Überblick mit einer abschließenden Zwischenbilanz. Dieser Überblick ist jedoch keineswegs „sine ira et studio" im Stil eines distanzierten, abwägenden Berichts, sondern bewußt „cum ira et studio" geschrieben. Daß der Überblick mithin als polemischer Essay dezidiert Partei ergreift – daran soll von Anfang an kein Zweifel aufkommen.

Dieser Überblick richtet sich z. B.

- gegen die verharmlosende Relativierung der nationalsozialistischen Vernichtungspolitik mit Hilfe bizarrer Konstruktionen;
- gegen die dubiose These, den marxistischen „Vernichtungsgedanken" und den „Klassenkrieg" insbesondere des frühen bolschewistischen Regimes als das ausschlaggebende, imitierte Vorbild des Nationalsozialismus und zugleich als eine von ihm mit aberwitzig radikalisierten Mitteln bekämpfte „asiatische Tat" hinzustellen;
- gegen den atemberaubenden Versuch, die apodiktische Behauptung von Alfred Heuss, daß der Verlust des deutschen Ostens und die Vertreibung der meisten Deutschen aus den Ostgebieten die „wohl gravierendste Kriegsfolge" darstelle, als ein seriöses, erkenntnisversprechendes Urteil ernstzunehmen;[1]

- gegen die Wiederbelebung von wohlbekannten Vorwürfen gegen die englische Kriegszielpolitik, die London – oder das „perfide Albion", wie man sich da früher ausdrückte – im Zweiten Weltkrieg aus nur zu verständlichen Gründen verfolgt hat;
- gegen den apologetischen Effekt der Interpretationsrichtung, noch einmal Hitler als den Hauptschuldigen des „Holocaust" zu beschwören, damit aber die alten Machteliten und die Wehrmacht, die Verwaltung und die Justiz, die Reichsbahn und die stumme Masse der Mitwisser indirekt zu entlasten;
- gegen das gefährliche Ritual, im Stile tibetanischer Gebetsmühlen monoton, aber regelmäßig auf einer angeblich unumgänglichen, konservativ geprägten Identitätsbildung zu bestehen;
- gegen das offenbar unstillbare Verlangen, einerseits einer merkwürdigen Konsensgier zu frönen, andrerseits aber, freilich ganz konsequent, mit einem antipluralistischen Verdikt einen der wichtigsten Stützpfeiler der Bundesrepublik anzugreifen;
- gegen die artifizielle Renaissance einer geopolitischen Denkweise, deren banalen Zauberformeln zufolge in der sogenannten „deutschen Mittellage" nicht nur die wichtigste Bedingung der neueren deutschen Geschichte, sondern sogar das Non-plus-ultra an Erklärungskraft zu finden sei, wenn es um die Analyse komplizierter Probleme geht.

Alle diese nur stichwortartig skizzierten Tendenzen waren schon längst deutlich sichtbar, als endlich nicht etwa ein Historiker, sondern vielmehr der Philosoph und Sozialwissenschaftler Jürgen Habermas die Initiative ergriff, indem er energisch zur Verteidigung essentiell wichtiger Positionen, die von den neuen Modeströmungen in Frage gestellt wurden, aufrief und zugleich selber zu einem ersten Gegenangriff überging.[2] Erst jetzt wurde aus einem bereits seit Jahren latent schwelenden Konflikt zwischen unterschiedlichen Richtungen eine unverhüllte, neuartige Kontroverse, die seither nicht nur die Fachwissenschaft, sondern auch die breite Öffentlichkeit beschäftigt und weiterhin im In- und Ausland – wie man deutlich sehen kann – anhalten wird. Sie soll, sie muß auch fortgesetzt werden, da die umstrittenen Fragen viel zu wichtig sind, als daß sie einem relativ kurzen Austausch von Argumenten und Pseudoargumenten überlassen werden könnten.

Der „Historikerstreit" ist nach alledem nur in engen Grenzen eine wissenschaftliche Auseinandersetzung, obwohl es auch häufig um die Ergebnisse geschichtswissenschaftlicher Forschung, um deren Interpretation und politische Instrumentalisierung geht. Hauptsächlich ist er vielmehr ein durch und durch politischer Kampf um das Selbstverständnis der Bundesrepublik, um das politische Bewußtsein ihrer Bürger. Der Disput über Nutzen und Nachteil der Historie, sei's einer irreführenden oder sei's einer aufrichtigen und daher kritischen, ist nur *einer* der Bestandteile dieses Kampfes, nicht aber der Hauptschauplatz, auf dem die Kontrahenten aufeinanderprallen. Das muß man sich wegen des verwirrenden Wechsels der Diskussionsebenen von vornherein klarmachen.

Diese Gemengelage von unterschiedlichen Motiven und Themen der bisherigen Debatte verlangt auch von diesem Essay unterschiedliche Argumentationsrichtungen. Einmal werden die geschichtswissenschaftlichen Probleme im engeren Sinn erörtert, die damit verknüpften Thesen überprüft. Von dort aus wird die Aufmerksamkeit folgerichtig auf die wissenschaftstheoretischen Grundlagen, auf die Denkprämissen, auf die erkenntnisleitenden Interessen hingelenkt. Mit beiden Komplexen sind unzweideutig politische Intentionen und ideologische Absichten aufs engste verknüpft. Sie werden, wo der Zusammenhang es nahelegt, ohne diplomatische Umschweife charakterisiert. Auf diese Weise sollen die Wechselwirkungen und Verbindungen zwischen den politischen Zielen, den offenen oder verborgenen Voraussetzungen der bevorzugten Argumentationsmuster und den dafür bemühten historischen „Fakten" deutlich werden. Diese Zusammenhänge sind selbst für den, der den Streit mit Interesse verfolgt, nicht immer ohne weiteres durchschaubar. Mit der beschriebenen Vorgehensweise verbindet sich daher die Hoffnung, daß die zu einem verwirrenden Knäuel verquickten Elemente des „Historikerstreits“ jeweils klarer hervortreten und daß sie darum schließlich besser verstanden und bewertet werden können. Dieser Absicht: sowohl in die Kontroverse einzuführen als auch einen Überblick über die wichtigsten Punkte aus einer kritischen Perspektive zu vermitteln, dienen auch die Gliederung, der zuerst vorherrschende chronologische Bericht sowie die Erörterung der umstrittensten Sachgesichtspunkte.

Obwohl sich in der Öffentlichkeit die Vertreter einer liberal-demokratischen Politik, einer aufgeklärten, selbstkritischen Position, einer ideologiekritischen Rationalität gegenüber dem Verdrängungs- und Beschönigungskartell bisher argumentativ eindeutig durchgesetzt haben, wird der Streit auch deshalb weitergehen, weil die politischen Verhältnisse im Zeichen der gestärkten „Wendepolitik“ all jene, die dem neuen Zeitgeist geflissentlich zu Diensten sein wollen, animieren werden, ihre Anstrengungen weiter fortzusetzen. Daß sich diese mit viel irregeleitetem Fleiß betriebenen Bemühungen nicht nur auf ein politisch-historisches Plädoyer beschränken, sondern bereits in überaus konkrete Zensurmaßnahmen und personalpolitische Entscheidungen umgesetzt werden, ist überdies schon klar erkennbar. Es handelt sich also keineswegs nur um einen heftigen „Kampf um die Geister“, sondern auch um zielbewußte neokonservative Machtpolitik, welche sich über die vielbeschworenen Kriterien sachbezogener Wissenschaftlichkeit, wenn's denn den eigenen Zwecken frommt, offenbar bedenkenlos hinwegzusetzen willens ist.

I. Die Akteure

Zur handwerklichen Sorgfalt des Historikers gehört es, über die Chronologie eines Ereignisablaufs, der ihn interessiert, möglichst unzweideutig Klarheit zu gewinnen. Deshalb muß auch hier damit begonnen werden, einem während der bisherigen Debatte oft vertretenen Fehlurteil, das durch ständige Wiederholung um keinen Deut richtiger wird, gleich zu Beginn den Boden zu entziehen. Nicht Habermas hat, genaugenommen, die Kontroverse im Alleingang eröffnet. Er reagierte vielmehr auf verschiedene, seit Jahren bewußt in eine breitere Öffentlichkeit getragene Vorstöße eines neokonservativen Revisionismus, der sich aus sehr unterschiedlichen Strömungen zusammensetzt. Diese Vorstöße besitzen unstreitig den Primat der Attacke. Erst als sie eine bestimmte, gleich zu charakterisierende Reizschwelle an mehreren Punkten überschritt (vgl. II), hielt Habermas es für geboten, ihr mit grundsätzlicher Kritik entgegenzutreten. Damit löste er die Gegenoffensive aus.

So und nicht anders stellt sich die korrekte Reihenfolge dar. Wer dagegen wie ein Diskussionsteilnehmer „die von Habermas eröffnete Debatte für ein Unglück" hält, stellt die Dinge auf den Kopf; er verschweigt dem Leser die mehrjährige Vorgeschichte; er verwandelt die ohnehin überfällige Verteidigung gegen die Zumutung des neokonservativen Revisionismus in einen mutwilligen ‚Erstschlag'.[3] Das Bemühen, für eine Entlastung der Revisionisten zu sorgen, ist unverkennbar. Anders gesagt: Darf man aus der eklatanten Mißachtung der chronologischen Entwicklung auf die Auffassung zurückschließen, daß die Vertreter des Revisionismus eigentlich auf dem rechten Wege waren und es verdienten, dabei in Ruhe gelassen zu werden? War deshalb Habermas' Intervention nicht nur überflüssig, sondern ein „Unglück"?

Wie dem auch sein mag, an der zeitlichen Priorität dieser Revisionisten läßt sich nicht rütteln. Überrascht werden konnten sie allenfalls durch die Wucht der verspätet einsetzenden Kritik, mit der sie, da ihrem Treiben nicht früher entschieden widersprochen worden war, in selbstgerechtem missionarischen Eifer offenbar nicht gerechnet hatten.

Man könnte jetzt das Panorama der unterschiedlichen revisionistischen Richtungen ausmalen. Wegen des ursprünglichen Kontextes der Debatte empfiehlt es sich jedoch aus pragmatischen Gründen, einige Veröffentlichungen und Ziele, einige charakteristische Züge der Entwicklung und Position derjenigen vier Historiker, die Habermas aufs Korn genommen hat und die seither im Zentrum der Auseinandersetzung geblieben sind, kurz zu kennzeichnen. Daraus wird mit aller Deutlichkeit hervorgehen, daß die antirevisionistische Kritik seit Habermas' Antikritik eine politisch und wissenschaftlich gebotene Reaktion darstellt, nicht aber den eigentlich konfliktauslösenden Anlaß geschaffen hat.

1. Erster Auftritt: Ernst Nolte

Daran war jedoch unübersehbar der Berliner Historiker Ernst Nolte beteiligt. Zum Abschluß seines Philosophiestudiums, während dessen Heidegger einen nicht unwesentlichen Einfluß ausübte, hatte Nolte (Jahrgang 1923) 1952 bei Eugen Fink in Freiburg über Selbstentfremdung und Dialektik im deutschen Idealismus und bei Marx promoviert. Von 1953 bis 1964 war er als Altphilologe im höheren Schuldienst tätig. Als Außenseiter der akademischen Historikerzunft hatte der Bad Godesberger Studienrat 1963 ein bedeutendes Buch über den „Faschismus in seiner Epoche" veröffentlicht, mit dem er 1964 auf Anregung Theodor Schieders an der Universität Köln habilitiert wurde.

Es handelte sich damals um den ersten Versuch einer vergleichenden Gesamtdarstellung, denn Nolte analysierte den deutschen Nationalsozialismus, den italienischen Faschismus und die französische „Action Française“ als Varianten des seiner Meinung nach dominanten epochaltypischen Phänomens der Jahre zwischen 1918 und 1945: des Faschismus. Zwar paßte die erfolglose „Action Française“ nicht recht zu den beiden einzigen autonom erfolgreichen faschistischen Regimes in Italien und Deutschland. Auch folgte der Verfasser dem Postulat des Historismus, daß Menschen und Probleme so weit wie irgend möglich oder gar ausschließlich aus den Bedingungen ihrer Zeit zu verstehen seien, auf eine erstaunlich bereitwillige Weise, nannte das aber – vermutlich eher aus Unkenntnis der geschichtswissenschaftlichen Theorietradition – ein „phänomenologisches“ Verfahren. Insgesamt bildete das Buch einen überaus anregenden, vieldiskutierten Wurf, den Nolte alsbald durch einen Überblick über die „faschistischen Bewegungen“ ergänzte.[4]

Wahrscheinlich wurde die von Nolte ausgelöste Debatte über die Überzeugungskraft und empirische Stichhaltigkeit seiner Faschismusinterpretation, die gegenüber der vorherrschenden Totalitarismustheorie dezidiert auf der Rehabilitierung eines sowohl verallgemeinernden als auch differenzierenden Faschismusbegriffs bestand, viel zu früh abgebrochen, als mit der Außerparlamentarischen Opposition und Studentenbewegung seit 1967/68 die alt- und neumarxistischen „Faschismustheorien“ eine kurzlebige Renaissance erlebten. Sie blieb zwar für die empirische Forschung und ein analytisch verfeinertes Verständnis der Faschismen so gut wie folgenlos. Noltes Faschismusdeutung wurde dadurch jedoch um ein gut Teil ihrer möglichen Wirkung gebracht. Als Professor in Marburg (seit 1965) bekam er überdies die Illiberalität und Aggressivität der dort besonders stark vertretenen orthodoxen Linken selber zu spüren. Beide Erfahrungen blieben auf den ebenso sensiblen wie selbstbewußten Gelehrten nicht ohne nachhaltigen Einfluß.

Gut zehn Jahre nach dem „Faschismus in seiner Epoche“, als Nolte mancherorts schon als „vir unius libri“ galt, erschien sein voluminöses Werk „Deutschland und der Kalte Krieg“. Hier beschrieb Nolte – seit 1973 an der Freien Universität

Berlin – auf seine eigenwillige Art einerseits die Folgen, die der Weltkrieg des „deutschen Radikalfaschismus" in den ersten 25 Nachkriegsjahren für die Deutschen selber heraufbeschworen hatte. Andrerseits analysierte er den neuartig ideologisierten, hochantagonistischen Globalkonflikt der beiden Supermächte in einem denkbar weiten Bezugsrahmen. Die Wechselwirkungen, die zwischen den beiden Untersuchungsebenen bestanden, wurden kunstvoll nachgezeichnet. Streckenweise stellte das fraglos Zeitgeschichte auf hohem Niveau dar. Aber sie wurde zugleich verzerrt: Nicht nur durch polemische oder weitschweifige Auslassungen über die „Neue Linke" und die „Pille", über den Krieg der Griechen gegen die Perser, über die Rolle Karls des Großen und die Gründung der Vereinigten Staaten, sondern auch durch eigentümliche, irritierende Werturteile, die stets mit dem apodiktischen Gestus dessen vorgetragen wurden, der von der hohen, einsamen Warte des Universalhistorikers die erdnahen Zunftgenossen und Leser wahre Einsichten „sub specie aeternitatis" lehren will.

So weit so gut. An manchen Stellen schreckte man jedoch hoch. Im Vergleich mit dem Sowjetkommunismus in der Stalin-Ära müsse, hieß es etwa, das NS-Regime bis 1939 „geradezu ein rechtsstaatliches und liberales Idyll genannt werden". An anderer Stelle: Die „Vernichtung der europäischen Juden" sei, „in der richtigen Perspektive gesehen", wie sie der Verfasser selbstredend besaß, „nichts anderes ... als der zweite und ohne den ersten (die bolschewistische Klassenfeind-Vernichtung seit 1917/18, H.-U.W.) nicht verständliche, dabei um vieles irrationalere und gleichwohl auf entsetzliche Weise modernere Versuch, Probleme, die mit der Industrialisierung zusammenhängen, durch die Beseitigung einer großen Menschengruppe zu lösen". Andrerseits hörte auch Amerika während seines Vietnamkrieges den Vorwurf, „daß die Vereinigten Staaten der Sache nach in Vietnam nichts Geringeres ins Werk setzten als ihre im Grunde noch grausamere Version von Auschwitz". Und noch einen taktvollen Schritt weiter: „Der Zionismus ... wies schon in seinen Anfängen ... die merkwürdigsten Übereinstimmungen mit den Grundauffassungen seiner schärfsten Gegner, der Antisemiten, auf." „Zionismus und Nationalsozialismus waren bei allen Unterschieden nach Ursprung und Zielsetzung zu sehr benachbart."

Selbst damit jedoch noch nicht genug: „In der Tat", verteidigte Nolte mit der jeden Zweifel ausschließenden Gewißheit des Geschichtsphilosophen seine neue anstößige These von der „Pluralität der Hitlerzeit", „hat jeder bedeutende Staat der Gegenwart, der sich ein außerordentliches Ziel setzte, seine Hitlerzeit mit ihren Ungeheuerlichkeiten und ihren Opfern gehabt, und es hing nur von seiner Größe und Situation ab, welche Folgen daraus für die Welt im Ganzen resultierten." Ergo: „Eine Art Hitlerzeit waren der Stalinismus", „der Maoismus", „der Nasserismus", „der Sukarnismus", am äußeren Rande dieses Spektrums „sogar der Gaullismus mit seinem Autarkiewunsch, seinem Ethnozentrismus ... seinem Anflug von Antisemitismus".[5]

Wo war da bei dem Kenner des Faschismus die barbarische deutsche Judenpolitik in den sechs „Friedensjahren" vor 1939 geblieben? Was war aus den Pogromen, dem faktischen Bürgerkrieg gegen jüdische Deutsche, dieser ersten Massenvertreibung von Deutschen geworden, die von Staats wegen zwischen 1933 und 1939 verjagt wurden – weshalb auch die Leidensgeschichte deutscher Vertriebener keineswegs erst 1945 mit der Vertreibung Deutscher aus den Ostgebieten beginnt? Wieso besaß die sowjetische Liquidation von „Klassenfeinden" den prägenden Primat vor dem planmäßig vollstreckten NS-Genozid? Warum wurde der Effekt der amerikanischen Kriegführung in Vietnam in einer eigentümlichen Schwebelage der referierenden Formulierung für „noch" grausamer als Auschwitz erklärt? Und warum weigerte sich der Großmeister der „phänomenologischen Methode", die lange Zeit defensive Natur des Zionismus, seine verzweifelte Reaktion auf Pogrome und eine Verfolgung zu verstehen, die unter deutscher Herrschaft ihren Gipfel erreichte? Erst mit der „Pluralität der Hitlerzeit" wurde freilich der Tiefpunkt eines methodisch wie politisch-moralisch verfehlten Vergleichens erreicht.

Wie war die Schieflage so vieler Urteile zu erklären? Was war zu tun? Zu schnell einigten sich die meisten westdeutschen Historiker darauf, daß es sich vermutlich um gelegentliche und daher verzeihliche exzentrische Überspitzungen eines angesehenen Kollegen handele, der seit 1967/68 zu Hypersensibilität und Gegenprovokation neige.[6] Nicht überall fand man sich jedoch so voreilig mit derartigen Äußerungen ab. Vor allem zwei renommierte amerikanische Historiker, die wegen ihrer jüdischen Herkunft aus Deutschland vertrieben worden waren, reagierten, tief verletzt, mit der gebotenen Entschiedenheit.

Felix Gilbert vom „Institute of Advanced Study" in Princeton warf Nolte nicht nur seine meilenweite Entfernung von den realhistorischen Problemen des „Kalten Krieges" und seine späthegelianisch konstruierende Ideengeschichte, sondern auch seine traditionell nationalistische Teutonozentrik mit schneidender Schärfe vor. Und Peter Gay (Yale University) klagte empört die „massive" Apologetik zugunsten der neueren deutschen Geschichte, aber auch und vor allem die perfide Methode der „Trivialisierung durch Vergleich" an, die es Nolte gestatte, durch einen oberflächlichen Vergleich ähnlich aussehender Verbrechen die einzigartige „Barbarei" der Verbrechen des „Dritten Reiches" zu relativieren. Die eigentliche „historische Funktion" von Noltes Argumenten liege daher darin, von diesem einmaligen „Horror" abzulenken. Die dunkle Abstraktheit seines Stils, ein Erbe des deutschen Wissenschaftsjargons, trage dazu bei, die für den wissenschaftlich arbeitenden Historiker unabdingbaren klaren Konturen zu verwischen, so z.B. wenn der NS-Genozid sehr allgemein als eine Reaktion auf die Industrialisierung klassifiziert werde.

Nolte hat sich, aufgebracht und offenbar sehr getroffen, sofort und später zu verteidigen bemüht. Seine Antikritik verriet jedoch trotz aller Beherrschung in der Form kein Gran an Einsicht in die Berechtigung der kritischen Vorwürfe. Sie fiel alles andere als überzeugend aus. Wie konnte das bei derart assoziativen Spekulationen auch anders sein?[7]

Knapp zehn Jahre nach dem „Kalten Krieg" veröffentlichte

Nolte sein drittes Buch: „Marxismus und Industrielle Revolution", das wiederum in mehrfacher Hinsicht bemerkenswert ist. Erneut lernte der Leser die Brillanz eines scharfsinnigen Autors kennen, der die nach meinem Dafürhalten bisher radikalste Historisierung der Marxschen Lehre und des frühen Marxismus mit zum Teil verblüffenden, neue Perspektiven eröffnenden Ergebnissen unternommen hat. Ebenso verblüffend aber war der hohe Preis dieses Neohistorismus: Nolte sah von der Wirkungsgeschichte des Marxismus im allgemeinen völlig ab, obwohl diese doch unter universalgeschichtlich vergleichenden Gesichtspunkten ein geradezu atemberaubendes, erklärungsbedürftiges Phänomen darstellt. Eben dadurch wird ja auch Marx aus der zeitgenössischen Diskussion, in die Nolte ihn, möglichst überall relativierend, konsequent eingeordnet hat, weit über den Kreis der längst vergessenen Kritiker des frühen Industriekapitalismus hinausgehoben.

Auf einer anderen Ebene lag Noltes nicht minder verblüffend wirkende Erklärung, daß das Marxismus-Buch den ersten Band einer „Trilogie" bilde, die zugleich mit ihm abgeschlossen werde, da der „Faschismus in seiner Epoche" als Mittelteil und der „Kalte Krieg" als Schlußstück bereits vorlägen. Darüber hatte man in den beiden zuletzt genannten Büchern nichts erfahren. Nolte besteht jedoch seit 1983 auf dieser „Trilogie zur Geschichte der modernen Ideologien", „die jetzt als abgeschlossenes Lebenswerk vorliegt".[8] Damit wird diesen drei Büchern, die – unterschiedliche Themenkomplexe behandelnd – im Verlauf von einem Vierteljahrhundert entstanden sind, im nachhinein eine innere Folgerichtigkeit unterstellt, die eigentlich eine weit vorausschauende Planung voraussetzte. Wie überzeugend oder konstruiert das auch wirken mag, der Autor hat inzwischen mehrfach von dem Recht der Selbstinterpretation unzweideutig Gebrauch gemacht.

Im Lichte dieser Entscheidung gewinnen die Abschnitte des letzten Buches über die „Vernichtungslehre" des Marxismus eine zentrale Bedeutung. Bereits in seinem „Faschismus" hatte Nolte das gemeinsame Element aller faschistischen Bewegungen, insbesondere aber den innersten Kern des deutschen

„Radikalfaschismus" darin gesehen, daß der marxistischen Klassenvernichtung ein noch radikalerer Antimarxismus, ja die Rassenvernichtung entgegengesetzt wurde. Daß der Antimarxismus allen Faschismen gemein war, ist eine gut begründete und seit langem weit verbreitete Auffassung; sie wurde jedoch bei Nolte spezifisch zugespitzt, geschichtsphilosophisch überhöht und daher mit dem Vorrang vor allen anderen Faktoren ausgestattet. Im „Kalten Krieg" tauchte diese Interpretation mehrfach auf. In den Aufsätzen der späten 70er Jahre wurde sie ständig wiederholt. Und im „Marxismus" wurde nun in den Kapiteln über die „Vernichtungslehre" der marxistischen politischen Religion, die selber eine Reaktion auf die Folgen der Industriellen Revolution darstelle, die eigentliche Wurzel aller Untaten freigelegt, die im Bolschewismus selber und in der „Antwort" des Faschismus auf diese „Herausforderung" hervorgetreten seien, aber auch weiterhin das westliche „liberale System" potentiell und prinzipiell bedrohten. In dieser Hinsicht legte Nolte ausnahmsweise einen extrem hohen Wert auf eine angeblich spezifische, langlebige Wirkungsgeschichte Marxens und des Marxismus!

Zu dieser ‚Letztinstanz' des Vernichtungsaxioms war Nolte, wenn man seine Veröffentlichungen prüft, von seiner Position aus mit unleugbarer Konsequenz gelangt. Er hatte auch frühzeitig kein Hehl daraus gemacht, ohne daß seine Auffassung sogleich derart Anstoß erregte, daß sie – die Diskussion über den Rezensionsteil wissenschaftlicher Zeitschriften hinausdrängend – zum Gegenstand einer öffentlichen Diskussion geworden wäre. In seinem Aufsatzband „Was ist bürgerlich?" von 1979 hatte Nolte, um nur zwei Beispiele herauszugreifen, die – zuerst in der „Frankfurter Allgemeinen Zeitung" (FAZ) vom 25. November 1978 verfochtene – These favorisiert, daß Hitlers Judenvernichtung „letztlich im Zusammenhang mit einer zeitgenössischen Tat zu sehen sei: „der Vernichtung des Bürgertums in Rußland"; weiterhin wohl auch mit der „zweiten großen Vernichtungsaktion", der „Vernichtung der ‚Kulaken', d.h. des Bauerntums". So betrachtet, ergab sich für Nolte die Plausibilität seines Urteils, daß „der Nationalsozialismus als spiegelbildliche Folge der Russischen Revolution und in gewisser Weise auch des Marxismus begriffen wird".[9]

Diese Interpretationen und Denkfiguren eines ebenso anregenden und provozierenden wie idiosynkratischen und egozentrischen Gelehrten, der sich aufgrund seiner Ausbildung und seines Denkstils als Außenseiter der Historikerzunft fühlte und dort auch als ein solcher galt, konnten jedem, der seine wichtigsten Schriften gelesen hatte, bekannt sein, als der „Historikerstreit" begann.

2. *Erster Auftritt: Andreas Hillgruber*

In eine von Grund auf andere fachwissenschaftliche Umgebung gelangt man dagegen, wenn man den zweiten Historiker, der während dieser Kontroverse in den Mittelpunkt der Auseinandersetzung geraten ist, knapp vorstellen will. Andreas Hillgruber (Jahrgang 1925) von der Universität Köln bewegt sich, seitdem er 1953 sein Göttinger Geschichtsstudium mit einer Dissertation über die deutsch-rumänischen Beziehungen von 1938–1944 abgeschlossen hat, in der vertrauten Domäne der herkömmlichen deutschen Historiographie: der Politikgeschichte. In ihr bevorzugt Hillgruber insbesondere die Zeitgeschichte seit 1933. Während seiner Tätigkeit als damals jüngster hessischer Gymnasiumsdirektor in Marburg gelang es ihm trotz der Alltagsbelastung seines Amtes, eine imponierende Habilitationsschrift: „Hitlers Strategie. Politik und Kriegführung 1940/41" zu schreiben, die 1965 als Buch erschien und sofort – man darf sagen: schlagartig – durch ihre empirische Forschungsleistung und das Format ihrer Interpretation seinen Rang als herausragenden Zeithistoriker fest etablierte.

Grundsolide Quelleneditionen halfen, seinen Ruf als den eines eminent arbeitsfähigen, durch und durch empirisch orientierten Experten der NS-Zeit zu untermauern; so gab er z. B. zwei Teilbände des „Kriegstagebuchs des Oberkommandos der Wehrmacht" noch 1963 heraus. Nach drei Jahren als Marburger Privatdozent wurde er 1968 an die Universität Freiburg berufen, wo er zeitweilig auch als sogenannter „Leitender Historiker“ am „Militärgeschichtlichen Forschungsamt“ der Bundeswehr tätig war, bis er sich politischen Pressionen aus Bonn standhaft widersetzte und zurücktrat.[10]

Der studentischen Unruhe seit 1967 begegnete Hillgruber freilich nicht mit jener Gelassenheit, die zumal ein Schuldirektor im Umgang mit Früh- und Spätpubertierenden gewinnen kann, sondern mit einem öfters rasch aufbrausenden Temperament, das mit dazu beitrug, die damals üblichen polemischen Auseinandersetzungen in eine regelmäßige Abfolge gereizter und bitterer Konfrontationen zu verwandeln. Hillgruber hat sich durch das von Studenten bewußt doppeldeutig verwendete Etikett des „Kriegshistorikers“, das sich im sachlichen Kern auf sein Hauptinteressengebiet: den Zweiten Weltkrieg und auf seine Tätigkeit im „Militärgeschichtlichen Forschungsamt“ bezog, offenbar besonders getroffen gefühlt, zumal er den honorigen Widerstand, den er dort gegen die politisch unzüchtige Vorgabe von Richtwerten für die Interpretation leistete, der Öffentlichkeit nicht mitteilen wollte. Die Irritationen jener Freiburger Jahre haben wahrscheinlich den anfangs eher nationalliberal-linkskonservativen Mann in einen reizbaren, überzeugten Konservativen zu verwandeln begonnen.

Diese Entwicklung wurde noch dadurch verstärkt, daß Hillgruber, als er 1972 einem durch Theodor Schieder vermittelten Ruf nach Köln (das bis dahin zu den „ruhigen“ Universitäten gezählt hatte) nur zu bereitwillig folgte, noch einmal auf teils überzogene, teils berechtigte studentische Kritik traf. Ihr begegnete er erneut – im psychoanalytischen Sinn eine klassische „Repeat Performance“ – mit schroffster Ablehnung. Während im Freiburger Historischen Seminar wieder Ruhe einkehrte, erlebte das Kölner Pendant, dank Hillgrubers Präsenz, einen letzten Ausläufer des Studentenprotestes.

Mit solchen Erfahrungen, die in der individuellen Wahrnehmung vielleicht sogar als persönliche Bedrohung aufgefaßt wurden, hing es wohl zusammen, daß Hillgruber auf dem Regensburger Historikertag von 1972 seinen bereits mehrfach erhobenen Ruf nach einer wahrhaft „modernen", d.h. in wirtschafts-, sozial- und ideologiegeschichtliche Zusammenhänge breit eingebetteten Politikgeschichte nicht nur in programmatischer Form wiederholte. Vielmehr stürzte er sich mit polemischen Invektiven gegen „die Linken", gegen „die Sozialgeschichte", gegen eine insinuierte unheilige Allianz zwischen ihnen, gegen „Tendenzhistoriker" mit echauffierten Expektorationen mutwillig, vom Beifall der Ewiggestrigen belohnt, in eine neue Kontroverse. Als der Fehdehandschuh keineswegs überstürzt, aber doch wunschgemäß aufgenommen wurde und eine offene Stellungnahme sowie ein Beweis der Vorwürfe von ihm erwartet wurden, reagierte er mit kläglich wirkendem Schweigen. Und von der seit 1970/72 in Aussicht gestellten „modernen" Politikgeschichte ist fünfzehn Jahre später bei Hillgruber und seinen Anhängern nicht einmal die Spitze einer ersten Knospe zu erkennen.[11]

Während Nolte sich mit langem Atem zielstrebig ein großes Buch nach dem anderen vornahm, veränderte sich seit Hillgrubers Wechsel nach Köln, diesem Eindruck kann man sich schwerlich entziehen, der Charakter seiner wissenschaftlichen Projekte. An seinem immensen Fleiß, an seiner Sachkenntnis ließen die zahlreichen Aufsätze und der endlose Strom von Rezensionen aus seiner Feder ebenso wenig Zweifel aufkommen wie die fünf Kurzdarstellungen (mit je 100 bis 200 Seiten) zu teilweise allerdings eng verwandten Themenbereichen:

- eine „Deutsche Geschichte von 1945 bis 1972 (bzw. 1982)";
- eine Geschichte „Europas in der Weltpolitik der Nachkriegszeit 1945–1963";
- eine schmale Kurzanalyse der „Sowjetischen Außenpolitik im Zweiten Weltkrieg" (es war der unveränderte Nachdruck eines Aufsatzes aus dem „Osteuropa-Handbuch: Sowjetunion");
- eine „Skizze des Deutschen Reiches 1871 bis 1945" unter dem Titel „Die gescheiterte Großmacht";
- schließlich der eindrucksvolle, klare Überblick: „Der Zweite Weltkrieg. Kriegsziele und Strategie der großen Mächte".

Hinzu traten, außer einem biographischen Essay über Bismarck, noch schnell zusammengestellte kleine Sammelbände, in denen jeweils einige Aufsätze noch einmal nachgedruckt wurden. Unstreitig verbirgt sich hinter diesen Titeln eine bewundernswerte Arbeitsleistung. Und dennoch: Die seit langem angekündigte „große Gesamtdarstellung" der Außenpolitik der „gescheiterten Großmacht" von 1871 bis 1945 im Rahmen der internationalen Beziehungen oder – wie das Großunternehmen von Hillgrubers Bonner Kollegen Klaus Hildebrand, der sich vermutlich genauer auskennt, unlängst noch umfassender definiert wurde – die „Geschichte preußisch-deutscher Außenpolitik zwischen 1815/48 und 1945", sie ist bisher nicht erschienen.[12] Die Serie der „Vorarbeiten" nimmt zwar kein Ende, aber jene große Demonstration „moderner Politikgeschichte", die den Neugierigen befriedigen, den Skeptiker zum Schweigen bringen sollte, ist noch immer ausgeblieben.

Vermutlich ist sich Hillgruber während der Vorbereitung des anspruchsvollen Projekts zunehmend der beträchtlichen methodischen Schwierigkeiten, auch der Anforderungen an seine wirtschafts-, sozial- und ideologiegeschichtlichen Kenntnisse bewußt geworden, die er zu der in Aussicht gestellten differenzierten Einbettung in weite, interdependente Zusammenhänge braucht. Die eigenen Ansprüche an diese Synthese, die ja wie Noltes Trilogie eine Art „Lebenswerk" darstellen würde, werden nicht geringer geworden sein. Alle Spekulationen darüber sind jedoch für einen Außenstehenden müßig. Nous verrons.

Als der „Historikerstreit" begann, besaß Hillgruber jedenfalls einen international respektierten Namen als einer der besten Kenner und fraglos auch kompetentesten Kritiker der nationalsozialistischen Außen- und Kriegspolitik.[13] Darüber hinaus galt er als ein Historiker mit breiten Interessen an der internationalen Politik und der deutschen Außenpolitik von ca. 1848 bis zur unmittelbaren Gegenwart. Der Trend hin zu einer konservativen politischen und methodischen Grundposition hatte sich seit den frühen 70er Jahren entschieden durchgesetzt. Gegen die bevorstehenden Überraschungen waren indes auch diejenigen nicht gefeit, die glaubten, ein klares Bild von Hillgruber zu besitzen.

3. Erster Auftritt: Klaus Hildebrand

Nicht etwa weil seine wissenschaftliche Reputation ihn in eine Reihe mit Hillgruber oder gar Nolte rückte, ist an nächster Stelle der Bonner Historiker Klaus Hildebrand zu nennen, sondern weil er sich, obwohl anfangs nur wegen einiger abwegiger, aber verräterischer Äußerungen eher beiläufig kritisiert, auf eine staunenerregende Weise sogleich in die Kontroverse einschaltete. Die Bereitschaft dazu entsprang, wie es aussieht, einer ambivalenten Grundhaltung.

Hildebrand (Jahrgang 1941) verbindet mit Hillgruber ein Gefühl freundschaftlicher Loyalität, mehr noch: der Bewunderung für den produktiven älteren Gelehrten. Sie entstand seit der Zeit, als Hildebrand gegen Ende seines Studiums in Marburg von den Veranstaltungen des Privatdozenten Hillgruber angezogen wurde. Daraus entwickelte sich eine geradezu idealtypische Lehrer-Schüler-Beziehung, wie sie in der deutschen akademischen Welt damals noch möglich, ja erwünscht war. Aus diesem Verhältnis resultierte eine nachhaltige Formierung von Hildebrands wissenschaftlichen Interessen einschließlich seines methodischen Vorgehens und seiner dauerhaften Beschäftigung mit bestimmten Problemfeldern.

Andrerseits besitzt Hildebrand nicht nur ein ausgeprägtes Selbstbewußtsein, sondern dazu auch noch ein verblüffend altertümliches Verständnis seiner Berufsrolle, denn er spricht in seinem letzten Buch (1984) von sich selber – insofern in der Tat wohl ein Unikat seines Jahrgangs oder seiner Generation – als einem „Ordinarius“ an „einer großen Universität“ mit „so zahlreich ... anfallenden Verpflichtungen im Leben der wissenschaftlichen Republik“, daß z.B. die Arbeit an einem Buch „es einfach erforderlich“ mache, „sich vom Privatleben weitgehend zu verabschieden“.[14]

Hildebrands Karriere begann mit seiner Dissertation (1967) über das Verhältnis von Hitler und NSDAP zur Kolonialfrage (1919–1945). 1969 erschien sie als Buch – ein massiver Wälzer von rund 950 Seiten, vollgespickt mit Informationen, aber schwer lesbar. Die straffenden, kürzenden Auflagen eines wissenschaftlichen Ratgebers oder Lektors waren offensichtlich ausgeblieben oder nicht beherzigt worden. Zu diesem Zeitpunkt arbeitete Hildebrand schon vier Jahre an der Universität Mannheim, wohin er 1965 Manfred Schlenke als Assistent gefolgt war. Bereits 1971 veröffentlichte er einen klar gegliederten, einem „Textbook“ ähnelnden Abriß der NS-Außenpolitik von 1933 bis 1945, der von einigen allgemeinen Partien des Erstlings profitierte und im Untertitel: „Kalkül oder Dogma“ die unmittelbare Nähe zu Hillgrubers Gedankenhaushalt verriet.

Von der Mannheimer Habilitationsschrift von 1972, welche „Preußen als Faktor der britischen Weltpolitik 1866–1870“ auf der Basis eingehender Studien in englischen Archiven behandelt hatte, blieb jedoch eine Buchfassung aus. Es gibt sie bis heute nicht. Das ist für jemanden, der – völlig zu Recht – die Hierarchie verallgemeinerungsfähiger wissenschaftlicher Qualifikationskriterien gern betont, zumindest eine verblüffende Entscheidung, da die Qualität des zweiten Buches, das von jedem in die Hochschullaufbahn strebenden Historiker erwartet wird, auf dem Forum der öffentlichen Kritik bisher nicht überprüft und bewertet werden konnte. Hildebrands Anspruch, auch als Englandexperte zu gelten, basiert daher im Grunde auf einem Vertrauensvorschuß, der auf einem ungedruckten, allgemein unzugänglichen Manuskript beruht. Hildebrand, der von 1972 bis 1974 in Bielefeld, von 1974 bis 1977 in Frankfurt und von 1977 bis 1982 in Münster tätig war, ehe er nach Bonn berufen wurde, zehrte mithin rund zehn Jahre von seiner Dissertation, der knappen Einführung in die NS-Außenpolitik und einschlägigen Aufsätzen, bis er 1979 ein Lehrbuch über „Das Dritte Reich“ vorlegte, dessen Textteil ganze 112 Seiten umfaßt.[15]

Der Hinweis auf schlanken Umfang ist selbstverständlich

überhaupt kein Einwand gegen Qualität, aber zwei Paperbacks mit 173 bzw. 112 Seiten Text ersetzen natürlich nicht die gedruckte Habilitationsschrift oder das ominöse ,zweite Buch'. Erst 1984, genau fünfzehn Jahre nach seiner ersten Monographie, erschien im Rahmen einer mehrbändigen „Geschichte der Bundesrepublik Deutschland" Hildebrands Darstellung der sechs Jahre von 1963 bis 1969: „Von Erhard zur Großen Koalition". Der Autor beanspruchte dafür, hier sei eine „integrale Darstellung" gelungen, wurde immerhin auch selber einiger ihrer Grenzen gewahr, ging „jedoch" mit der einem „Ordinarius" wohl anstehenden Selbstbescheidung „davon aus, für geraume Zeit die Geschichte der Bundesrepublik Deutschland während der Jahre von 1963 bis 1969 vorgelegt zu haben". Die sachkundige wissenschaftliche Kritik hat dieses pralle Urteil bisher ganz und gar nicht geteilt, sondern zahlreiche Schwachpunkte moniert, und von der Sozialgeschichte, der Wirtschaftsgeschichte und einer wirklich modernen Politikgeschichte her ließen sich noch mühelos weitere aufzeigen.[16]

Fraglos ist Hildebrand mit seinem letzten Buch der Ausbruch aus dem Zirkel der NS-Spezialisten gelungen, aber die Verbindung mit Hillgruber – seine Studien zur Nachkriegsgeschichte bis 1982 waren seit 1974 wieder vorausgegangen – blieb insofern erhalten, als er dessen Vorurteile, z.B. über die sozialdemokratische Außen- und Deutschlandpolitik, die Studentenbewegung der späten 60er Jahre, den aufkommenden sozialliberalen ,Ungeist' usw., in pointierter Form teilte. Dennoch mag Hildebrand den Augenblick für günstig gehalten haben, sich durch die Übernahme anderer Urteilsmaßstäbe jetzt ein gewisses Maß an Distanz und Selbständigkeit zu verschaffen. Im Nu befand er sich damit jedoch im Fahrwasser Noltes. Das geschah verblüffend schnell.

Hillgruber hatte bisher an der genuinen Singularität der Hitlerschen Vernichtungspolitik nicht den geringsten Zweifel gelassen. Hitler selber stand für ihn freilich als das eigentliche, meist das einzige Entscheidungszentrum ganz unverwechselbar im Mittelpunkt. In einem Beitrag Hildebrands von 1984 zu der erneut aufgebrochenen Debatte über den umstrittenen „Sonderweg", den die Deutschen seit dem 19. oder 20. Jahrhundert im Vergleich mit Westeuropa und Nordamerika eingeschlagen haben (oder gegangen sein sollen), reduzierte er zuerst einmal den „eigentlichen Sonderfall in der deutschen und europäischen Geschichte" auf den braunen „Diktator". Nach dieser bequemsten aller apologetischen Entscheidungen im Kontext der Sonderwegsdiskussion griff er die inzwischen auch von Nolte vertretene Forderung nach einer „Historisierung" des Nationalsozialismus auf.

Diese Historisierung hält freilich, genaugenommen, bereits seit rund 25 Jahren an und wird von Martin Broszat, Hans Mommsen, Wolfgang Schieder und manchen anderen, wie sich an deren Arbeiten ablesen läßt, zügig vorangetrieben. Unlängst ist sie von Broszat, dem Direktor des Münchener „Instituts für Zeitgeschichte" in angemessenem Ton, mit angemessenen Forderungen auf die angemessenen Begriffe gebracht worden. Hildebrand warf dagegen die Frage auf, ob sich aufgrund künftiger Forschung „durch Vergleiche mit dem stalinistischen Rußland" oder „mit Exempeln von der Art des kambodschanischen Steinzeitkommunismus" eine nicht näher spezifizierte „Historisierung der Hitlerzeit einstellen" werde. Der Duktus der Formulierung suggerierte, daß Hildebrand eine derartige „Historisierung" für wünschenswert hielt; sie könne dann „horribile dictu, sogar den Begriff eines deutschen Sonderwegs zwischen 1933 und 1945 relativieren". Als einzige erratische Restgröße bliebe dann wahrscheinlich der importierte Braunauer übrig.

Daß Hildebrand diese Linie konsequent weiterverfolgte, verriet seine Zustimmung zu einem inzwischen heftig umstrittenen, 1985 auf englisch erschienenen Aufsatz Noltes über das „Dritte Reich in der Perspektive der 80er Jahre". An diesem Essay pries Hildebrand in der „Historischen Zeitschrift" von 1986 voll freudiger Zustimmung, daß Nolte es unternehme, „in außerordentlich anregender und weiterführender Art und Weise" die „Vernichtungskapazität der Weltanschauung und des Regimes historisierend einzuordnen" und „in dem aufeinander bezogenen Zusammenhang russischer und deutscher Geschichte zu begreifen". Dabei betone Nolte „die mit Hinblick auf die sowjetischen Vorläufer in dieser Hinsicht reagierenden Elemente des Nationalsozialismus". „Dieser wegweisende Aufsatz, der gerade das scheinbar Einzigartige aus der Geschichte des ‚Dritten Reiches' vor dem Hintergrund der europäischen und globalen Entwicklung zu projizieren und somit zu erklären versucht", werde, rühmte Hildebrand, „die Forschung gewiß noch beschäftigen und hoffentlich anregen".[17]

Der Kurs, den Hildebrand in der „Sonderwegs"- und in der „Historisierungs"-Debatte eingeschlagen hatte, war seither eindeutig zu erkennen. Einesteils bedeutete er die Rückkehr zu einem mehr als vierzig Jahre alten Urpostulat der Totalitarismustheorie, das ungeachtet zahlreicher einschlägiger Veröffentlichungen merkwürdigerweise erst die zukünftige Forschung beschäftigen sollte. Andrerseits bedeutete er eine vorbehaltlose Unterstützung für Noltes Variante der vergleichenden Argumentation, die mit ihren Spezifika über den vertrauten Ansatz der Totalitarismustheorie erheblich hinausging. Alsbald sollte klar werden, welchen diffusen Spekulationen er sich damit ausgeliefert hatte.

4. Erster Auftritt: Michael Stürmer

Wiederum in ein von Grund auf anderes intellektuelles und politisches Ambiente als das, in dem sich Nolte oder Hillgruber und Hildebrand bewegen, wird man durch Michael Stürmer entrückt. Seine weitgefächerte politische Publizistik und einige seiner wissenschaftlichen Publikationen haben ihm als Ausfluß seines Ehrgeizes, öffentlich-politisch zu wirken, ebenfalls eine eigenständige Rolle im Zentrum des „Historikerstreits" verschafft.

Noch vor gut fünfzehn Jahren hätte es für eine Prognose, die Stürmers derzeitiges neokonservativ schillerndes Weltbild vorhergesagt hätte, keinen Anlaß gegeben. Stürmer (Jahrgang 1938) hatte 1965 sein Studium bei dem sozialdemokratischen

Marburger Zeithistoriker Erich Matthias mit einer politikwissenschaftliche und verfassungsgeschichtliche Ansätze verbindenden Dissertation über „Koalition und Opposition in der Weimarer Republik von 1924 bis 1928" abgeschlossen, die 1967 als – heute noch lesenswertes und nützliches – Buch erschien. Als Matthias nach Mannheim überwechselte, folgte ihm Stürmer als Assistent. Von dort aus bereitete er seit 1966 seine Habilitationsschrift über „Regierung und Reichstag im Bismarckstaat" von 1871 bis 1880 vor. Anstatt bei Matthias in Mannheim habilitierte er sich dann jedoch 1971 an der TH Darmstadt, wo den Neuzeithistoriker Helmut Böhme zu jener Zeit der Ruch ausgeprägterer politischer Progressivität umgab. Stürmers Untersuchung war ursprünglich als Teilband für das von der „Kommission für Geschichte des Parlamentarismus und der politischen Parteien" unter der Herausgeberschaft von Gerhard A. Ritter initiierte vielbändige „Handbuch der Geschichte des deutschen Parlamentarismus" vorgesehen; sie erschien aber statt dessen 1974 in der Monographienreihe dieser Kommission.

Vorangegangen war eine Quellenedition zur Bismarckschen Politik, die Stürmer als Kenner, zum Teil auch von ungedruckten Materialien, auswies. Vor allem aber hatte er einen Sammelband über die Bismarcksche Reichsgründung herausgegeben, für den er in Realkonkurrenz mit einem ähnlichen, aber konservativen Unternehmen vorwiegend damals kritische Historiker der jüngeren und mittleren Generation engagierte, so daß das „Kaiserliche Deutschland" zu einem aufschlußreichen Dokument der historiographischen Veränderungen in jenen Jahren (und seither!) geworden ist. Hinzu trat seit 1969 eine Reihe von Aufsätzen mit einer pointiert traditionskritischen Grundtendenz, der gemäß die hohen „Kosten" insbesondere der Bismarckschen Innenpolitik scharf herausgearbeitet wurden. Von irgendeiner Distanz zu dem generationsspezifischen Neuansatz in der Geschichtswissenschaft, aber auch zu dem sozialliberalen Aufbruchsklima dieser Zeit ist da nichts zu spüren.

Insofern war es auch nur konsequent, daß Stürmer, der in

Darmstadt auf einer sogenannten H2-Überleitungsprofessur lehrte, das erste Angebot, auf die Ordentliche Professur für Neuere Sozialgeschichte an die soeben gegründete Gesamthochschule seiner Heimatstadt Kassel überzuwechseln, annahm. Dort sollte das Muster einer Universität neuen Typs, wie sie damals den hessischen Bildungspolitikern vorschwebte, entstehen. Die schwer behebbaren Mängel dieser falsch konzipierten Institution traten freilich sogleich zutage. Sie irritierten Stürmer ganz so wie die Umstände seiner Berufung. Beides vergällte den Stolz, in seine Heimatstadt als frischgebackener Professor zurückzukehren. Gleichzeitig führte ihn der aufflammende Streit um die hessischen „Rahmenrichtlinien" für den Schulunterricht auf die Seite der Opposition. Nach kurzer Lehrtätigkeit in Kassel (Wintersemester 1972/73, Sommersemester 1973) folgte er daher 1973 in einer Mischung aus privater und politischer Enttäuschung geradezu erleichtert einem Ruf an die Universität Erlangen, an der er seither lehrt.[18]

Hatte sich Stürmer noch, zumindest bis 1971/72, selber explizit zu den Verfechtern einer neuen Richtung gerechnet, welche die Geschichte als „Historische Sozialwissenschaft" verstand, dazu auf einem kritischen wissenschaftlichen, wissenschaftspolitischen und allgemeinpolitischen Engagement insistiert, vollzog sich seit 1972/73 ein alsbald beschleunigter Wandel. Einige Motive lassen sich hinreichend deutlich teils erkennen, teils vermuten. Durch die hessische Variante einer Bildungspolitik mit der Brechstange aufgeschreckt, auch von den ersten Erfahrungen an der Gesamthochschule Kassel mit ihrer alles andere als reibungslosen Aufbauphase beeinflußt, setzte bei Stürmer ein zunächst allgemeiner politischer Positionswechsel ein, der zeitgeistgerecht ziemlich genau dem entsprach, was man seit 1974/75 immer häufiger die „Tendenzwende" nannte.

In seiner wissenschaftlichen Arbeit zog er sich von den stacheligen Fragen des Bismarckreichs zurück in sanft gepolsterte Nischen der Kulturgeschichte des 18. Jahrhunderts. Seine Liebhaberei für alte Möbel sowie sein eigenes Selbermacher-Expertentum wurden zu Studien über den Zusammenhang von Handwerk und höfischer Kultur, von kunstvoller manueller Produktion und luxuriöser Konsumdemonstration sublimiert. Das geschah sachkundig, führte zu aufschlußreichen Ergebnissen und demonstrierte Vielseitigkeit im Verein mit einem apolitischen Rückzug auf ein kultiviertes Faible. Währenddessen wirkte der Konservativismus einer bayerischen Provinzuniversität, zunächst osmotisch, auf ihn ein – ein Einfluß, der jedoch dadurch aktualisiert wurde, daß Stürmer als Nachfolger von Walther Peter Fuchs durch diesen Doktorvater Helmut Kohls den aufstrebenden CDU-Politiker kennen lernte, engeren Kontakt mit ihm suchte und fand.

Entweder war es Stürmers Absicht nicht gewesen, oder aber es ward ihm nicht vergönnt, an der Stätte seines akademischen Wirkens einen attraktiven wissenschaftlichen Schwerpunkt – sei's Kulturgeschichte seit dem 18. Jahrhundert oder sei's deutsche Politikgeschichte zwischen 1848 und 1933 – zu schaffen, der seine Arbeitskraft band. Der Lehrbetrieb übte offensichtlich ohnehin keine starke Faszination auf ihn aus. Daher zog ihn sein beträchtlicher Energieüberschuß, durch die intensivierten politischen Interessen verstärkt, zunehmend in Tätigkeitsfelder hinein, wo sich Journalistik und Vortragsreisen, Berateraufgaben und eine rege Aktivität in Beiräten und Kommissionen miteinander verbanden.

Dieser Geschäftigkeit entsprach eine deutliche Absetzung von den früheren Tendenzen der Interpretation umstrittener historischer Probleme. Nation, Integration, Erbe, Identitätsstiftung – das wurden jetzt einige der von Stürmer aufgegriffenen Modevokabeln und bevorzugten Themen. Sie verdrängten die ehemalige Kritik am Reichsnationalismus, an der regierungsfreundlichen „Sammlungspolitik", an der Bürde deutscher Traditionen. An die Stelle umfassender Analyse trat vielmehr, als sei es eine bahnbrechende Entdeckung, der Rückgriff auf die verstaubten Artefakte der „Geopolitik". Deutschlands angebliche „Mittellage" wurde die Zauberformel, die Priorität genießen sollte und angeblich stets weiterhalf. Ein wahrer Passepartout für die komplizierte neuere deutsche Geschichte schien damit endlich gefunden.

Auf der anderen Seite verfocht Stürmer eine vergleichsweise liberale Variante jenes Konservativismus, der sich seit 1982 auch in Bonn durchsetzte. Westbindung und Westbündnis galten ihm ebenso als Fixpunkt, wie er ein nur zu gut begründetes Mißtrauen gegenüber einem neuen deutschen „Sonderweg" zwischen kapitalistischem Westen und staatssozialistischem Osten, gegenüber der Chimäre eines neutralisierten Gesamtdeutschland immer wieder wortgewandt hervorhob. Eine unzweideutige Berechenbarkeit als Partner in der Allianz, ein stabiles politisches Selbstbewußtsein, das innen- wie außenpolitischen Anfechtungen gewachsen blieb – sie stiegen zu seinen Leitsternen auf. Unverkennbar zahlte er für diese Fixierung einen beträchtlichen Preis: Vertraute Feindklischees – wie etwa die stets dräuende Gefahr aus dem Osten – wurden auf Hochglanz poliert, innenpolitische Bewegungen – ob bei der Sozialdemokratie oder den Grünen – mit voreiligem Mißtrauen verfolgt, abstruse Planungsvorhaben der westlichen Hegemonialmacht (wie z.B. SDI) überhastet, ja unkritisch weiterempfohlen.[19]

Trotz dieser Zeit und Kraft beanspruchenden politisch-publizistischen Regsamkeit als „Praeceptor Germaniae" gelang es Stürmer dann doch wieder, mit seiner wissenschaftlichen Produktion zu den Problemen des 19. und frühen 20. Jahrhunderts zurückzukehren. Allerdings hatte sich jetzt sein Ansatz grundlegend geändert. 1983 unternahm er in der vom Siedler Verlag herausgegebenen Reihe „Die Deutschen und ihre Nation" den Versuch, unter seinen neuen Perspektiven die Geschichte des Kaiserreichs zu schildern. Stürmers „Ruheloses Reich" zeichnete sich durch Vielfalt der Gesichtspunkte, manches gescheite Urteil im einzelnen, auch durch das Bemühen aus, Ereignis- und Strukturgeschichte zu verbinden. Zwei Probleme lenkten jedoch auf prinzipielle Entscheidungen und Grenzen hin.

Die Stoßrichtung der Antwort auf die seit langem lebhaft diskutierte Frage „Wie modernisierungsfähig war das Kaiserreich?" enthüllte den Interpretationswechsel. Die kritische – wenn man so will: die im Vergleich mit der konservativ-nationalstaatlich orientierten älteren Historiographie „revisionistische" – Deutung hatte vor allem in den 60er und 70er Jahren das Defizit an Parlamentarisierung und Demokratisierung, das fortdauernde Schwergewicht der „vorindustriellen" Faktoren, das Beharrungsvermögen der traditionellen Machteliten gegenüber den neuen Kräften der sozialökonomischen und politischen Bewegung entschieden herausgearbeitet. Sie hatte auch, daran anschließend, die unübersehbare Kontinuität wichtiger Konstellationen bis 1945 kontrovers erörtert. Befreit man Stürmers Argumentation von allem schmückenden und ablenkendem Rankenwerk und hebt den eigentlichen Fluchtpunkt seiner Interpretation hervor, setzte er dieser kritischen Position zwei Urteile entgegen.

Einmal ist danach die aus vielen Quellen gespeiste innere Dynamik des Reiches durch Bismarcks autoritäre „Kanzlerdiktatur" nur zeitweilig gebändigt worden. Die Folgezeit bewies, daß es bereits eine zu weitgehende Liberalisierung, Demokratisierung und Parlamentarisierung gegeben hat, so daß der Deckel auf dem brodelnden Kessel nicht mehr fest genug aufsaß. Implizit drängt sich daher der Schluß auf, daß die „Ruhelosigkeit" des Reiches im wesentlichen nicht aus einem Defizit an politischer Modernisierung, sondern aus einem – den Imperativ seiner Existenzerhaltung verletzenden – relativen Überschuß derselben herrührte.

Unter diesen Lebensbedingungen wies Stürmer der geopolitisch definierten „Mittellage" den absoluten Primat zu. Diese Position mitten im europäischen Staatensystem erzwang sowohl politische Behutsamkeit als auch ein hohes deutsches Machtpotential zum Schutz legitimer Interessen. Um die fundamentalen Konsequenzen dieser „Mittellage" zu unterstreichen, berief sich Stürmer auf ein – z. B. auch von dem Berliner Historiker Otto Hintze vor 1914 gern aufgegriffenes – angebliches Axiom des englischen Deutschlandexperten John Seeley, wonach das Maß der inneren Freiheit eines Landes von dem auf seinen Grenzen lastenden äußeren Druck abhänge. Abgesehen von den zahlreichen Gegenbeispielen in beiden Richtungen – für ein liberales politisches Regime trotz hohen

Außendrucks oder für ein illiberales Regime trotz fehlenden Außendrucks –, abgesehen also von der höchst dubiosen empirischen Validität dieses vermeintlichen Gesetzes, liegt der Clou darin, daß Seeley (Jahrgang 1834) diese Rankesche Maxime während seines Geschichtsstudiums in Deutschland kennengelernt und adoptiert hatte. Als Wahrheit „Made in England" zurückimportiert, wurde Seeleys Formulierung als tiefschürfende Einsicht eines klugen Beobachters am Rande Europas goutiert – obwohl Ranke und seine Schüler, Seeleys Gedankenspender, den Nexus längst vorher behauptet hatten. (Auf den Flitterglanz des geopolitischen Brimboriums wird unter V.3. noch genauer eingegangen.)

Noch ehe die Kritik sachkundiger Rezensenten an Stürmers Thesen erschienen war, schob er 1984 in einem Sammelband eine Kurzgeschichte (von 115 Seiten) des „industriellen Deutschland" von 1866 bis ca. 1982 nach, welche in den Passagen über das Kaiserreich die wesentlichen Denkfiguren des „Ruhelosen Reiches" wieder aufgriff und die Folgezeit – teils treffsicher urteilend, teils vorschnell kritisierend – im Stakkatotempo durchmaß. Dieselbe Wiederholung, diesmal durch ein fragwürdiges Kurzporträt Bismarcks angereichert, gilt für sein Taschenbuch über die „Reichsgründung", das ebenfalls noch 1984 erschien. Eine ausführliche, kritische Würdigung dieser Trilogie, die das „Kaiserliche Deutschland" in der Illumination neuen geopolitischen Glanzes erscheinen lassen möchte, steht bisher noch aus.

Wie weit sich Stürmer inzwischen vom Standort der Mannheimer Jahre entfernt hatte, zeigte außer einer Vielzahl von apodiktisch-polemischen Formulierungen sowohl in diesen Darstellungen als auch in seiner Publizistik besonders kraß ein gezielt bösartiger Vorwurf gegen einen früheren Assistentenkollegen aus eben dieser Mannheimer Zeit. Volker Berghahn – ein linksliberaler, parteipolitisch ungebundener, ganz undogmatischer Kopf, ebenfalls Neuzeithistoriker – hatte 1971 mit seinem Buch über den „Tirpitz-Plan" die mit großem Abstand beste Analyse der wilhelminischen Schlachtflottenpolitik geliefert. Wie dort ganz quellennah und dennoch alles andere als positivistisch in scharfsinniger Interpretation die Interdependenz von Innen- und Außenpolitik, von Rüstungswettlauf und Ideologie behandelt wird – das ist bis heute noch nicht übertroffen worden. Wie sehr aber bei Stürmer inzwischen Historie und politische Polemik ineinander übergingen, belegt sein in einem Aufsatz über Flottenbau und Weltpolitik (1985) erhobener Vorwurf gegen Berghahn: „Marxistische oder vulgärmarxistische Theoreme helfen, wenn man den Flottenbau analysiert, nicht weiter." Jeden Beweis, ja selbst den Hauch eines Beweises für Berghahns angeblichen Vulgärmarxismus blieb Stürmer schuldig. Den Aberglauben von der deutschen „Mittellage" hatte Berghahn in der Tat nicht geteilt. Aber mußte der Tribut an den „Wende"-Zeitgeist denn so devot ausfallen, daß Stürmer an die Stelle diskutabler Gegenargumente einen derartigen Pauschalvorwurf setzte? Seine Worte zu wägen versteht der Mann ja sehr wohl, so daß ein „Lapsus Linguae" von vornherein ausgeschlossen werden kann.

In den Jahren bis 1986 drängte es Stürmer auf jeden Fall mit Macht in das politische Getriebe und in die politische Öffentlichkeit. Ob er tatsächlich längere Zeit als „Berater" des Kanzlers fungierte oder ob er nur als „Ghost Writer" gelegentlich Reden überarbeitete, kann man als Außenstehender nicht korrekt beurteilen. Jedenfalls vertrat Stürmer den Regierungskurs uneingeschränkt, mit Nachdruck, unvermeidbar daher auch seine Schlingerbewegungen und jene Animositäten, die sich gegen die sozialliberale Ära richteten – gegen ihre „Erblast", wie es mit einem neuen Modewort hieß, das den positiven Begriff des Erbes negativ umstilisierte. Die FAZ räumte dem wackeren Streiter für die „bürgerliche" Koalition monatlich zweimal einen Leitartikel ein. Stürmer verschmähte aber auch „Die Bunte", das „Wall Street Journal" und andere Presseofferten nicht, geschweige denn Vorträge und Diskussionsrunden, um seine Position mit allmählich ermüdender sprachlicher wie argumentativer Wiederholung zu vertreten.[20]

Ganz unverkennbar setzte Stürmer Ergebnisse der historischen Forschung in politischer Absicht ein; er forderte ein bewußtes, zielstrebiges Engagement der Geschichtswissenschaft zugunsten einer neudeutschen „Identitätsstiftung". Wer diese weit verstreuten Äußerungen nicht verfolgt hatte, fand einen Teil von ihnen in seinem Aufsatzband „Dissonanzen des Fortschritts" seit dem Frühjahr 1986 in kompakter Form vor.

Es war selbstverständlich Stürmers gutes Recht, auf den ohnehin unauflöslichen lebensweltlichen Zusammenhang zwischen Geschichtswissenschaft und Politik zurückzugreifen. Offen blieb jedoch die Frage, wie klar er über diese wechselseitigen Beziehungen Auskunft gab, um seinen spezifischen Zugriff diskussionsfähig zu machen und – nachdem er sich selber über sein Vorgehen Rechenschaft abgelegt hatte – ihn so gut wie nur möglich gegen Einwände zu verteidigen. Offen blieb auch die zweite Frage, ob Stürmer mit seinem Führungsanspruch für Clios Jünger die Leistungsfähigkeit der Geschichtswissenschaft nicht erheblich überforderte.

Kein Zweifel aber war daran möglich, daß Stürmer bis zum Frühsommer 1986 die politische Öffentlichkeit kontinuierlich gesucht hatte, um Kontrahenten und Gegenmeinungen hartnäckig zu attackieren, um für seine einäugigen Vorstellungen von westdeutscher Außenpolitik und schicker neokonservativer Innenpolitik zu werben, nicht zuletzt aber auch, um mit dem ganzen Prestige eines geschichtskundigen Erlanger Gelehrten die Rolle einer modernen Kassandra zu spielen, die mit einer eigentümlichen Mischung aus prätendierter Weltläufigkeit und provinzieller deutscher Nabelschau unablässig neue Gefahren beschwor, ehe sie mit divinatorischer Sicherheit das heilende Elixier empfahl.

II. Der Eklat

Im Frühsommer 1986 kam es zu einer Überlagerung irritierender Erscheinungen. Zu den Frankfurter Römerberg-Gesprächen, die während der ersten Junitage diesmal die anhaltenden Folgen des Nationalsozialismus unter dem Stichwort „Vergangenheit, die nicht vergehen will", thematisieren sollten, war unter anderen auch Ernst Nolte eingeladen worden. Den historischen Hauptvortrag hatte bereits im Vorjahr der Düsseldorfer Historiker Wolfgang Mommsen zugesagt. Als Nolte auf dem Thema eben dieses Vortrags für sich selber bestand, wurde ihm – wie man in Frankfurt erfahren kann – jede nur mögliche Freiheit bei der Formulierung seines Themas zugestanden, so daß er – unter welchem Titel auch immer – seine Gedanken zu der Tagungsproblematik unbeschwert hätte entwickeln können. Da Mommsen ja nicht, Nolte zuliebe, schlichtweg ausgeladen werden konnte, schien ein Kompromiß gefunden, den auch der damalige Oberbürgermeister Wallmann mit einer persönlichen, eindringlich werbenden erneuten Einladung an Nolte unterstützte.

Nolte hätte sich durch die Bekundung dieses Interesses an seiner Teilnahme förmlich hofiert fühlen können, nahm aber ein nicht genau aufzuklärendes Telefonat mit einer Mitarbeiterin der Veranstalter zum Anlaß, sich als „persona non grata" zu empfinden. Anstatt seinen Vortrag zu halten, ließ er ihn in der FAZ vom 6. Juni 1986 abdrucken. Dort wurde von einem Anonymus im Vorspann erklärt, daß der Aufsatz ursprünglich als Diskussionsbeitrag bei den laufenden Römerberg-Gesprächen vorgetragen werden sollte. „Aus unbekannten Gründen wurde", hieß es dann, „die Einladung nicht aufrecht erhalten". Das stellte bereits eine keineswegs exakt recherchierte Beschreibung des Sachverhalts dar, aber der anonyme Verfasser der Einleitung fuhr dann noch mit einer Unterstellung fort:

„Wir meinen, daß diese Überlegungen der Diskussion nicht entzogen werden sollten." Wer hatte sie denn bloß der Diskussion entziehen wollen? Aus welchem Grunde? Wer außer Nolte kannte überhaupt den Inhalt und hatte opponiert?

Eine Antwort auf diese sich aufdrängenden Fragen wurde nicht gegeben. Statt dessen wurde der Kampf um die angeblich bedrohte Geistes- und Meinungsfreiheit entschlossen aufgenommen. Nun denn: Welche Überlegungen Noltes konnte man jetzt an dieser Stelle kennenlernen?

1. Es exponiert sich: Ernst Nolte

Nolte eröffnete seinen Aufsatz mit einigen locker assoziierten Eindrücken, die verblüffende Kuriositäten zu nennen wahrscheinlich schon eine gefährliche Verharmlosung wäre. Die noch immer lebendige Vergangenheit des „Dritten Reiches" sah er „wie ein Richtschwert über der Gegenwart aufgehängt". Den Hauptgrund dafür erblickte er im „Holocaust", jener „fabrikmäßigen Vernichtung von mehreren Millionen Menschen". Freilich: Daß die Erinnerung an ihn wachgehalten werde, dabei seien auch „die Interessen der Verfolgten und ihrer Nachfahren an einem permanenten Status des ... Privilegiertseins" im Spiel. (Rückblende: Der erbarmungswürdige Aufmarsch von „Verfolgten" beim Majdanek-Prozeß, beim Eichmann-Prozeß, neuerdings beim Demjanjuk-Prozeß! Wie soll zerstörtes Leben den Status des „Privilegiertseins" je gewinnen?) Die extreme Konzentration auf die „Endlösung" lenke leicht ab von den „Euthanasie"-Morden und von den Millionen von Opfern in den Lagern für russische Kriegsgefangene – vor allem aber in der Nachkriegszeit vom „‚Völkermord' gestern in Vietnam und heute in Afghanistan". Nolte empfand diese Situation als „paradox", ja als „grotesk".

Hierzulande werde die voreilige Äußerung eines Bundestagsabgeordneten, werde das „Ausgleiten eines Kommunalpolitikers in eine Geschmacklosigkeit" zu „Symptomen von ‚Antisemitismus' aufgebauscht". (Richtig wäre: Der Antiisraelismus des CSU-Abgeordneten Hermann Fellner drückte sich darin aus, daß er über die schnelle jüdische Reaktion auf die Chance deutscher Geldzahlungen vermutlich eher mit Kalkül spekulierte als sich naiv versprach. Der vulgäre Radauantisemitismus des christdemokratischen Bürgermeister v. Spee griff auf eine ‚volkstümliche' Redewendung zurück, als er lästerte, zum Ausgleich des Stadthaushalts müßten ein paar reiche Juden erschlagen werden. Und statt von ‚Aufbauschen' zu sprechen, müßte es heißen, daß vielerorts auf beschämende Weise Antisemitismus noch immer oder wieder verharmlost werde.)

Zugleich laufe der große Dokumentarfilm „Shoah" eines „jüdischen Regisseurs", der „es in einigen Passagen wahrscheinlich macht, daß auch die SS-Mannschaften der Todeslager auf ihre Art Opfer sein mochten und daß es andrerseits unter den polnischen Opfern des Nationalsozialismus virulenten Antisemitismus gab". (Merke: Gemeinhin schärfte, heißt es, die Geschichtswissenschaft das Unterscheidungsvermögen. Daß die Mörder von Millionen von Vergasten, Erschossenen, zu Tode Gequälten mit demselben Wort „Opfer" charakterisiert werden können, die ersten allerdings, feinsinnig, als „Opfer auf ihre Art", ist dazu geeignet, der optimistischen Hoffnung auf diese Wirkung historischer Forschung den Boden zu entziehen.)

Nunmehr erfolgte unvermittelt ein Sprung zu dem abstoßenden Hollywood-Spektakel von Bitburg, das zu Noltes Bedauern eine „sehr emotionale Diskussion" erregt hatte. Dagegen habe die Furcht vor dem Aufrechnungsvorwurf, vor dem Vergleich überhaupt, die „einfache Frage" nicht zugelassen, was es bedeutet hätte, wenn Adenauer 1953 einen Besuch des amerikanischen Ehrenfriedhofs für Kriegsgefallene in Arlington verweigert hätte „mit der Begründung, dort seien auch Männer begraben, die an Terrorangriffen gegen die deutsche Zivilbevölkerung teilgenommen hätten". (NB: Ein philosophischer Kopf läßt sich furchtlos die implizite „Aufrechnung" wenigstens im nachhinein nicht entgehen.)

Unverzüglich fügte Nolte hinzu: „Kein Deutscher kann Hitler rechtfertigen wollen", und es kann nicht den geringsten

Zweifel an der Glaubwürdigkeit dieser Überzeugung eines Wissenschaftlers geben, der seit 25 Jahren aus der allerschärfsten Verurteilung der Faschismen nie ein Hehl gemacht hat. Merkwürdig aber bleibt der Zusatz, daß Hitler schon wegen seiner Vernichtungsbefehle vom März 1945 gegen das eigene Land von keinem Deutschen gerechtfertigt werden könne. Wäre hier nicht ein Hinweis auf die Abermillionen Juden und Slawen, die bis dahin „vernichtet" worden waren, eher angebracht gewesen? Selbst jetzt wurden sie bei der Beschwörung des Abscheus gegenüber Hitler ausgegrenzt, als ob primär Hitlers Vergehen gegen ‚seine Deutschen' zählten!

Eben danach aber begann Nolte, „anhand einiger Fragen und Schlüsselworte die Perspektive anzudeuten, in der diese Vergangenheit gesehen werden sollte, wenn ihr jene ‚Gleichbehandlung' widerfahren soll", die Nolte anstelle des extremen, seines Erachtens noch immer in „Schwarz-Weiß-Bildern" erstarrten Sondercharakters der NS-Jahre forderte. Dabei gehe es um „ein prinzipielles Postulat der Philosophie und der Geschichtswissenschaft". Eine solche „Gleichbehandlung" führe eben „nicht zu Gleichsetzungen . . ., sondern gerade zur Herausstellung von Unterschieden". Wohin wurde Nolte durch sein Postulat der „Gleichbehandlung" des deutschen „Radikalfaschismus" geführt? Auf welche Unterschiede im Vergleich mit anderen inhumanen Regimes wurde er hingelenkt?

An dieser Stelle führte Nolte den Schlüsselbegriff der „asiatischen" Tat als entscheidendes Movens für die Entwicklungsgeschichte der nationalsozialistischen Vernichtungsideologie und -politik ein. Was damit gemeint war, illustrierte er an zwei Beispielen. So habe etwa Max Erwin v. Scheubner-Richter – bis zu seinem Tod während des Münchener Putschs von 1923 „einer der engsten Mitarbeiter Hitlers" – als deutscher Konsul in Erzerum seit 1915 den Beginn der Armenier-Deportation durch die Türken, mithin „den Anfang des ersten großen Völkermordes des 20. Jahrhunderts", miterlebt und als asiatische Barbarei empfunden. Fast dreißig Jahre später sagte Hitler nach dem Empfang der Hiobsbotschaft über Stalingrad während der Lagebesprechung am 1. Februar 1943 voraus, daß mancher der gefangenen deutschen Offiziere mit den Sowjets kollaborieren werde: „Stellen Sie sich den ‚Rattenkäfig' vor. Da unterschreibt er alles."

Nolte hielt die bisherige Deutung, daß Hitler mit diesem Käfig das gefürchtete GPU-Gefängnis Lubjanka gemeint habe, „für falsch". Vielmehr werde „an zahlreichen Stellen der antibolschewistischen Literatur über den russischen Bürgerkrieg" – z. B. „bei dem als verläßlich geltenden Sozialisten Melgunov", dessen „Büchlein" freilich „verschollen" sei – die Foltermethode beschrieben, einem Gefangenen einen Käfig mit einer „vor Hunger halb irrsinnig gewordenen Ratte" vor den Kopf zu halten und mit der Öffnung zu drohen, bis sein Widerstand zusammenbreche. Eine solche Szene findet sich bekanntlich auch in George Orwells utopischem Roman „1984" aus dem Jahre 1949. Nolte hielt sie nicht für „erdichtet", sondern er nahm an, daß Orwell als Linker hinreichend Kenntnis von dieser Literatur besaß und dort auch der Foltervariante begegnet war. „Sie wird", ließ Nolte den Leser an seinem „Insider"-Wissen teilnehmen, „der ‚chinesischen Tscheka' zugeschrieben".

Daß die berüchtigte frühe bolschewistische Geheimpolizei zuerst Tscheka hieß, wird mancher gewußt, dagegen nicht das ominöse chinesische Pendant gekannt haben. Aus gutem Grund – aber auf den Wahrheitsgehalt dieser Textstelle Noltes wird erst unten (IV. 8.) mit einer, sagen wir vorerst, ernüchternden empirischen Klärung eingegangen, die von Noltes Rattengeschichte denkbar wenig Seriöses übrig läßt. Der vage Hinweis auf den Ursprung der Quälerei sollte jedoch den wahrhaft „asiatischen" Charakter der Methode unterstreichen, die – so Nolte – auch der russischen Tscheka und GPU vertraut war.

Aus diesen – sage und schreibe – zwei Beispielen leitete Nolte den massiven Vorwurf gegen einen „auffallenden Mangel der Literatur über den Nationalsozialismus" ab, daß sie nämlich „nicht weiß oder nicht wahrhaben will, in welchem Ausmaß all dasjenige, was die Nationalsozialisten später taten,

... in einer umfangreichen Literatur der frühen 20er Jahre bereits beschrieben war: Massendeportationen und -erschießungen, Folterungen, Todeslager, Ausrottungen ganzer Gruppen nach bloß objektiven Kriterien, öffentliche Forderung nach Vernichtung von Millionen schuldloser, aber als ‚feindlich' erachteter Menschen". So gut wie alles konnten die Nazis dort finden: allerdings – wie Nolte in einer denkwürdigen Formulierung festhielt – „mit alleiniger Ausnahme des technischen Vorgangs der Vergasung"!

„Viele dieser Berichte", die seit 1917/18 kursierten, mochten „übertrieben" gewesen sein. Verbreitet aber seien sie gewesen, und im Gedächtnis hafteten sie allemal. Daraus zog Nolte den Schluß, es müsse „die folgende Frage als zulässig, ja unvermeidbar erscheinen: Vollbrachten die Nationalsozialisten, vollbrachte Hitler eine ‚asiatische' Tat vielleicht nur deshalb, weil sie sich und ihresgleichen als potentielle oder wirkliche Opfer einer ‚asiatischen' Tat betrachteten? War nicht der ‚Archipel GULag' ursprünglicher als Auschwitz? War nicht der ‚Klassenmord' der Bolschewiki das logische und faktische Prius des ‚Rassenmordes' der Nationalsozialisten? Sind nicht Hitlers geheimste Handlungen auch dadurch zu erklären, daß er den ‚Rattenkäfig' nicht vergessen hatte? Rührte Auschwitz vielleicht in seinen Ursprüngen aus einer Vergangenheit her, die nicht vergehen wollte?"

Es hatte den Anschein, als ob Nolte, nachdem seine Phantasie in Gang gesetzt war, eine ganze Kaskade derartiger Fragen aufsprudeln lassen müsse. „Man könnte sagen", hat Johann Gustav Droysen, der schärfste theoretische Kopf der deutschen Geschichtswissenschaft des 19. Jahrhunderts, in seiner „Historik" konstatiert, „in der Frage und Fragestellung spricht sich die historische Genialität aus". Keiner ist bisher davon zu überzeugen gewesen, daß sich diese Fragen Noltes dem Droysenschen Optimum auch nur von ferne angenähert hätten. Aber Fragen eines Historikers blieben es in der Tat, schwarz auf weiß standen sie da, und sie mußten sowohl mit überzeugender empirischer Evidenz als auch mit logischer Stringenz Schritt für Schritt beantwortet werden.

Dafür gibt es in der historischen Forschung bewährte Regeln und meines Wissens – da Nolte auf diese Nachbarwissenschaft nun einmal solchen Wert legt – in der Philosophie auch. Mit anderen Worten: Nach Noltes zugespitzten Thesen in Frageform durfte man eine klare Beweisführung erwarten. Jedoch: Nichts dergleichen geschah. Gar nichts. Statt dessen tat Nolte einen Riesensprung, indem er von seinen Thesen unmittelbar behauptete: „sie beruhen auf schlichten Wahrheiten". Diese schlechterdings verblüffende Offenbarung mutete dem Leser einen Akt des Glaubens an eine höhere Weisheit zu, statt ihm mit stichhaltigen Argumenten die Brücke zu einer glaubwürdigen Antwort zu bauen. Für ein solches Verfahren sind alttestamentarische Propheten oder moderne Gurus zuständig, nicht aber Historiker. Fragen aufzuwerfen – wie klug oder obskur sie auch sein mögen –, ist eine Sache. Sie empirisch und interpretatorisch überzeugend zu beantworten, ist der unabdingbare zweite Schritt. Ihn zu übergehen, statt dessen sogar den geglückten Beweis stillschweigend zu unterstellen und schlankweg erwiesene „Wahrheiten" zu präsentieren, ist mehr als nur ein rhetorischer Trick, um den Sachunkundigen zu übertölpeln. Es ist ein unwissenschaftliches und intellektuell unredliches Vorgehen.

Daß es sich bei dieser Mutation von heuristischen Fragen in „schlichte Wahrheiten" nicht um ein einmaliges Versehen handelte, enthüllten die darauf folgenden assoziativen Gedanken. Wie schon in früheren Veröffentlichungen griff Nolte noch einmal auf eine vertraute Denkfigur zurück, wonach der „Challenge" der Industriellen Revolution und die ihr folgende schmerzhafte Transformation von Gesellschaft und Politik außer Anpassung und Reform auch den „Response" einer tödlichen Jagd auf Sündenböcke ausgelöst habe. In diesem Sinne hätten auch Bolschewismus und Nationalsozialismus unterschiedliche, aber vermeintliche „Schuldige" zu liquidieren gesucht, die für eine „als verhängnisvoll betrachtete Entwicklung" haftbar gemacht wurden. „Trotz aller Vergleichbarkeit" trete dann zwar hervor, räsonierte Nolte, daß sich „die biologischen Vernichtungsaktionen des Nationalsozialismus qualitativ von der sozialen Vernichtung unterschieden, die der Bolschewismus vornahm". Aber man dürfe nicht nur auf den braunen „Massenmord" starren, während man den roten „nicht zur Kenntnis nehmen" wolle – „obwohl ein kausaler Nexus wahrscheinlich ist".

Es steht auf einem Blatt für sich, daß es über die Massenliquidationen und Vernichtungsmaßnahmen der Bolschewiki nicht nur eine ganze Bibliothek an Spezialliteratur, sondern auch ungewöhnlich weit verbreitete Kenntnisse gibt. Die Behauptung wirkt daher schon wie verblendet, daß man ihre Massenmorde „nicht zur Kenntnis nehmen" wolle. Entscheidend ist aber in diesem Zusammenhang, daß die Frage nach einem „kausalen Nexus" zwischen dem sowjetischen „Klassenkrieg" einerseits, den vielfältigen Vernichtungsaktionen, insbesondere dem „Rassenkrieg" des NS-Regimes andrerseits nicht einmal explizit formuliert und begründet, empirisch überprüft und klar beantwortet wurde. Vielmehr wurde diese alles andere als unkomplizierte Frage implizit eingeführt, und all ihre Probleme wurden dahingehend gelöst, daß ein außerordentlich fragwürdiger „kausaler Nexus" umstandslos für „wahrscheinlich" erklärt wurde. Diese Art von Wahrscheinlichkeit sieht dem verzweifelt ähnlich, was Nolte vorher und noch einmal nachher blank die „Wahrheit" genannt hatte.

Es bleibt ein Rätsel, warum sich der Faschismusexperte Nolte wortlos darüber hinwegsetzte, daß Hitler seine fixen Ideen – die wir als Wahnideen empfinden – vor 1914 rezipiert und tief verinnerlicht hatte. Seine politische Sozialisation war vor dem Kriegsausbruch, spätestens aber am Ende des Weltkriegs abgeschlossen. Es war ein immerhin dreißigjähriger Mann, der in München nach dem Ende der Räterepublik an seinem politischen Aufstieg aus dem Nichts arbeitete. Längst ehe er überhaupt einigermaßen deutliche Vorstellungen mit dem Begriff und der Politik der Bolschewiki verband, saßen seine Vorurteile gegen die Gefahr von links, gegen die Bedrohung durch marxistisch inspirierte politische Bewegungen, vor allem aber gegen die Inkarnation des Bösen: den tödlichen „Bazillus" des (marxistischen) Juden tiefverwurzelt fest. Alle hochgradig selektive Wahrnehmung von Ausschnitten der ‚Realität' durch Hitler ist danach nur noch Bestätigung, Dogmatisierung des ohnehin ‚Gewußten' gewesen. Ein offener Geist, der Neues wahrnahm und aufnahm, fehlte ihm, sieht man von der Beweglichkeit des taktischen Kalküls einmal ab, ganz und gar.

Kurz: Der rassistische Antisemitismus, der vulgäre Sozialdarwinismus und der virulente Antimarxismus der Vorkriegsjahre haben für Hitler – und für nicht wenige Angehörige seiner engeren Anhängerclique – die eigentlich prägenden Einflüsse gebildet. Sie haben auch jene Denkmuster geformt, mit deren Hilfe die Erfahrungen des Soldatenlebens, des „totalen Krieges", der Militarisierung der Gesellschaft, der demütigenden Niederlage, des „Verrates der Front" durch die Heimat, des Versailler „Diktatfriedens" in die „Weltanschauung" eingeordnet werden konnten. Die Kämpfe der Rätebewegung in Deutschland, die kommunistischen Aufstände, die Verlängerung des Staatenkriegs in den Bürgerkrieg haben ebenfalls ganz so wie die Nachrichten aus dem bolschewistischen Rußland in erster Linie affirmativ gewirkt, jedoch keine neuen Grundlagen des Welt- und Politikverständnisses geschaffen.

Für Nolte aber war jetzt das „Prius", die Priorität, der Ursprung moderner Vernichtungspolitik im Marxismus, insbesondere in der speziellen Variante des Lenin-Stalinschen Bolschewismus zu finden. Hitler, der Nationalsozialismus – sie reagierten auf den marxistischen Vernichtungsgedanken, imitierten die sowjetische Vernichtungspraxis, bekämpften in extremer Übersteigerung marxistisch-bolschewistischer Methoden (jetzt sollen wir auch glauben: „asiatischer" Taten) den Hauptfeind, das internationale Judentum, aber auch Slawen, Zigeuner, Geisteskranke, Oppositionelle aller Art. Tiefverwurzelte, panische Angst vor den „asiatischen" Untaten des Bolschewismus, vor seinem Vordringen nach Westen sollen eine maßgebliche Rolle für die nationalsozialistische Führungsgruppe um Hitler gespielt haben. Die bekannte und mit zahlreichen Quellennachweisen dicht belegbare Bewunderung, die

Hitler von 1928 bis 1944 für die Brutalität Stalins und sein rücksichtsloses Durchsetzungsvermögen als russischer Autokrat – weit entfernt von jeder Angst! – immer wieder geäußert hat, wird nicht einmal als ein den eigenen Thesen widersprechendes Problem ernstgenommen und womöglich mit besseren Quellen bestritten.[21]

In ideologiekritischer Perspektive ist eine politische Tendenz der Nolteschen Geschichtskonstruktion klar: Der Nationalsozialismus ist tot, Vernichtungsgedanke und Vernichtungspolitik, GULag und Klassenkrieg sind jedoch in unserer unmittelbaren Gegenwart weiter präsent. Und nicht nur das: Sie sind sogar in unserer nahen Nachbarschaft im waffenklirrenden Gehäuse einer Supermacht vorhanden.

Nur Nolte vermag zu sagen, warum er seine Thesen nicht zuerst einmal im Rahmen einer angemessen ausführlichen Abhandlung in einer wissenschaftlichen Zeitschrift auf ihre Validität getestet, sie auf einem solchen Forum der internationalen Kritik ausgesetzt hat, um danach mit einigen eventuell haltbaren Ergebnissen die Resonanz einer breiteren Öffentlichkeit zu suchen. Aber nein: Es mußte gleich die große Leserschaft der FAZ sein, deren Auflagenhöhe vermutlich mit einem nicht zu kleinen Leserkoeffizienten multipliziert werden darf, so daß man leicht auf zwei bis drei Millionen potentielle Leser kommt. Die Folge dieses direkten Wegs in die Öffentlichkeit mußte jedoch klar sein: Politische wie wissenschaftliche Reaktionen standen zu erwarten. Die erhoffte Wirkung des Aufsatzes war den Beteiligten vielleicht diesen Preis wert. Oder sollten sie an eine kritiklose Hinnahme, ja Zustimmung geglaubt haben?

2. Es exponiert sich: Andreas Hillgruber

Kurze Zeit vor dem Erscheinen von Noltes Aufsatz war ein neues Büchlein von Andreas Hillgruber in der „Corso"-Reihe des Siedler Verlags erschienen. Es faßte auf knapp hundert Seiten im Kleinformat unter dem Titel „Zweierlei Untergang" zwei Aufsätze von 1984/1985 zusammen. Der Untertitel verriet, um welchen doppelten Untergang es dort gehen sollte: „Die Zerschlagung des Deutschen Reiches und das Ende des europäischen Judentums". Da man Autoren gemeinhin ein ungetrübtes Bewußtsein bei der Formulierung des Titels ihrer Bücher unterstellt, mußte das Zusammenspannen des dramatisierenden, aktivistischen Begriffs der „Zerschlagung" und des neutral konstatierenden, passivischen Wortes „Ende" bereits auf den ersten Blick mehr als gemischte Gefühle hervorrufen. War diese provozierende Wirkung vom Verfasser oder nur vom Verlag gewollt? Stammte der Titel überhaupt von Hillgruber? Oder hatte ihn der Verlag erfunden, und hatte Hillgruber ihn anschließend gebilligt? Ohne seine ausdrückliche Billigung konnte es, da spätestens bei der Fahnen- und Umbruchkorrektur noch einmal genügend Zeit zum Abwägen bestand, zu diesem Titel jedenfalls nicht gekommen sein.

Was verbarg sich dahinter? Zwei heterogene Aufsätze Hillgrubers, die soeben (1985) bereits einmal gedruckt worden waren. Der erste gab einen Vortrag vor der „Rheinisch-Westfälischen Akademie der Wissenschaften" in Düsseldorf über das Thema „Der Zusammenbruch im Osten 1944/45 als Problem der deutschen Nationalgeschichte und der europäischen Geschichte" in einer für den Druck „wesentlich erweiterten" Fassung wieder; der zweite, ohne jede Überleitung, Verbindung oder Verknüpfung einfach angehängt, war ebenfalls aus einem Vortrag auf dem im Mai 1984 abgehaltenen Stuttgarter Kongreß über den „Mord an den europäischen Juden im Zweiten Weltkrieg" hervorgegangen, wo Hillgruber das Schlußreferat: „Der geschichtliche Ort der Judenvernichtung" gehalten hatte, das auch in „wesentlich erweiterter" Form in dem Sammelband, der die Tagungsergebnisse zusammenfaßte, schon 1985 erschienen war.[22]

In einem knappen Vorwort stimmte Hillgruber bemerkenswert offenherzig den Leser auf die beiden Problemkomplexe ein, deren Gemeinsamkeit in der Natur von „zwei nationale(n) Katastrophen" liege: erstens „im Mord an den Juden im Machtbereich des nationalsozialistischen Deutschland in den

Jahren von 1941 bis 1944", zweitens in „der unmittelbar folgende(n) Vertreibung der Deutschen aus Ostmitteleuropa" und der „Zertrümmerung des preußisch-deutschen Reiches 1944/45". „Beide Katastrophen gehören zusammen", betonte Hillgruber, obwohl sie „eine unterschiedliche Vorgeschichte" besäßen. „Auch die Verantwortung ist verschieden: Der Mord an den Juden war ausschließlich eine Konsequenz aus der radikalen Rassendoktrin, die in Hitlers Deutschland 1933 Staatsideologie wurde. Die Vertreibung der Deutschen aus dem Osten und die Zerschlagung des Deutschen Reiches hingegen waren nicht nur eine ‚Antwort' auf die – ja während des Krieges noch gar nicht in vollem Maße bekannt gewordenen – Verbrechen der nationalsozialistischen Gewaltherrschaft, sondern entsprachen lange erwogenen Zielen der gegnerischen Großmächte, die während des Krieges zum Durchbruch gelangten."

Der Autor kündigte an, „mit der notwendigen Differenzierung" Ursachen, Verlauf und Folgen „dieses zweifach ungeheueren Geschehens" zu skizzieren. Dadurch werde „zugleich erkennbar, daß es sich nicht nur um eine jüdische und eine deutsche Katastrophe handelt, sondern daß ganz Europa, vor allem (!) aber die im Kriege zerbrochene europäische Mitte, ihr Opfer wurde".

Diese unzweideutige Prioritätensetzung mußte bei jedem historisch interessierten Leser von Anbeginn an Irritation auslösen. „Nicht nur" die Ermordung von rund sechs Millionen Juden, „nicht nur" die rund sieben Millionen Toten, die der Krieg des „Dritten Reiches" und die unmittelbare Nachkriegszeit zusammen mit der Staatszerstörung und der Gebietsamputation den Deutschen selber abverlangt hatten, geschweige denn die 21 Millionen Menschen, die Rußland seit 1941 verloren hatte, oder die weniger bekannte Tatsache, daß jeder fünfte Pole und Jugoslawe (4,5 bzw. 1,7 Mill.) dem nationalsozialistischen Krieg zum Opfer gefallen waren, sollten als „Katastrophe" analysiert werden. Vielmehr sollte jetzt „die im Krieg zerbrochene europäische Mitte" vor allem – so stand es nun einmal schwarz auf weiß da – als „Opfer" dieser „Katastrophe" gelten. In einer sprachlich wie inhaltlich anstößigen Formulierung wurden der aktiv betriebene Judengenozid des NS-Regimes und eine der vielen schlimmen Folgen seines Krieges, die Zerstörung des alten europäischen Staatensystems, als gleichwertig behandelt, wurden die davon Betroffenen auf ein und derselben Ebene als „Opfer" angesiedelt. Damit aber wurde dem Leser auch ein prinzipiell gleichartiger kategorialer Status von tatsächlich äußerst verschiedenartigen historischen Phänomenen und Untersuchungsgegenständen suggeriert. Zumindest in dieser Verwendung des Wortes „Opfer" boten Nolte und Hillgruber der Kritik eine gemeinsame offene Flanke.

Daß es sich nicht nur um einen zweifachen Lapsus im Titel und Vorwort, sondern um weit mehr handelte, bestätigte der Text des ersten Aufsatzes. Hillgruber ging von einem unleugbaren Spannungsverhältnis aus: Solange 1944/45 die deutsche Front im Osten hielt, so lange bot sie der deutschen Bevölkerung in den Ostprovinzen Schutz vor den aus nur zu verständlichen Gründen rachedurstigen russischen Truppen und verschaffte Hunderttausenden die Zeit und letzte Gelegenheit für die Flucht. So lange verlängerte sie jedoch gleichzeitig auch das Mordwerk in den deutschen Vernichtungs- und Konzentrationslagern. Jeder Verteidigungstag mehr ließ auch die Gaskammern länger funktionieren, die Schlote länger rauchen, ermöglichte die hastige Liquidation spät herbeitransportierter „Untermenschen".

Dieser evidente Zusammenhang von weiterkämpfender Ostfront und weiterlaufendem Massenmord erschien Hillgruber nicht nur als „heillose Situation", sondern er stürzte ihn auch selber in eine heillose methodische Verwirrung. Aus rätselhaften Gründen konstruierte er jetzt nämlich für sich selber die Zwangslage „der Identifizierung" mit einer der damals (1944/45) historisch vorgegebenen Positionen. Warum Hillgruber diese Notwendigkeit der „Identifizierung" für sein „Schlüsselproblem" hielt, bleibt bis heute sein Geheimnis. Wahrscheinlich rächte sich jetzt das Desinteresse, mit dem der überzeugte Empiriker jahrzehntelang auf die Erörterung methodologischer und theoretischer Probleme, auch auf die Theoriediskussion der 60er und 70er Jahre ablehnend reagiert hatte, zum vierten Mal.

Als Hillgruber 1970/73 versucht hatte, seiner Vorstellung von „moderner Politikgeschichte" ein quasi theoretisches Fundament zu verschaffen, scheiterte er – wie die Kritik über kurz oder lang zeigen konnte – mit diesem unbeholfenen Anlauf, der zudem in der Sache bisher folgenlos blieb. Mit einem ambitiösen Aufsatz über die „Methodologie und Theorie der Geschichte der Internationalen Beziehungen" war es ihm 1976 nicht besser ergangen. Sein zuerst Mitte der 60er Jahre unternommenes Interpretationsexperiment, in der nationalsozialistischen Außenpolitik die Verwirklichung eines von Hitler bereits seit den 20er Jahren entworfenen „Stufenplans" zu erblicken, fand zwar mancherorts Zustimmung. Es beruhte aber auf empirisch umstrittenen, jedenfalls sehr bestreitbaren Grundlagen und einem gründlichen Mißverständnis des realhistorischen Ablaufs von Politik. Inzwischen ist der „Stufenplan" längst zu einer nicht mehr überprüften, lehrformelartigen, dogmatischen Denkfigur erstarrt; auf die betrüblichen Konsequenzen dieses Wohlbehagens in einer Sackgasse ist unten noch zurückzukommen.

Anderen Theoriesüchtigkeit vorzuwerfen ist offenbar leichter, als selber den Rahmen für eine intersubjektiv überzeugende Interpretation abzustecken. Wie auch immer: Hillgruber zäumte die Lösung seines Problems, das ja keinen unmäßig hohen Komplexitätsgrad besitzt, von der völlig falschen Seite eines „Identifizierungs"-Zwangs auf. Diese Entscheidung nötigte ihn zur Überprüfung von Identifizierungsoptionen. Zu welchen törichten Erwägungen ihn das führte, machten seine Überlegungen klar, als er zuerst ausschloß, „welche Extreme nicht in Betracht kommen". An sage und schreibe erster Stelle hielt Hillgruber es für nötig zu versichern, daß eine „auch nur halbe Identifizierung mit Hitler ... nicht möglich" sei. Welches Publikum bedurfte dieser kaum glaublichen Belehrung? Warum mußte ein Historiker, der als einer der großen Hitlerexperten gilt, vierzig Jahre nach dem Zweiten Weltkrieg diese hypothetische Möglichkeit überhaupt ausschalten, die als offenkundiger Aberwitz der ernsthaften Abwägung nicht bedarf und daher zu Recht nur in der „Lunatic Fringe" der kleinen rechtsradikalen Grüppchen ihr Schattendasein führt?

An zweiter Stelle erklärte Hillgruber die „Identifizierung mit den kommenden Siegern" – zumal diese ja „für den Osten" die Identifikation „mit der Roten Armee" bedeutet hätte! – für „undenkbar". Überhaupt treffe der Begriff der „Befreiung", der angeblich „eine solche Identifizierung mit den Siegern" impliziere, nur auf die Lagerinsassen und Gefangenen zu. Er sei aber, sofern er „auf das Schicksal der deutschen Nation als Ganzes bezogen" werde, ganz und gar „unangebracht"; er beschreibe „nicht die Realität des Frühjahrs 1945". Woher nahm Hillgruber das Recht, z. B. die zahlreichen deutschen KZ-Häftlinge nicht zur „deutschen Nation als Ganzes" zu zählen, sie vielmehr erneut indirekt aus ihr auszugrenzen? Trug „die Nation" etwa keine Verantwortung für diese Absonderung? Dieses abgründige Problem wird gleich noch einmal aufgegriffen. Daß trotz Hillgrubers Urteil Abermillionen Deutsche das Ende des sinnlosen Blutvergießens, das Ende des braunen Terrors als wahre Befreiung, zu der sie selber unfähig gewesen waren, empfanden, wird nicht einmal beiläufig gewürdigt.[23]

Die dritte denkbare Möglichkeit der „Identifizierung" hatte Hillgruber schon vorher zugemauert: die Identifizierung nicht mit der ausländischen, sondern mit der innerdeutschen Opposition gegen das Hitlerregime. Die „Haltung der Männer des 20. Juli" hatte er mit kaum verborgenem Widerwillen als angeblich „gesinnungsethische" charakterisiert – als eine Haltung mithin, der es – im Sinne dieses von Max Weber geprägten Begriffs – ungeachtet der realen Folgen menschlichen Handelns allein um die ethische Folgerichtigkeit geht. Was einen derartigen Sachkenner des konservativen deutschen Widerstands wie Hillgruber dazu bewogen hat, Männern wie etwa Stauffenberg und Moltke, Tresckow und Schlabrendorff ihre zutiefst verantwortungsethische Haltung, die sie ständig die Konsequenzen ihres Handelns äußerst realistisch bedenken ließ, mit skandalöser Ungerechtigkeit schlankweg abzusprechen, wirft ein weiteres Rätsel auf. Ihnen ging es ja keineswegs nur darum, aus unbestritten ebenfalls starken gesinnungsethischen Impulsen der Welt ein Zeichen der Existenz eines „anderen Deutschlands" zu geben – und zwar zu einer Zeit, wie Hillgruber vorwurfsvoll einfügt, als „der Roten Armee der Weg nach Ostpreußen schon fast frei schien". Vielmehr trieb sie gerade ihre Verantwortungsethik dazu, durch den Tyrannenmord das Ende des allgemeinen Mordens einzuleiten.

Wenn man sich vergegenwärtigt, daß vom 20. Juli 1944 bis zum Ende des Krieges in Europa im Mai 1945 rund die Hälfte allein der deutschen Kriegsopfer umgekommen ist – Folgen der hitlerdeutschen Raserei, über welche diese Männer nicht die geringsten Illusionen hatten –, wirkt die Abqualifizierung als Gesinnungsethiker fast wie gezielte Häme. Die schematische Klassifizierung der Widerstandsgruppen des 20. Juli als „Gesinnungsethiker" berührt außerdem um so befremdlicher, als sie Hillgruber mit der „verantwortungsethischen Position der Befehlshaber, Landräte und Bürgermeister" direkt kontrastiert, die sich bemühten, „das Schlimmste zu verhindern": Das ist für Hillgruber „die drohende Orgie der Rache der Roten Armee an der deutschen Bevölkerung" für die in der Sowjetunion begangenen Verbrechen.[24]

Mit den „Gesinnungsethikern" des deutschen Widerstands mochte Hillgruber sich also auch nicht identifizieren. Wie stand es mit dem altehrwürdigen „Objektivitätsideal" oder „dem generellen Gebot der Gerechtigkeit" als regulativer Idee? Beides „hilft nicht weiter", Punktum. Wer oder was bleibt da übrig? „Nur eine Position", nach Hillgrubers Meinung: Der Historiker „muß sich mit dem konkreten Schicksal der deutschen Bevölkerung im Osten und mit den verzweifelten und opferreichen Anstrengungen des deutschen Ostheeres und der deutschen Marine im Ostseebereich identifizieren, die die Bevölkerung des deutschen Ostens vor den Racheorgien der Roten Armee, den Massenvergewaltigungen, den willkürlichen Morden und den wahllosen Deportationen zu bewahren“ und den Fluchtweg „nach Westen freizuhalten suchten“. In der Tat behandelte Hillgruber dann aus dieser Perspektive ein gut Teil seines Themas.[25]

Auf eine Begründung des vermeintlichen Identifizierungszwangs hatte Hillgruber von vornherein verzichtet. Eine argumentative Legitimierung seiner Entscheidung, die zur Wahl ausgerechnet dieser Option für Ostheer und Bevölkerung geführt hatte, blieb ebenfalls aus. Sie wurde durch das apodiktische Urteil, daß „der Historiker ... nur“ diese „eine Position“ einnehmen könne, gewiß nicht ersetzt. Warum Hillgruber sich in die methodologische Naivität seiner Identifizierungsprobleme – und dann noch mit diesem Ergebnis – verrannte, ist seither weder von ihm noch von anderen erklärt worden. Lebensgeschichtliche Erfahrungen mögen eine Rolle gespielt haben, denn der gebürtige Ostpreuße Hillgruber hat als junger Soldat eben diesen aussichtslosen Kampf miterlebt. Historiker sind jedoch gehalten, solche Erfahrungen intellektuell so zu disziplinieren, daß sie als Impuls in ein rational ausgewiesenes, forschungsleitendes Interesse eingehen.

Vermutlich ist es mehr noch die längst verhärtete Theorieaversion Hillgrubers gewesen, die ihn in den labyrinthischen Irrgarten seiner Identifikationsnöte gelockt hat. Auch das bleibt eine Spekulation, die gleichwohl eine gewisse Plausibilität für sich beanspruchen kann. Warum sonst sollte Hillgruber auf all die Vorzüge verzichtet haben, welche die übliche methodologische Reflexion dem Historiker bietet? Das „Schlüsselproblem“ seiner „Identifizierung“ ist ein Scheinproblem: Nichts zwingt den Historiker dazu, sich mit einem der in der Vergangenheit handelnden oder leidenden Akteure zu identifizieren. Wenn er es dennoch tut, steht er unter dem Rechtfertigungszwang, seine Entscheidung mit guten Argumenten zu begründen, damit sie diskussionsfähig gemacht wird und möglichst die kritische Überprüfung übersteht. Der Abstand von vierzig Jahren konnte es in diesem Fall noch zusätzlich erleichtern, nicht in die Falle einer voreiligen Identifizierung zu laufen.

Statt dessen legten es die Grundregeln der Hermeneutik nahe, mit Hilfe der „Verstehens"-Lehre, wie sie sich seit dem klassischen Historismus, in theoretisch verfeinerter Form seit Droysen und Dilthey, unwiderruflich durchgesetzt hat, die Komplexität der gesamten Konstellation von 1944/45 zu analysieren: Die Lage und die Motive, die Ziele und die Handlungsspielräume aller Beteiligten sind „verstehend" zu erschließen, natürlich sind aber auch überindividuelle Prozesse und Strukturen (z.B. eines Systems, das realitätsadäquates Handeln erschwerte) mit einzubeziehen.

Außerdem geht die Arbeit des modernen Historikers nie darin auf, historische Akteure und historische Prozesse ausschließlich im Rahmen der Bedingungen und Wertmaßstäbe ihrer Zeit zu „verstehen". Vielmehr wird sie ebenso durch Fragen und theoretische Ansätze unvermeidbar bestimmt, welche von den Perspektiven, dem Wissensstand, den wissenschaftlichen Möglichkeiten seiner eigenen Gegenwart ausgehen. Schon deshalb bedurfte Hillgrubers Interpretation mindestens zweier wichtiger Dimensionen, gegen die er sich an dieser Stelle verbockt gesperrt hat.

Wenn Hillgruber die Situation im Osten während der Jahre 1944/45 im weiten Zusammenhang der deutschen und der europäischen Geschichte erörtern wollte, mußte er die – ihm vertraute und oft verwendete – simple Denkfigur von Aktion und Reaktion differenziert mit historischem Inhalt füllen. Ohne die Kriegspolitik NS-Deutschlands, ohne seinen „Vernichtungskrieg" im Osten, ohne die Ermordung und inhumane Unterjochung von Abermillionen von slawischen „Untermenschen", ohne die Greuel der „ethnischen Flurbereinigung", ohne diese ganze Barbarei der deutschen Herrenmenschen kann die Reaktion der Betroffenen, der Überlebenden, der Erniedrigten schlechterdings nicht verstanden werden. Die Rücksichtslosigkeit, die Grausamkeit, die Inhumanität ihres Gegenschlags wird nur dann angemessen historisch beurteilt, wenn man der mehrjährigen Vorgeschichte deutscher verbrecherischer Aktionen den Stellenwert des entscheidenden Auslösers dieser Reaktionen einräumt.

Keine polnische Familie wäre aus Lemberg verjagt und

nach Breslau umgesiedelt, kein Deutscher aus Königsberg vertrieben, kein russischer Panzer bis an die Elbe gesteuert worden, wenn Hitlerdeutschland nicht mehr als fünf Jahre lang einen bis dahin unvorstellbaren Vernichtungs- und Weltanschauungskrieg im Osten geführt hätte. Diese einfache Wahrheit von deutscher Aktion und dadurch ausgelöster Reaktion dem Leser auch an diesem Ort nicht immer wieder zu verdeutlichen, ja im Gegenteil: sie ihm an wesentlichen Stellen der Argumentation vorzuenthalten, ist ein kaum verständliches Versäumnis von Hillgrubers Aufsatz, der doch als interpretatorischer Essay angelegt ist.

Vor allem aber hätte der Autor eines solchen Aufsatzes die hier und heute vorrangige Interpretationsentscheidung fällen und begründen sollen, daß es 1944/45 – und schon in den zwölf Jahren zuvor – um die Minimierung der Opfer eines totalitären Regimes, damals also insbesondere der Opfer eines absolut sinnlosen, aber fortlaufenden Abschlachtens ging. Trotz aller geschichtswissenschaftlich geschulten „Verstehens"-Bereitschaft für das Situationsverständnis der deutschen Heeres- und Marineeinheiten, der angsterfüllten Zivilbevölkerung, aber auch des unerbittlichen Vormarsches der Roten Armee, sollte der Historiker an erster Stelle eigentlich nur für die möglichst schnelle Beendigung des fortlaufenden Genozids, des Massensterbens auf den Schlachtfeldern und hinter den Frontlinien optieren. Je früher das deutsche Ende kam, desto besser.

Mit anderen Worten: Es lag im objektiven Interesse nicht nur aller Insassen der Vernichtungs- und Konzentrationslager, aller „Fremdarbeiter", aller inhaftierten deutschen Oppositionellen, vielmehr der Deutschen insgesamt und aller von ihnen jahrelang mit Krieg und Besatzungsherrschaft überzogenen europäischen Völker, daß dieser Krieg sobald wie möglich ein Ende fand. Das hieß 1944/45 erst recht: besser ein Ende mit Schrecken als ein weiterer Schrecken ohne Ende.

Diese Einsicht mag für manchen Zeitgenossen jener Jahre, auch für manchen Historiker noch immer schmerzlich sein. Aber wer sich gegen sie sträubt und sich mit dem „verzweifelten" Abwehrkampf der noch immer nicht zerschlagenen deutschen Kriegsmaschine zu identifizieren empfiehlt, den klagen Abermillionen Tote an, die z.B. nach dem 20. Juli 1944 ermordet und vergast worden sind, verhungert oder – wie es in einem schwer erträglichen Jargon noch immer heißt – „gefallen" sind. Vierzig Jahre nach dem Ende des Zweiten Weltkrieges, da längst die ganze Sinnlosigkeit dieses von Hitlerdeutschland ständig weiterverlängerten Massensterbens unbezweifelbar vor unser aller Augen – und allzumal denen der Zeithistoriker – daliegt, ist der Verzicht auf diese vielleicht noch immer schmerzhafte, aber intellektuell redliche Interpretation ein kaum begreiflicher Autismus. Wenn schon Identifizierung, dann mit den „leidenden Menschen" aller Nationen, die auf ein möglichst frühes Kriegsende, auf den Frieden hofften.

Um noch einmal einen besonders wunden Punkt von Hillgrubers Identifizierungsentscheidung herauszugreifen: Verdienten die Tausende von deutschen Häftlingen in den Lagern, Zuchthäusern, Gefängnissen etwa nicht dieselbe „Rettung", die Hillgruber der ostdeutschen Bevölkerung wünscht? Drohte ihnen nicht tagtäglich der Tod, den die NS-Schergen nur zu oft vor dem Mai 1945 grausam vollstreckten? Verdienten die Hunderttausende von namenlosen Juden, Russen, Zigeunern nicht ebenso die „Rettung" wie die ostdeutschen Flüchtlinge? Hinter der Namenlosigkeit dieser Vergasten und Liquidierten, hinter der Anonymität von vielen deutschen Inhaftierten, die keiner mehr kennt, droht die konkrete Erinnerung zu verschwinden. Nur um dieser Gefahr entgegenzuwirken, wird hier an einige bekannte deutsche Namen des Widerstands erinnert. Dem liegt eine spontan getroffene Auswahl zugrunde, ohne Anspruch auf irgendeine Repräsentativität, mühelos ergänzbar und gewiß auch wegen des Elements der Willkür anfechtbar. Diese Namen und der Todesmonat sollen daran erinnern, was geschehen konnte, solange die deutsche „Ostfront" hielt. Natürlich läßt sich das naheliegende Argument nicht schlüssig entkräften, daß ein Liquidationskommando oft schnell bei der Hand war. Der Zerfall der

„Ostfront" vermehrte jedoch, wie die Befreiung der Inhaftierten lehrt, ganz ungemein die Chancen des Überlebens.

Von den Nazis ermordet, am Fleischerhaken aufgehängt, erschossen, unter das Fallbeil gelegt wurden:

- im August 1944: Erich Hoepner, Erwin v. Witzleben, Hellmuth Stieff, Bernhard Klamroth, Hans-Bernd v. Haeften, Ernst Thälmann;
- im September 1944: Ulrich v. Hassell, Max Ulrich v. Drechsel, Paul Lejeune-Jung, Heinrich v. Dohna-Schlobitten, Nikolaus v. Üxküll-Gyllenband, Wilhelm Leuschner;
- im Oktober 1944: Nikolaus v. Halem, Otto Müller, Adolf Reichwein, Hermann Maas, Jonathan Stark, Ernst Schneller;
- im November 1944: Carl Lampert, Friedrich Perels, Bernhard Letterhaus, Walter Cramer, Lilo Gloeden;
- im Januar 1945: Julius Leber, Fritz Elsas, Gertrud Seele, Ludwig Steil, Helmuth J. v. Moltke, Theodor Haubach, Eugen Bolz, Erwin Planck, Nikolaus Gross, Hermann Kaiser, Ludwig Schwamb, Franz Sperr;
- im Februar 1945: Carl F. Goerdeler, Johannes Popitz, Alfred Delp, Georg Maus, Heinrich Jasper, Theodor Neubauer;
- im März 1945: Oswald Wierich, Franz Leuninger, Friedrich Voigt, Ernst v. Harnack, Willi Häusler;
- im April 1945: Dietrich Bonhoeffer, Hans v. Dohnanyi, Wilhelm Canaris, Ewald v. Kleist-Schmenzin, Hans Oster, Theodor Strünck, Albrecht Haushofer, Wilhelm zur Nieden, Klaus Bonhoeffer, Rüdiger Schleicher.

Ist einer dieser bekannten Ermordeten, ist einer der unbekannten jüdischen Vergasten, ist ein Häftling wie Erich Honecker, dem das Überleben gelang, der „Rettung" nicht ebenso bedürftig gewesen wie pommersche Bauern auf ihrem Treck? Gehörten die Inhaftierten und Verschleppten nicht zur Gemeinschaft der schutzbedürftigen Deutschen?

Woher will ein Historiker wie Hillgruber denn, um Himmels willen, die trennscharfen Kriterien hernehmen, um z. B. unter den Deutschen jene zu unterscheiden, für deren Rettung das „Ostheer" angeblich zu Recht weiterkämpfte, während die anderen in Lagern und Haftanstalten ihren deutschen Häschern und Mördern, solange diese Front hielt, ohne Aussicht auf Rettung ausgeliefert blieben? Sind hundert Ostpreußen einer Flüchtlingskolonne mehr wert, gerettet zu werden, als hundert Häftlinge nach dem 20. Juli 1944, als hundert im Lager neuangekommene Juden aus Budapest?

Welche Abgründe tun sich vor einem Historiker auf, der sich solche abwegigen Urteilsmaßstäbe zu eigen macht. Kann man denn – unbewußt, ist anzunehmen, nicht etwa klaren Kopfes – die von den Nazis bereits einmal vollzogene Ausgrenzung der Juden und der oppositionellen Deutschen heutzutage nicht nur gedanklich, sondern auf Druckpapier noch einmal nachvollziehen? Kann man sie gewissermaßen noch einmal ihrem Schicksal preisgeben, während jenen Truppen, die unter anderem auch dieses Schicksal ermöglichten, im Jahre 1986 eine verständnisvolle Sympathie gelten, mit ihnen die einzig mögliche Identifikation vollzogen werden soll? Ob der Empiriker Hillgruber sich je klar gemacht hat, welche Implikationen dieser Art in seiner Option stecken? Man möchte glauben und hoffen, daß er das nicht getan hat, sonst würde seine Identifizierungsentscheidung noch unerträglicher.

Die von Hillgruber vollzogene Identifikation ist nicht allein methodisch ein Unding, sie hinterläßt auch mit einer gewissen inneren Konsequenz verhängnisvolle Spuren in seiner Sprache. „Von den Hoheitsträgern der NSDAP" (warum nicht distanziert: von den Funktionären?) „bewährten sich", heißt es, „manche in der Not", „andere versagten, zum Teil in erbärmlicher Weise". Verdienen es wirklich die ‚Goldfasanen', die nach endlosen Durchhalteparolen endlich einen Flüchtlingstreck nach Westen ziehen ließen, den Volkssturm von der Verteidigung einer unzerstörten Kleinstadt abhielten, die Zöglinge einer ‚SS-Heimschule' nicht mehr an den nächsten Frontabschnitt schickten, wegen dieser Art von Bewährungsprobe an erster Stelle genannt zu werden? Ist an den Ereignissen von 1944/45 tatsächlich mit solcher Emphase hervorzuheben, „daß das Reich bereits verspielt war"? Müssen denn die

„opferreichen Anstrengungen“ der deutschen Soldaten gleich mehrmals mit den „Racheorgien der Roten Armee“ kontrastiert werden? Zu oft ist das eine Sprache, die fatal an die „Kriegsbücherei der deutschen Jugend“, die wir als kleine Pimpfe verschlungen haben, oder an den Jargon der PK-Berichterstatter erinnert.[26]

Eine ebenso gefährliche Wirkung könnte allerdings auch von einem Konglomerat unausgegorener, ressentimentgeladener Erwägungen ausgehen, die Hillgruber über die Alliierten, insbesondere über die britischen Kriegsziele anstellt, deren Entwicklung in letzter Zeit aufgrund der Freigabe von wichtigen Londoner Aktenbeständen genauer herausgearbeitet werden kann. Diese Kriegsziele wurden nicht zufällig erst zwischen Mitte 1941 und dem Herbst 1942 allmählich präzisiert, als das ganze Ausmaß des nationalsozialistischen, des totalen Weltkrieges nach dem Überfall auf die Sowjetunion und der Kriegserklärung an Amerika den „Policymakers“ klar wurde.

Am 12. Februar 1942 sah ein Memorandum für Außenminister Eden erstmals die Abtrennung Ostpreußens, Oberschlesiens und des unlängst annektierten Sudetengebiets an eine osteuropäische Staatenkonföderation vor. Seither hatte, schließt Hillgruber, eine „Bevölkerungsverschiebung“ zuungunsten der Deutschen, von denen 3 bis 6,8 Mill. vertrieben werden sollten, ihren „festen Platz in der britischen Nachkriegsplanung“. Am 8. Oktober 1943 unterstützte ein Kabinettsbeschluß die „Abtrennung Ostpreußens, Danzigs und Oberschlesiens von Deutschland“; er ging erneut von der Vertreibung von 3 bis 5 Mill. Ostdeutschen und 1 bis 1,5 Mill. Sudetendeutschen aus. Spätestens seit den beiden großen Kriegskonferenzen von 1945, auf denen sich Großbritannien und die Vereinigten Staaten mit der Sowjetunion über diese und weitere Amputationen samt dem geplanten „Transfer“ der einheimischen Deutschen verständigten, war nach Hillgrubers Auffassung „deutlich, daß für den Fall einer deutschen Niederlage zu keinem (!) Zeitpunkt des Krieges Aussicht bestand, den größeren Teil der preußisch-deutschen Ostprovinzen zu retten. Es gab niemals ein Interesse der Westmächte daran, sich für deren Zugehörigkeit zu Deutschland nach Kriegsende zu engagieren."

Welche durchschlagenden Gründe sollten sich denn auch, wird man da fragen müssen, den britischen, den französischen sowie den amerikanischen Politikern für ein solches Engagement aufgedrängt haben, nachdem die Deutschen zweifelsfrei zweimal hintereinander einen europäischen Staatenkrieg zum totalen Weltkrieg gesteigert hatten? Über eine Westverschiebung Polens zugunsten der sowjetischen Expansion als eine Art Wiedergutmachung für die extrem hohen russischen Verluste an Menschen und materieller Substanz und als Anerkennung der russischen Sicherheitsinteressen in einem westwärts erweiterten Vorfeld bestand Einigkeit. Daß die Folgen, welche diese Ausbreitung à la longue zeitigen konnte, während des von der Anti-Hitler-Koalition gemeinsam geführten Krieges und unmittelbar danach vielleicht unterschätzt worden sind, mag man kritisieren. Das ändert aber nichts an der schlichten Tatsache, daß erst Hitlers Krieg: seine permanente Ausweitung, sein Vernichtungscharakter solche Kriegszielpläne seiner Gegner provoziert hat. Dieser Krieg allein hat dafür gesorgt, daß die Pläne nicht zur Makulatur der Geschichte, sondern zur Realität wurden. Erneut geht es um den Primat der Aktion vor der Reaktion. Wer möchte denn ernsthaft den damaligen Alliierten die verständliche Neigung verwehren, das deutsche Machtpotential mit allen möglichen Mitteln endlich effektiv zu reduzieren?[27]

Hillgruber fällt zur Erklärung der Gründe für diese Kriegsziele „der Westmächte" wahrhaftig nichts besseres ein, als daß dafür erstens „das extrem negative, klischeehafte Preußen-Bild der führenden westlichen Staatsmänner ausschlaggebend" (!) gewesen sei. Zweitens habe sich die „Überschätzung der Rolle" ausgewirkt, die Polen in der Nachkriegszeit zugetraut wurde. Die unvergessene Erinnerung an den vierjährigen, vom Deutschen Reich erst ermöglichten Ersten Weltkrieg; Hitlers Lug- und Trugpolitik in den sogenannten sechs Friedensjahren; die zerstörerische Gewalt des zweiten deutschen Weltkrieges mit einer beispiellosen Entfesselung destruktiver Energien und einer Serie ebenso beispielloser wie erschreckender deutscher Erfolge – sollten diese Einflußfaktoren nicht für sich zusammengenommen, auch als „Unspoken Assumptions", die alliierte Planung mehr beeinflußt haben als das angeblich „ausschlaggebende" Preußen-Klischee? Nein: Vor allem im Londoner Entscheidungszentrum hatte sich, insistiert Hillgruber, die Auffassung durchgesetzt, „daß mit der Amputation des preußischen Kernlandes im Osten die geopolitischen (!), die geistesgeschichtlichen und die sozialgeschichtlichen Voraussetzungen beseitigt sein würden, auf denen das Bismarck-Reich geruht" und „zwischen 1871 und 1945 eine eigenständige machtpolitische Rolle zwischen Ost und West gespielt hatte". Es waren daher die „Vorurteile und Klischees" vom „‚aggressiven' preußischen ‚Militarismus'", die „in der britischen Nachkriegsplanung zu jener radikalen Konsequenz" führten, welche „die Landkarte Europas veränderte".

Da haben wir sie: die klassische Mischung von unverhüllter Wehleidigkeit und unverfrorener Schuldzuweisung, indem diese Folgen des deutschen Krieges, die Veränderung der europäischen Landkarte anderen angelastet werden. Geblendet von seinem ideologischen Zerrbild des preußischen Militarismus trieb das ‚perfide Albion' seine sinistren Pläne einer Zerstückelung Preußen-Deutschlands „zu jener radikalen Konsequenz, die ..." – wie gehabt. Von der übermächtigen Erfahrung mit dem deutschen Machtpotential und der deutschen Vernichtungspolitik ist mit keinem Wort mehr die Rede. Wohl aber wird uns noch einmal eingeschärft, daß eben deshalb „das deutsche Ostheer doch auch ... um die Bewahrung der Eigenständigkeit der Großmachtstellung des Deutschen Reiches" rang, „das nach dem Willen der Alliierten zertrümmert werden sollte".

Man kann nur staunen: Diese Großmachtstellung war doch schon vor Jahren unwiderruflich von Hitlerdeutschland verspielt worden! In der letzten Phase der Agonie, vom Sommer 1944 bis zum Frühjahr 1945, gab es für das „Ostheer" nichts mehr zu ‚ringen', um eine deutsche Großmachtposition zu bewahren. Gekämpft wurde aus verständlichen, auch ehrenwerten subjektiven Motiven: um das eigene Leben zu retten, um die Familie und die Heimat zu verteidigen, um der Zivilbevölkerung Zeit für die Flucht zu verschaffen, um der gefürchteten russischen Kriegsgefangenschaft zu entgehen, um bis zum Eintreffen der Einheiten erfundener Verstärkungsarmeen die Front zu halten, um nicht wegen Desertion gehenkt zu werden, um den Vorstoß der westlichen Alliierten möglichst weit nach Osten gelangen zu lassen – vielfältige Motive gab es in der Tat. Nur Narren konnten jedoch damals noch glauben, sie kämpften für die Bewahrung einer deutschen Großmacht. Und wenn man heute die objektive Funktion dieser Kämpfe ins Auge faßt, waren aus historischer Perspektive alle Chancen dafür seit dem Herbst 1939, allerspätestens aber seit dem endgültigen Wendepunkt des Krieges zwischen dem 22. Juni und dem 11. Dezember 1941 – wie Hillgruber besser als die meisten anderen wußte – längst vertan worden.[28]

Zahlreiche Folgen besaß der deutsche Zusammenbruch unstreitig. Dazu gehört auch die Vertreibung aus Jahrhunderte oder drei bis vier Jahre alten deutschen Siedlungsgebieten „in Ostmitteleuropa". In diesem Zusammenhang von der „Auslöschung des Deutschtums" zu sprechen, weckt nicht nur die Erinnerung an die LTI, die „Lingua Tertii Imperii", selber, sondern ignoriert Hunderttausende von Rumäniendeutschen, Ungarndeutschen, sogenannten „Autochthonen" in Oberschlesien und Masuren usw., die trotz aller Drangsal keineswegs ‚ausgelöscht' wurden. Dazu gehört die „Massenvertreibung der Deutschen aus einem Viertel des Reichsgebiets von 1937", die ohne die Reaktion auf den „Massenmord", der in „Hitlers Ostkrieg" – wie Hillgruber seit mehr als zwanzig Jahren zu Recht insistiert – „ein extremes Ausmaß erreicht" hatte, aber auch ohne die von den Deutschen betriebene millionenfache, gewalttätige Umsiedlung von „Fremdvölkischen" im Zuge der rücksichtslosen Bevölkerungsverschiebung und der „ethnischen Flurbereinigung" nicht zu verstehen ist. Nicht die Art, wie die Türken mit Armeniern und Griechen oder die Griechen mit Türken vor Jahrzehnten umgesprungen waren, hat hier als das Vorbild und als Anreiz gedient, vielmehr waren es wiederum die soeben erfahrenen deutschen Mord- und „Transfer"-Aktionen selber.

Zu den Folgen, die sogar „ganz Europa" zum „Verlierer der Katastrophe von 1945" gemacht hätten (wirklich nur der von 1945 oder der von 1933 bis 1945?), zählt Hillgruber auch den Verlustposten, daß die „Vermittler-Rolle, die Preußen und das Deutsche Reich auch für das übrige Europa in dem Raum zwischen Baltischem und Schwarzem Meer gespielt hatten, ... 1945 mit zerstört worden" sei. Daß in Osteuropa und im Rußland westlich des Urals viele Völkerschaften und Nationalitäten in einem lange Zeit symbiotischen, keineswegs nur antagonistischen Verhältnis miteinander gelebt, daß Deutsche häufig eine unbestritten positive Rolle gespielt haben, ist ein Faktum, an das man nüchtern erinnern kann. Denkt man jedoch an Preußens dreifache Mitwirkung an der ärgsten Leichenfledderei des 18. Jahrhunderts: an die Aufteilung Polens; an die Unterdrückung und „Germanisierung" der Polen im 19. und 20. Jahrhundert; an die deutsche Kriegführung im Osten während des Ersten Weltkriegs, als deutsche Truppen ja bereits zum erstenmal bis zum Kaukasus ihre famose Vermittlungsaufgabe wahrnahmen; denkt man ferner an das Verhalten der Freikorps oder der „Eisernen Division" im Baltikum 1918/19; an die Verweigerung eines Ost-Locarno in der Zwischenkriegszeit; an die grenzenlosen Exzesse im Osten von 1939 bis 1945; an die Schwierigkeit zu erklären, wieso die deutschen Truppen im Zuge ihres angeblichen „Vermittlungsauftrags" bis Stalingrad und an den Elbrus marschieren mußten – denkt man an all das, wird der Begriff der „Vermittler-Rolle" zu einem verlogenen Euphemismus. Muß man im Jahre des Herrn 1986 bedauern, daß diese mehr als dubiose „Vermittler-Rolle" durch Hitler und seine Deutschen „zerstört" worden ist? Fest steht: Keineswegs taten das erst seit 1944/45 die Russen und Osteuropäer.

Schließlich hat es Hillgruber mit der vertrackten Geopolitik. Wie erinnerlich, hatte er bereits von den englischen Gründen für die „Amputation des preußischen Kernlandes" an allererster Stelle die Beseitigung der „geopolitischen" Voraussetzungen für die preußisch-deutsche Machtstellung genannt. (Ob der Vorrang dieses Faktors durch den Quellenbefund überhaupt gestützt wird, kann ich nicht sagen.) Abschließend zerbricht er sich den Kopf über die „Rekonstruktion der zerstörten europäischen Mitte". Auch dieses Dilemma soll 1945 entstanden sein, obwohl doch Hitlerdeutschland schon Jahre zuvor das alte europäische Staatensystem, in dem Deutschland einen von mehreren Mittelstaaten bildete, zielstrebig vernichtet hatte.

Jetzt klingt es zumindest so, als ob erst durch den Zusammenbruch der Ostfront die „europäische Mitte", wo immer sie jeweils überhaupt liegen mag, „zerstört" worden sei. Spekulationen darüber, ob vierzig Jahre „nach dem Zusammenbruch der europäischen Mitte" eine Rekonstruktion wieder möglich ist, sind nicht nur „so offen wie damals" (1945), sondern genau so irreal wie damals. Mit ihrem Zweiten Weltkrieg und den dadurch ausgelösten Folgen haben die Deutschen die historische Gestalt Europas so grundlegend verändert, daß seither alle Erinnerungen an eine vermeintliche Mittellage oder Vermittlerrolle einer Chimäre nachjagen. Diese „Suche nach der verlorenen Zeit" lohnt schon lange nicht mehr.

Ein wenig diskutabler ist dagegen Hillgrubers Frage, ob mit den beiden 1949 entstandenen deutschen Staaten die „Geschichte der Deutschen als der von der Reichsgründung geprägten Nation ausrinnt oder doch noch eine Zukunft hat". Nach dem Ende der kurzlebigen „gescheiterten Großmacht" und der Rückkehr zum 800jährigen deutschen Staatenpluralismus in Mitteleuropa scheint aber auch diese Frage alles andere als „offen" zu sein. Sie ist offen in dem Sinn, wie der Verstand einiger Juristen noch immer die rechtliche Offenheit der „deutschen Frage" definiert. Sie ist offen auch in dem Sinn, daß Geschichte immer ein gewisses Maß an Offenheit in die Zukunft hinein besitzt. Aber die harten restriktiven Bedingungen deutscher Geschichte seit 1945/49 wirken so streng, daß auch diese relative Offenheit als ein Abstraktum erscheint, dem nur noch der eine oder andere Historiker oder Politiker pflichtschuldig seine Reverenz erweist.

Nationen entstehen und vergehen. Inzwischen besitzen in den deutschsprachigen Staaten Europas diejenigen politischen Generationen, die keinerlei unmittelbare, persönliche Erinnerung mehr mit dem Reich von 1871 bis 1945 verbindet, längst die unaufhaltsam weiter anwachsende Mehrheit. Neue Loyalitätsbeziehungen verbinden sie mit den Staaten, in denen sie aufgewachsen sind. Die kleindeutsche Reichsnation verflüchtigt sich zu einer papierenen Größe, und die Zeit arbeitet unnachgiebig dafür, daß diese Nation die politische Phantasie immer weniger zu mobilisieren vermag. Durch momentan schillernde Seifenblasen andersartiger Illusionen sollte man sich da nicht irritieren lassen. Auf diese Fragen ist unten noch einmal zurückzukommen, wo es um das neokonservative Ritual der Identitätsbeschwörung geht.

Nur: Ein letztes Urteil Hillgrubers läßt sich mit guten Gründen bezweifeln, daß nämlich „ganz Europa der Verlierer der Katastrophe von 1945" gewesen sei. Für die Hälfte Europas westlich der Elbe hat der Exitus der „gescheiterten Großmacht", hat ihre Zweiteilung vielmehr eine Konstellation geschaffen, mit der sie sich bereitwillig arrangiert hat. An deren Veränderung in einem Sinn, wie sie die Fata Morgana eines neuen Gesamtdeutschland vorgaukelt, ist weder der Wählermehrheit noch einer einzigen entscheidungsfähigen Machtelite etwas gelegen.[29]

Gibt man sich wegen und trotz des Grolls, den der Untertitel des Buches auslöst, an die Lektüre des zweiten Aufsatzes, stellt man fest, daß er nicht den zunächst vermuteten Titel „Das Ende des europäischen Judentums", sondern „Der geschichtliche Ort der Judenvernichtung" hat. Das ist die Sprache, die man von Hillgruber kennt. Warum bloß hat er auf sie im Untertitel verzichtet?

Der Aufsatz selber hat weithin referierenden Charakter, wie er dem Schlußvortrag nach einer Tagung, in dem noch einmal wesentliche Diskussionspunkte zusammengefaßt und kommentiert werden, oft eigen ist. Freilich tauchen auch in dieser Erörterung des „millionenfachen Mordes an den europäischen Juden" irritierende Stellen auf. Ist es heute tatsächlich „die entscheidende Frage", ob „die systematische, physische Vernichtung im ganzen deutschbeherrschten Machtbereich in Europa vielleicht vorausbestimmt" war? Oder geht es nicht vielmehr um die Frage, warum erst seit einem bestimmten Zeitpunkt der Übergang zur Massenvernichtung erfolgte und warum zahlreiche deutsche Dienststellen und Organisationen, die erdrückende Mehrheit der Funktionseliten und eine unbekannte, aber hohe Zahl von Mitwissern daran bis 1945 mitwirkten?

Auch Hillgruber kritisiert die „offenkundige Leichtigkeit, unter den zivilisatorischen Bedingungen des 20. Jahrhunderts Menschen dafür gewinnen zu können, andere Menschen nahezu teilnahmslos umzubringen", sie „ist dabei das Beunruhigendste". Anstatt jedoch die spezifische Anfälligkeit der Deutschen für ihre Praxis der „Massenvernichtung" mit der Sachkunde des Experten knapp zu skizzieren, flüchtet er in die Welt nichtssagender Spekulationen: „Das sind Dimensionen, die ins Anthropologische, ins Sozialpsychologische und ins Individualpsychologische gehen." Wie wahr – aber was bedeutet dieses Geklapper mit leeren Sprachhülsen für die deutsche Mordbereitschaft?

Peinlich wird es dann, wenn Hillgruber an ihr „der hohe Anteil von Akademikern" als „das am tiefsten Erschreckende" erscheint. „In dieser Hinsicht weist der Fall des humanistisch gebildeten, hochqualifizierten Arztes Dr. phil. Dr. med. Josef Mengele im Vernichtungslager Auschwitz über den konkreten Fall hinaus." In der Tat: Abertausende von solchen „Akademikern" gab es ja in allen möglichen Schlüsselpositionen und nicht nur in der SS. Gibt es jedoch für den Historiker nicht auch ein breites sozial- und mentalitätsgeschichtliches Erklärungsangebot, um diese Anfälligkeit deutscher Intellektueller überzeugender zu analysieren als mit dem Rekurs auf anthropologische Konstanten? Statt dessen hält Hillgruber die Frage nach der Wiederholung „unter anderen ideologischen Vorzeichen" für vordringlich!

Wird außerdem noch die Antwort auf solche, zugegeben, schwierigen Fragen zu früh auf ein angeblich ausschlaggebendes Faktorenbündel: auf Hitlers rassenpolitische Wahnideen und seinen Drang nach ihrer Verwirklichung zurückgeführt, versperrt man sich ohnehin den Zugang zu einer komplexen Analyse der Entwicklung bis hin zur „Endlösung". Selbst wenn man jedoch – wie Hillgruber – argumentiert, daß für Hitler die „rassische Revolution", sprich: auch „die physische Ausrottung der Juden", „im Zentrum stand", weil dadurch erst „der angestrebten ‚Weltmacht'-Position seines Reiches Dauerhaftigkeit verliehen werden konnte (!)", sollte man beim Beschreiben dieser Zielutopie nicht auf den Konjunktiv oder ein ‚angeblich' verzichten.[30]

Ein Meisterwerk – vergleichbar etwa mit Hillgrubers Aufsatz über „Endlösung und Ostimperium" – war dieses Referat gewiß nicht. Und da es nur durch eine Buchbindersynthese mit dem ersten Teil verbunden war, bot diese Tatsache der Kritik eine weitere Schwachstelle. Schlechthin skandalös aber war der Klappentext auf dem Umschlag dieses Büchleins. Eine Inhalts- und Stilanalyse schließen es meines Erachtens einerseits aus, daß Hillgruber selber als Werbetexter fungiert hat. Andrerseits: Warum hat er diese unqualifizierten Zeilen hingenommen? Warum hat er sich nicht mit aller Vehemenz seines Temperaments dagegen gesträubt oder sich sofort von ihnen distanziert? „Hillgrubers aufsehenerregende Arbeit wendet sich", hieß es nämlich dort, „gegen die landläufige Meinung, wonach die Zerschlagung des deutschen Reiches eine Antwort auf die Untaten des NS-Regimes gewesen sei. Aus den Quellen belegt Hillgruber, daß die Amputation des Reiches zugunsten eines Großpolens schon lange vor Auschwitz Kriegsziel der Alliierten war. Eingebunden in diesen Untergang der Deutschen war aber auch (!) die Auslöschung der europäischen Juden – zwei Vorgänge, die Hillgruber in ihrer düsteren Verflechtung sieht."

An diesen Sätzen ist so gut wie alles irreführend oder entstellend. „Die" landläufige Meinung – was immer das sein mag – sieht in der Zertrümmerung des Großdeutschen Reiches keineswegs nur eine Antwort auf die verbrecherischen Untaten Hitlerdeutschlands, obwohl sie unstreitig dafür hinreichten, sondern auf die zweifache Entfachung eines totalen Krieges und den zweimaligen Verlust des Vabanquespiels – das zweitemal nach einem fünfjährigen Abstieg in die Barbarei. Der erneute, diesmal vollends maßlose Griff nach der Hegemonie eines großgermanischen Rassereichs gab den Alliierten jeden Grund zu Überlegungen, wie sich das deutsche Machtpotential schwächen ließ. Die deutsche Vernichtungs- und Rassenpolitik konnte den Entwurf solcher Pläne nur vorantreiben. Auschwitz symbolisiert zwar den Tiefpunkt deutscher Politik. Längst vor der genauen Kenntnis der Praxis in den Vernichtungslagern fehlte es aber nicht an zahlreichen wohlbegründeten Motiven für eine rigorose Kriegszielplanung der Alliierten. Ein „Großpolen" ist darunter alles andere als ihr vorrangiges Projekt gewesen. Hätte denn erst die Kenntnis von „Auschwitz" – ist das die implizite These? – „die Amputation des Reiches" zu rechtfertigen vermocht? Soll ein – frei erfundener – „Untergang der Deutschen" – von denen 70 Millionen in drei Staaten überlebten – jetzt Priorität genießen, während „die Auslöschung der Juden" in ihn als Sekundärphänomen nur „eingebunden" wird?

Selten ist in den letzten Jahren mehr gefährlicher Unsinn in wenige Sätze, die – wie gesagt – so von Hillgruber nicht stammen können, gepreßt worden. Nach 1945 hat man derartiges nur in den Absonderungen einer winzigen Zahl unbelehrbarer rechtsradikaler Verlage lesen können. „Wer so denkt und spricht", hat daher Rudolf Augstein diesen Text charakterisiert, „ist ein konstitutioneller Nazi, einer, wie es ihn auch ohne Hitler geben würde." In der Tat, welcher ernstzunehmende Einwand könnte gegen dieses pointierte Urteil vorgebracht werden – zumal von Historikern, die es gewöhnlich zu schätzen wissen, wenn der Kern einer Sache durch eine zugreifende Formulierung exakt bezeichnet wird?[31]

3. Es exponiert sich: Michael Stürmer

Die Metamorphosen des Michael Stürmer hatten bis 1982/86, wie vorn geschildert, zu einer gewissen Konsolidierung des neuen Credos geführt. Obwohl manches im Fluß blieb, war von dem früheren wissenschaftspolitischen und sozialliberalen Engagement nichts Erkennbares mehr übrig geblieben. Inzwischen hatte sich Stürmer höheren Aufgaben zugewandt, z. B. dem hehren Ziel der Sinn- und Identitätsstiftung. 1983 verdeutlichte er einige Grundlinien dieser Problematik, die ihn seither ständig umgetrieben hat. Dabei ist es nicht ganz leicht, Stürmers Auffassung unzweideutig zu erfahren. Denn einmal sagt er dies, ein andermal das, später relativiert er beides oder meint das Gegenteil.

Jeder moderne Staat, auch die Bundesrepublik, bedürfe, insistierte er, einer „höheren Sinnstiftung, die nach der Religion bisher allein Nation und Patriotismus zu leisten imstande waren". Und noch einmal: Nur die Nation stille heutzutage „jenen Hunger nach Sinn und Identität, den vordem Religion und Magie befriedigt hatten". Das trifft zwar historisch keineswegs zu, wie wichtige Gegenbeispiele zeigen, aber dieses Manko kann hier vorerst übergangen werden. Angesichts der Verwirrung und Unsicherheit, die in der Bundesrepublik solche Komplexe wie Nation und Nationalstaat charakterisierten, dränge sich die Frage nach einer Instanz oder Gruppe auf, welche auf diesem Gebiet die Meinungsführerschaft beanspruchen könne und dadurch eine Art Deutungsprimat bei der Stabilisierung des Identitätsgefühls gewinnen solle. Diese Führungsrolle fiel, Stürmer zufolge, der Geschichte zu: „Als einer fundamentalen Disziplin des Denkens", die deshalb aus den Humanwissenschaften herausrage, gleichzeitig aber „fundamental auch im Gefüge einer Politischen Kultur" sei, „deren geschichtliche Prägung bis heute ihre stärkste blieb". Im Klartext hieß das, daß Historikern die Aufgabe zugedacht wurde, für eine zeitgemäße Sinn- und Identitätsstiftung Sorge zu tragen.

Daß es bei dieser Aufgabenstellung nicht etwa um den Ausfluß eines momentanen Hochgefühls ging, bekräftigte Stürmer mit allem Nachdruck im Mai 1986 in einem Aufsatz in der Zeitschrift „Das Parlament". „Orientierungsverlust und Identitätssuche", unterstrich er dort, „sind Geschwister. Wer aber meint, daß alles dies auf Politik und Zukunft keine Wirkung habe, der ignoriert, daß in geschichtslosem Land die Zukunft gewinnt, wer die Erinnerung füllt, die Begriffe prägt und die Vergangenheit deutet." Wer anders als die Historiker – und welcher Historiker im besonderen – sollte dieser Problematik gewachsen sein, gehört es doch zu ihren vordringlichen Aufgaben, die Erinnerung an die Vergangenheit wachzuhalten, sie insofern auch mit Hilfe ihrer Auswahlkriterien inhaltlich zu füllen, die Begriffe für die Interpretation zu prägen und schließlich die Vergangenheit zu deuten? Gewiß, theoretisch steht es, könnte man ergänzen, natürlich auch jedem Politiker oder wissenschaftlichen Laien frei, sich an diesem Werk zu betätigen. Wie aber sollten sie den in langen Berufsjahren gewonnenen Vorsprung des sachkundigen Historikers ohne weiteres aufholen? Wie sollten sie, wie er, die Zeit zur kontinuierlichen Beschäftigung mit solchen Fragen finden? Nein, den Historikern wurde – Clio volente – dies hohe Amt an vorderster Stelle zugedacht.

Die Grundüberlegung, daß die historische Interpretation der Vergangenheit mit der Beurteilung der Zukunft verkoppelt ist, war alles andere als neu – sie hatte schon vor mehr als 70 Jahren Wilhelm Dilthey mit aller Klarheit ausgedrückt: „Was wir unserer Zukunft als Zweck setzen", konstatierte er, „bedingt die Bestimmung der Bedeutung des Vergangenen". So gesehen ging es auch bei Stürmer an erster Stelle um den „Zweck" – Nation und Identität –, welcher unserer Zukunft als wünschenswertes Ziel gesetzt wurde, durch das folgerichtig zugleich nur gewisse Ausschnitte aus der Vergangenheit als Vorgeschichte privilegiert und mit besonderer „Bedeutung" ausgestattet wurden. Die Vorentscheidung für solche auch in der Zukunft gültigen Wertideen lenkt ja stets den Scheinwerferkegel der Aufmerksamkeit auf begrenzte Teile der Vergangenheit, die dann mit Hilfe der ‚geprägten Begriffe' zu deuten ist. Freilich hing dabei alles von einer sowohl exakten als auch andere überzeugenden Präzisierung des Zwecks, mithin von Nation und Identität, ebenso ab wie von den richtigen Interpreten, deren Erinnerungsbesetzung, Begriffsprägung und Vergangenheitsdeutung in hohem Maße über den Ausgang des großen Projekts entscheiden mußte. Erneut avancierten die Historiker zu den auserlesenen Gralshütern des Erbes und den Eroberern einer Zukunft, welche die Bundesrepublik verdient.

Wie sehr es Stürmer mit dieser Rolle des Historikers – des richtigen selbstredend, nicht etwa jedes beliebigen – ernst war, beweist nachdrücklich die Tatsache, daß er die Formulierung aus dem „Parlament" vom Mai 1986 knapp anderthalb Monate später in seinem Vortrag während der Römerberg-Gespräche und noch einmal in dessen gedruckter Fassung in den „Schweizer Monatsheften" vom September 1986 wortwörtlich wiederholte. Man wird daraus, ohne die ‚Deutung' zu überdehnen, schließen können, daß er in der Tat meinte, was er gleich mehrfach sagte. Ohnehin gibt Stürmer der Neigung gern nach, ein Urteil, das er für zwingend hält, eine Beschreibung, die ihm als gelungen erscheint, mit denselben eigenen Worten zu wiederholen.[32]

Dergestalt auf das Hohepriesteramt des wahrhaft zeitgemäß denkenden Historikers eingestimmt, mußte es Leser wie Hörer mit wachsender Neugier erfüllen, welche Teile der Vergangenheit Stürmer denn für erinnerungswürdig, für so zustimmungsfähig hielt, daß sie zur „Identitätsstiftung" dienen konnten. Aus der Geschichte der Weimarer Republik z. B. leitete der Kenner dieser Epoche 1983 die Erkenntnis ab: „Der Pluralismus der Werte und Interessen ... treibt früher oder später zum sozialen Bürgerkrieg wie am Ende der Weimarer Republik." Da ein gut Teil der Fundamente der Bundesrepublik – im Hinblick auf ihr Verfassungsrecht, ihre praktische Politik, ihre Politische Kultur – auf der Anerkennung des legitimen „Pluralismus der Werte und Interessen" beruht, bedeutete dieses Urteil eine schneidende Kampfansage gegen ein

Herzstück des Konsenses, auf dem das soziopolitische Leben dieser zweiten Republik bisher beruht hat. Welches Bild einer besseren Zukunft ohne dieses mühsam verankerte Pluralismusverständnis mochte Stürmer dabei wohl vorschweben? Wie hatte man sich eine „Identität" ohne die pluralistische, selbstverständlich konfliktreiche Koexistenz von Werten und Interessen vorzustellen? Beunruhigende Fragen – jedenfalls wenn man einen liberaldemokratischen Pluralismus für ein kostbares Gut des politischen Lebens zumal in einem deutschen Gemeinwesen hält.

1985 gab Stürmer eine weitere Kostprobe, wie er sich den Umgang mit der Erinnerung vorstellte. Diesmal ging es um das Ende des Zweiten Weltkriegs. „Als Dresden in einer Februarnacht des Jahres 1945 verbrannte – mehr als 70 000 Tote wurden gezählt –, da war dies ein deutsches Hiroshima"! Wenn Peter Gay gegen Nolte den Vorwurf der verzerrenden „Trivialisierung durch den Vergleich" erhoben hatte, kann man bei Stürmer ein klassisches Beispiel für die verzerrende Relativierung durch den Vergleich finden, an dem so gut wie alles schief war, während das politische Motiv, diese deutsche Leidensgeschichte mit Hiroshima und Nagasaki gleichzusetzen, leicht durchschaut werden konnte.[33]

Ein vielbeschäftigter Mann könne sich bei zwei Vergleichen auch einmal vergreifen? Einverstanden, aber eine überzeugende Entschuldigung ausgerechnet für einen erfahrenen Neuzeithistoriker, der derartige Vergleiche wählt, ist das nicht. Und extreme, Unheil verheißende Beispiele für die Maxime, die ‚Erinnerung zu füllen', die ‚Vergangenheit zu deuten' und dadurch Identität zu stiften, bleiben es allemal. Wem es indes allzu einseitig erscheint, die Kritik mit solchen Beispielen zu beginnen – obschon sie, schwarz auf weiß dastehend, nicht wegdisputiert werden können –, den belehrt die Lektüre von Stürmers Aufsatzband „Dissonanzen des Fortschritts", in dem er im Frühjahr 1986 fünfundzwanzig überwiegend aus den Jahren 1983 bis 1985 stammende Beiträge zusammenfaßte, eines Besseren.

Ein wichtiges von mehreren Leitmotiven bildet auch dort

die Frage der innerweltlichen „Sinnstiftung" durch die Geschichtswissenschaft, insbesondere der Vermittlung oder Stabilisierung einer nationalen Identität durch den hilfreichen, ja unumgänglichen Rekurs auf die Geschichte. (Auf die Problematik des Identitätsbegriffs wird unten noch für sich eingegangen: IV.6. und V.2.) Die These vom Nullpunkt, die in der Nachkriegszeit für den Wiederaufbau hilfreich und politisch funktional gewesen sei, müsse überwunden werden. Da die Bundesrepublik nicht länger mehr mit Hilfe der Erfolge ihres wirtschaftlichen Wachstums und ihrer sozialen Sicherheit hinreichend legitimiert werden könne, gewinne ein neuer „Konsens über Vergangenheit, Gegenwart und Zukunft" unabweisbar an Bedeutung. Nur ein solcher „Grundkonsens" könne verhindern, daß sich gesellschaftliche Konflikte zum „Bürgerkrieg" auswüchsen.

Etwas anders gesagt, aber erneut dasselbe meinend: Der „Pluralismus der Werte und Interessen ... treibt früher oder später in Kämpfe, die das Gemeinwesen in Frage stellen". Aus dieser düsteren, krisenschweren Konstellation ergab sich, nach Stürmer, für westdeutsche Historiker die bedeutsame Aufgabe, „die großen Fragen der deutschen Identität geistig, kulturell, sozial und wirtschaftlich aus dem öffentlichen Raum aufzunehmen und im deutsch-deutschen und deutsch-europäischen Zusammenhang (zu) entwickeln". Da war es wieder: das Meinungsmacher-Amt für Clios Priester.

Gelegentlich suchte sich Stürmer, nachdem er den Blick auf das weite Panorama der zu bewältigenden Identitätsprobleme gelenkt hatte, mit der skeptischen Mahnung des Berufshistorikers abzusichern. Identitätsstiftung durch Geschichte müsse natürlich wissenschaftlich diszipliniert werden. Die „Fachhistorie" werde „vorangetrieben durch kollektive, großenteils unbewußte Bedürfnisse nach innerweltlicher Sinnstiftung, muß diese aber in wissenschaftlicher Methodik abarbeiten". Sie befinde sich daher bei diesem Werk „auf ständiger Gratwanderung zwischen Sinnstiftung und Entmythologisierung". Bei dem Postulat der „Sinnstiftung" blieb es auch jetzt, wie das Bild von der Gratwanderung selber verrät. Gewarnt wurde vor der dabei in der Tat naheliegenden Mythologisierung einer partiell ausgeleuchteten Vergangenheit. Oder aber Stürmer schränkte ein, daß die „Wiederherstellung der geschichtlichen Dimension eine notwendige, aber keineswegs ausreichende Bedingung unserer Standortbestimmung" sei. Dieser Einschub an Selbstbescheidung wirkte zwar wohltuend, änderte aber wenig an dem massiven Postulat der Sinn- und Identitätsstiftung.[34]

Zweifellos meinte Stürmer mit dem vieldeutigen Begriff der historischen Identität vor allem eine nationale Identität. In diesem Sinne behauptete er, daß auch und gerade die „moderne Massendemokratie nicht ohne den Schnittpunkt von Patriotismus und Identität" auskomme. Sein eigenes Ziel sei, ließ er durchblicken, ein „maßvoller Patriotismus". Auch deshalb unterschied er zwischen Nation und Nationalstaat: „die deutsche Nation ist älter als der Nationalstaat, und das historische Recht der Deutschen ist durch Hitler nicht widerlegt und durch die Teilung nicht aufgehoben worden". Deshalb forderte Stürmer die Überwindung der Teilung, da sie „auf Dauer den Frieden in einer ... zu unsicheren Schwebe hält". In „historischen Zeiträumen" werde Deutschland „wieder zur Einheit kommen", prophezeite er – nicht jedoch in der Gestalt des Nationalstaats von 1871; er gilt auch Stürmer zu Recht als „Anachronismus", als „Verführung falschen Denkens".

Warum aber die deutschen Staaten wieder zusammendriften sollten, ob eine Konföderation entstehen oder ob die pragmatisch entschärfte Koexistenz zweier Staaten bereits zu der prognostizierten „Einheit" führen könne – all das wurde von Stürmer nicht erörtert. Es blieb bei seinem dunklen Geraune über einen vermeintlichen Trend „zur Einheit" in einer vagen Zukunft. Die „Einheit" selber aber wurde nirgendwo genauer definiert. Sollte es eine „Einheit" aus den Überresten der Kulturnation sein, die noch über die Staatsgrenzen hinwegreicht? Wieviel „Einheit" schafft denn die wechselseitige Lektüre von Christa Wolf und Heinrich Böll? Sollte es eine lockere staatenbündische „Einheit" sein? Das hieße vitale Interessen der Blocksysteme unterschätzen. Wenn Stürmer schon dem historisch überlebten Nationalstaat von 1871 eine erquickliche Absage erteilte, warum zog er dann nicht auch die nüchterne Konsequenz, die deutsche Frage von heute partout zu „entstaatlichen" (G. Gaus), auf das möglichst erträgliche und friedliche Zusammenleben mehrerer deutscher Staaten beharrlich und ohne die Illusion einer gesamtdeutschen Renaissance hinzuwirken, damit aber auch auf das politisch gefährliche Ritual einer inhaltslosen, verschwommenen Beschwörung künftiger „Einheit" wohlweislich zu verzichten?

Das läge auch um so näher, als Stürmer mehrfach und mit guten Gründen die Bedeutung der Westintegration für die Bundesrepublik Deutschland hervorhob. Gerade diese bisher gelungene Einbindung in den Westen, über deren Erfolg unter allen Streitenden Konsens herrscht, entzieht ja den westdeutschen Nationalstaats- und Einheitsträumen ebenfalls auf ihre Weise lautlos den Boden. Ob aber durch die postulierte Neustiftung einer nationalen Identität der Westdeutschen die Westintegration, wie Stürmer glaubt, eher gestärkt als geschwächt wird, ist mehr als fraglich. Dieses Stiftungsunwesen ist vielmehr ein unkalkulierbares Spiel mit dem Feuer.

Andrerseits: Wer an einer vagen „nationalen Identität" festhält, braucht für ihren Aufbau oder ihre Restabilisierung nationale Fixpunkte. Im Zeitalter der Nationalstaaten liegt der Rekurs auf die Einheitsfloskel nahe. Insofern taucht sie auch keineswegs zufällig bei Stürmer auf. Ihre nebelhafte Form entspringt letztlich einem Denken, das selber unentschieden in einem Schwebezustand verharrt, den die ungenaue Sprache widerspiegelt. Identität wird nicht nur bejaht, sondern für unumgänglich erklärt. Aus historischer Einsicht wird der kleindeutsche Nationalstaat von 1871 nicht für die künftige Lösung der deutschen Frage gehalten. Gerade er verbindet sich jedoch in manchen Köpfen noch immer am ehesten mit nationaler „Identität" und „Einheit". Da bleibt als Ausweg offenbar nur die ungesicherte Vorhersage, irgendwann werde es schon „zur Einheit" kommen, was immer dann jeder unter dieser inhaltlich nicht gefüllten Wortkapsel verstehen mag.

Die Dilemmata dieses Stürmerschen Identitätsplädoyers liegen auf der Hand. Wäre es da nicht klarer und klüger, Identität anders zu definieren – vom Fluchtpunkt der Nation und ihrer „Einheit" Abschied zu nehmen und realistischere Sollwerte für das westdeutsche Identitätsgefühl zu fordern?[35]

Auf der Suche nach jener zustimmungsfähigen Vergangenheit, die Bausteine für eine neudeutsche Identität zu liefern hat, war Stürmer ziemlich weit vorgeprescht. Er hatte die pluralistische Gesellschaft, die eine Anerkennung der Konflikt-Regulierung zwischen Interessen und Werten voraussetzt, attackiert. Er hatte die Aggressivität Deutschlands im Zweiten Weltkrieg durch den Vergleich zwischen Dresden und Hiroshima, mithin durch das ungeheuere Leiden der passiven Opfer alliierter Menschenfeindlichkeit zu relativieren versucht. Er hatte sogar eine nebulöse Einheitsrhetorik in seinen Dienst gestellt.

Zu diesen Manövern gesellte sich schließlich noch ein mit Brachialgewalt vorangetriebenes Entlastungsunternehmen, dessen Erfolg, nach dem aufgehäuften Wortreichtum zu schließen, Stürmer ganz besonders am Herzen liegt. Anstatt in einer Vielzahl von komplexen Konstellationen die komplizierten Ursachen für die Probleme der deutschen gesellschaftlichen und politischen Entwicklung seit 1848, 1871 oder 1914 zu suchen, entschied sich Stürmer seit Beginn der 80er Jahre für eine ebenso mechanistische wie fatalistische Denkfigur, die er seither mit Beharrlichkeit wiederholt hat. Es ist der Rekurs auf die – bereits erwähnten (I.4.) – angeblichen Konstanten der Geopolitik. Es ist, in Stürmers unnachahmlicher Sprache, der „Fluch" der deutschen „Geographie", daß das Land „verkeilt in der Mittellage" daliegt, daß es der „Belastung der Mittellage" in der stets „bedrohten europäischen Mitte" ausgeliefert ist, daß es der unerbittlichen „Logik der europäischen Machtgeographie" unterworfen bleibt. Aus dieser Mittellage in Europa ergibt sich ein Wesenszug des „deutschen Schicksals": „Versuchung und Verdammnis".

Seine Geschichte des „Ruhelosen Reiches" bot Stürmer reichlich Gelegenheit, in geopolitischen Metaphern zu schwelgen. Er überschlug sich förmlich, um mit leicht variierten Wendungen immer denselben Sachverhalt einzukreisen: die

„bedrohte und bedrohliche Mittellage“, die „Logik der deutschen Mittellage“, die „Zwänge der deutschen Mittellage“ – und so noch dutzendemale, um dem Leser einzuhämmern, daß „Deutschland . . . durch seine Geographie dazu verdammt war“, „in der Mitte Europas“ die Logik der „Machtgeographie“ zu erleiden.[36]

In seinem Beitrag zu der Festschrift für Franz Josef Strauß, der sich bekanntlich selber für einen gestandenen Universalhistoriker und eiskalten Geopolitiker hält, ließ Stürmer 1985 unter dem markigen Titel „Mitten in Europa: Versuchung und Verdammnis der Deutschen“ an dem Primat des geopolitischen Denkens keinen Zweifel aufkommen. „Denn der Ort der deutschen Geschichte, mitten in Europa, bezeichnet noch immer und für absehbare Zeit ihre erste Bedingung.“ Und im selben Jahr verkündete er dieselbe Priorität einer fatalen Denkformel auch in der „Neuen Zürcher Zeitung“. Deutscher Aufschwung und deutscher Niedergang von den schlesischen Kriegen Friedrichs II. bis zum endgültigen Ruin des Reiches 1945 hätten, wiederholte er, „mehr mit der strategischen Lage Preußens und Deutschlands in Europa zu tun als mit anderen Kontinuitäten von Staat und Gesellschaft in Deutschland und Europa“.[37]

Da zahlreiche ähnliche Äußerungen dieser Art in dem Aufsatzband „Dissonanzen des Fortschritts“ zusammengebündelt waren, wurde jetzt erst manchem klar, welche politische Funktion dieser Schamanentanz um die „Mittellage“ im „Herzen Europas“ besaß. Wer kann schon dafür, daß die deutschen Staaten nun einmal längere Zeit inmitten Europas gelegen haben? Wer kann schon dafür, daß der Zufall der Geburt einen in diese Staaten verschlagen hat? Die Staaten und ihre Menschen unterliegen der Logik der Geopolitik, die wie ein blindes Fatum über ihr Schicksal herrscht. Aus der Machtgeographie, aus dem Geschiebe und Gezerre um eine Mittelzone des Staatensystems, aus der äußeren Bedrohung von allen Seiten und der Verteidigung gegen diese Bedrohung soll sich die „erste Bedingung“, die Hauptkonstante deutscher Geschichte und Politik erklären lassen. Gravierende politische Entscheidungsprozesse und vorhersehbare oder unerwartete Folgen politischen Handelns, das Spannungsverhältnis zwischen der sozialökonomischen Modernisierung und dem Traditionalismus alter Machteliten, die Antagonismen zwischen den großen sozialen Klassen in ihrem Kampf um Lebenschancen und Legitimationsprinzipien, die handlungsbestimmende Kraft mächtiger Ideologien – sie alle wurden zweitrangig. Die „Logik der Machtgeographie“ hat offenbar an erster Stelle über alles bereits vorweg entschieden.

Sie entlastet nicht nur von mancher Schwierigkeit der möglichst exakten und daher mühsamen geschichtswissenschaftlichen Analyse, sondern auch von mancher politischen Verantwortung. Überdies entlastet sie frühzeitig von weiterem Nachdenken. Geopolitik bzw. „Machtgeographie“ und „Mittellage“ – das ist ein Eldorado all derer, die nach der schlichten, einfachen Wahrheit suchen, einschließlich jener Wissenschaftler, die sich mit den wenigen mechanistischen Kategorien dieser blutleeren „Lage“-Metaphysik zufrieden geben. Jacob Burckhardt hätte sie fraglos alle zu den „terribles simplificateurs“ gerechnet.

Nach der Begeisterung zu urteilen, mit der Stürmer die angebliche „Mittellage“ als Schlüssel zu den Rätseln der neueren deutschen Geschichte und Politik anpreist, könnte man fast annehmen, daß er sich in diesem Eldorado glücklich fühlt. Für den Skeptiker, für den Ungläubigen, für den Historiker, dem Respekt vor der Komplexität der Zusammenhänge mühsam antrainiert worden ist, aber auch für jeden Zeitgenossen im Besitz von „Common Sense“, der ihn heilsame Zweifel gegenüber den Propheten des „einfachen Lebens“ lehrt – für sie alle macht es die Dürre der Argumente, wenn denn die hausbakkenen Kalenderweisheiten dieses auszeichnende Wort überhaupt verdienen, völlig unattraktiv, den Weg in die Sackgasse der Geopolitik einzuschlagen. Zusammengenommen mit anderen Motiven von Stürmers Kommentaren zur geschichtlichen Vergangenheit und gegenwärtigen Politik war jedoch das Plädoyer zugunsten der Geopolitik für das politische Selbstverständnis um so brisanter.

III. Die Gegenwehr

Im Frühsommer 1986 hatte sich mithin eine Situation herausgebildet, die dadurch gekennzeichnet war, daß Historiker wie Nolte, Hillgruber und Stürmer – mit unterschiedlichen Akzenten, auch mit unterschiedlichen Interessen – für die Verfechtung unübersehbar politischer Ziele eine breite Öffentlichkeit suchten – und fanden.

Die Kritik beginnt: Jürgen Habermas

Es wäre gut gewesen, wenn ihnen sofort Historiker, die diesen Zielen kritisch gegenüberstanden, entgegengetreten wären. Zunächst aber gingen sie ihrem Tagewerk weiter nach. Statt ihrer eröffnete der Frankfurter Philosoph Jürgen Habermas, über dessen intellektuellen Rang und internationalen Ruf hier kein Wort zu verlieren ist, ohne längeres Zögern die Gegenwehr. Sein spontanes Engagement wurde durch Noltes FAZ-Artikel vom 6. Juni 1986 ausgelöst. Er verschaffte sich einen Überblick über die Position von Nolte, Hillgruber und Stürmer. Einen Monat nach Noltes Initialzündung erschien in der liberalen Wochenzeitung „Die Zeit" seine fulminante Kritik: „Eine Art Schadensabwicklung. Die apologetischen Tendenzen in der deutschen Zeitgeschichtsschreibung".[38]

An Stürmer, von dem er ausführlich einige enthüllende Äußerungen aus den „Dissonanzen" zitierte, kritisierte Habermas das Vorhaben, nach dem angeblichen Verlust des Geschichtsbewußtseins der Geschichtswissenschaft die Aufgaben einer neuen Sinn- und Identitätsstiftung zu übertragen. Stürmer stelle sich die Reaktion auf die Schattenseiten des Modernisierungsprozesses „als eine Art Schadensabwicklung vor", durch die den geschädigten Individuen mit Hilfe von „identitätsstiftendem Sinn" eine Kompensation verschafft werde. Durch einen hochgradig selektiven „Zugriff auf die Nationalgeschichte" solle eine auf gegenwärtige politische Zielvorgaben verpflichtete Historie ein Geschichtsbild hervorbringen helfen, das den nationalen Konsens fördere. Historiker wie Stürmer „möchten eine revisionistische Historie in Dienst nehmen für die nationalgeschichtliche Aufmöbelung einer konventionellen Identität". Solche „Ideologieplaner" wollten mithin „über eine Wiederbelebung des Nationalbewußtseins Konsens beschaffen". Sie plädierten daher „für ein vereinheitlichtes Geschichtsbild, das anstelle der ins Private abgedrifteten religiösen Glaubensmächte Identität und gesellschaftliche Integration sichern" könne. Eben deshalb müßten sie aber auch „den aufklärenden Effekt der Geschichtsschreibung scheuen und einen breitenwirksamen Pluralismus der Geschichtsdeutungen ablehnen". Werde aber nicht durch das postulierte „Geschichtsbewußtsein als Religionsersatz" die Geschichte als Wissenschaft weit überfordert?

Habermas beobachtete Hillgruber bei der von Stürmer postulierten „Gratwanderung zwischen Sinnstiftung und Entmythologisierung". An „Zweierlei Untergang" „traue" er sich als Fachfremder „nur heran", da das Bändchen „offensichtlich an Laien adressiert" sei. Ohne weitere ironische Umwege nahm Habermas alsdann die verhedderten Identifikationsprobleme des Kölner Politikhistorikers aufs Korn. Warum wähle Hillgruber, nachdem er verschiedene potentielle Standorte für das historische Urteil verworfen habe, vierzig Jahre später nicht seine eigene Perspektive, „von der er sich ohnehin nicht lösen kann? Sie bietet zudem den hermeneutischen Vorzug, die selektive Wahrnehmung der unmittelbar beteiligten Parteien in Beziehung zu setzen, gegeneinander abzuwägen und aus dem Wissen des Nachgeborenen zu ergänzen." Für einen Historiker hier und heute erscheine das doch fast als „‚normaler' Blickwinkel". Hillgruber lehne das ab, da dann Fragen „der Moral in Vernichtungskriegen" ins Spiel kämen. Das zeige auch seine Aversion gegen Norbert Blüms schlichte Wahrheit, es habe ein Zusammenhang von stabiler Front und funktionierender Massenvernichtung bestanden. Vielmehr wolle Hillgruber „sich in die Erlebnisse der Kämpfer von damals hineinversetzen, die noch nicht von unseren retrospektiven Kenntnissen eingerahmt und entwertet sind". Daher erfolge die Zweiteilung des Bandes in die getrennte Behandlung von zwei historischen Prozessen, die Hillgruber „gerade nicht" - trotz der Ankündigung des Klappentextes - „in ihrer düsteren Verflechtung zeigen" wolle.

Freilich: „Nach dieser Operation, die man wohl dem von Stürmer erwähnten Dilemma sinnstiftender Historiker zugute halten" müsse, nutze Hillgruber dennoch „das Wissen des nachgeborenen Historikers", um zu belegen, daß die Vertreibung der Deutschen keine „Antwort" auf die Vernichtungslager bildete. Vielmehr sei wegen der alliierten Kriegsziele, die von einem „klischeehaften Preußenbild" maßgeblich beeinflußt worden seien, der deutsche Osten ohnehin nicht zu retten gewesen. Der evidente Zusammenhang zwischen preußischen Machtstrukturen und Interessenlagen einerseits, der davon nachweislich beeinflußten Reichspolitik andrerseits werde von Hillgruber stillschweigend übergangen. „Verblendet", so Hillgruber, erkannten die Westmächte viel zu spät, daß dank Stalins Vormarsch „ganz Europa der Verlierer der Katastrophe von 1945" sein werde, so daß die „Rekonstruktion der zerstörten europäischen Mitte" bis heute ein offenes Problem darstelle.

Zu Recht stieß Habermas sich an dem Untertitel von Hillgrubers Buch, da er „eine veränderte Perspektive" signalisiere. „Der in der Rhetorik von Kriegsheftchen beschworenen ‚Zerschlagung des Reiches' (die anscheinend nur an der Ostfront stattgefunden hat) steht das nüchtern registrierte ‚Ende des europäischen Judentums' gegenüber. Die ‚Zerschlagung' verlangt einen aggressiven Gegner, ein ‚Ende' stellt sich gleichsam von selber ein." Habermas sah sehr wohl die Diskrepanz zwischen dem Untertitel und dem eigentlichen Inhalt des zweiten Aufsatzes über den „geschichtlichen Ort der Judenvernichtung". Aber außerordentlich irritierende Schwachstellen fand er auch hier. Wenn Hillgruber zufolge die „Endlösung" „allein von Hitler von Anfang an" geplant worden sei, da nur durch diese sogenannte „rassische Revolution" seinem großgermanischen Weltreich „Dauerhaftigkeit verliehen werden konnte", wunderte sich Habermas, warum hier „der konjunktivische Umlaut" fehle. Jetzt „weiß man nicht, ob sich der Historiker auch diesmal die Perspektive des Beteiligten zu eigen macht".

Da Hitler überhaupt als „der alleinverantwortliche Urheber" der Judenvernichtung identifiziert werde, bedürfe nur noch „die Durchführung einer Erklärung – aber auch die erschreckende Tatsache, daß die Masse der Bevölkerung", wie Hillgruber durchaus annehme, „bei alledem stillgehalten hat". Allerdings sei „das Ziel der mühsamen Revision gefährdet", schloß Habermas, „wenn dieses Phänomen am Ende doch noch einer moralischen Beurteilung ausgeliefert werden müßte". Deshalb breche an dieser Stelle „der narrativ verfahrende Historiker", der von kausaler Erklärung nichts halte, „ins Anthropologisch-Allgemeine" aus: Die „Hinnahme" des „dunkel geahnten" Massenmords weise, erklärte er, über „die historische Einmaligkeit" hinaus. „Fest in der Tradition der deutschen Mandarine stehend" – eine Anspielung auf Fritz Ringers bekannte Charakterisierung der gelehrten Koryphäen der deutschen wissenschaftlichen Welt zwischen 1890 und 1933 als „Mandarine"[39] –, sei Hillgruber „übrigens am tiefsten erschreckt über den hohen Anteil beteiligter Akademiker – als gäbe es nicht auch dafür ganz plausible Erklärungen. Kurzum, daß eine zivilisierte Bevölkerung das Ungeheuerliche geschehen ließ, ist ein Phänomen, das Hillgruber aus der Fachkompetenz des überforderten Historikers entläßt – und unverbindlich in die Dimension des Allgemeinmenschlichen abschiebt."

Nolte dagegen sei, das erkannte Habermas sofort, „in der Tat aus anderem Holz geschnitzt als Hillgruber". Bei der Vorbereitung seines polemischen Essays war Habermas auf den zu seiner Verwunderung von Hildebrand unlängst noch gerühmten englischen Aufsatz Noltes „Between Myth and Revisionism?" gestoßen.[40] Auf einige verräterische Äußerungen dieses Beitrags griff Habermas zunächst zurück, um sich und seinen Lesern die jüngste Entwicklung Noltes bis hin zu seinem FAZ-Artikel vom 6. Juni 1986 zu vergegenwärtigen. Da die Geschichte des Nationalsozialismus weithin von den Siegern geschrieben und dabei zu einem „negativen Mythos" stilisiert worden sei, versuchte Nolte an dieser Stelle die Mythologisierung endlich aufzubrechen. Dafür lud er, so Habermas, „zu dem geschmacklosen Gedankenexperiment ein, sich doch einmal das Israelbild einer siegreichen PLO nach der vollständigen Vernichtung Israels auszumalen". „Dann würde sich", spekulierte Nolte, „für Jahrzehnte und möglicherweise für Jahrhunderte niemand trauen, die bewegenden Ursprünge des Zionismus auf den Geist des Widerstandes gegen den europäischen Antisemitismus" zurückzuführen. Auch die Totalitarismustheorie der 50er Jahre hatte Nolte zufolge keine veränderte Perspektive über den negativen Mythos hinaus beigesteuert, sondern sie hatte in das schwarz gefärbte Bild auch noch die Sowjetunion einbezogen. Sie diente Nolte als Stichwort, um „das Dritte Reich als Ganzes in eine neue Perspektive zu rücken".

Woraus sollte diese Novität bestehen? Nolte ging es „um die Dialektik wechselseitiger Vernichtungsdrohungen" (Habermas). „Man kann doch kaum bestreiten", verkündete Nolte in apodiktischem Ton, „daß Hitler gute Gründe für seine Überzeugung besaß, daß seine Feinde entschlossen waren, ihn viel früher zu vernichten" – „to annihilate him", drückte sich Nolte, dem die englische Sprache voll geläufig ist, absolut unmißverständlich aus! – als seit dem Zeitpunkt, da der Welt die ersten Nachrichten über Auschwitz bekannt wurden. Als einen Beleg für diese These von Hitler als dem Reagierenden führte Nolte – im Rahmen einer Auseinandersetzung mit dem englischen Historiker David Irving – einen Offenen Brief an, den Chaim Weizmann als Leiter der „Jewish Agency" am 29. August (nicht am 2. September) 1939 an Premierminister Chamberlain gerichtet hatte und der kurz danach mehrfach veröffentlicht worden war.

„In dieser Stunde der äußersten Krise" wollte Weizmann, wie er damals schrieb, „auf die nachdrücklichste Weise" frühere Erklärungen bestätigen, „daß die Juden ‚auf der Seite Großbritanniens stehen und auf der Seite der Demokratien kämpfen werden'". Die „Jewish Agency" sei daher bereit, sich mit allen ihren menschlichen und technischen Ressourcen „der koordinierenden Leitung" der Londoner Regierung zu unterstellen. (Auf wessen Seite sollte sich bloß die „Jewish Agency" 1939 denn sonst stellen?) Nolte machte sich Vorwürfe, daß er diese „offizielle Erklärung" Weizmanns bisher übersehen habe – „obwohl sie die folgenschwere These rechtfertigen könnte, daß Hitler berechtigt war, die deutschen Juden als Kriegsgefangene zu behandeln und infolgedessen zu internieren"![41]

Nach dieser exzentrischen Kapriole, einen zionistischen Interessenverband auf einmal wie ein Völkerrechtssubjekt mit dem anerkannten Recht zur Kriegserklärung zu behandeln, kam Nolte zu seinem zweiten, ungleich wichtigeren Bedrohungsargument: der Vernichtungspolitik des Bolschewismus und anderer kommunistischer Regimes der Gegenwart. Denn die Russische Revolution demonstriere das neuartige Ausmaß einer „Vernichtungspolitik" („annihilation therapy") gegenüber Klassenfeinden. Stalins Sowjetunion setze sie mit der „Vernichtung der Kulaken" fort. Heutzutage mache Pol Pot in Kambodscha, mache überhaupt die Zeitgeschichte Indochinas vollends klar, „was der ursprüngliche Vorgang und was die Kopie im Bereich der Klassen-, Volks- oder Gruppenvernichtung war. Wer Hitlers Judenvernichtung nicht in diesem Kontext sehen" wolle, drohte Nolte, „verfälscht die Geschichte". Ihre „entscheidende Vorbedingung" liege mithin im russischen Vorbild. „Auschwitz ist an erster Stelle nicht ein Ergebnis des traditionellen Antisemitismus. Es war . . . vor allem eine Reaktion, geboren aus der Angst vor den Vernichtungsvorgängen der Russischen Revolution." Auschwitz war dennoch „schrecklicher als das Vorbild", betonte Nolte, „weil die Vernichtung von Menschen auf quasi-industrielle Art betrieben wurde". Die „Singularität" der NS-Verbrechen werde dadurch bestätigt. Sie ändere jedoch „nichts an der Tatsache", wie Nolte monoton wiederholte, „daß die sog. Judenvernichtung während des Dritten Reiches eine Reaktion oder eine verzerrte

Nachahmung war, nicht aber ein erstmaliger Vorgang oder die ursprüngliche Aktion".

Aus diesen Assoziationen, die frühere Überlegungen in pointierter Form weiterführten, leitete Nolte drei Forderungen ab: 1. Der Nationalsozialismus müsse „aus seiner Isolierung", in der er für sich behandelt werde, herausgehoben werden. 2. Er müsse „in Beziehung gesetzt werden zu den Veränderungen, Krisen, Befürchtungen, Diagnosen und Therapievorschlägen, die von der Industriellen Revolution hervorgetrieben wurden". 3. „Insbesondere" aber müsse er „in Verbindung mit der Russischen Revolution als seiner bedeutendsten Vorbedingung gesehen werden".[42]

Habermas zog aus diesem Plädoyer Noltes die naheliegende bissige Konsequenz: „In diesem Kontext des Schreckens erscheint ... die Judenvernichtung nur als das bedauerliche Ergebnis einer immerhin verständlichen Reaktion auf das, was Hitler als Vernichtungsdrohung empfinden mußte." Als ähnlich irritierend empfand Habermas das Urteil in Noltes 1986 erschienenem Aufsatz über seine „Philosophische Geschichtsschreibung", wo aus einer Vogelperspektive, die den Blick von weither auf prinzipielle Reaktionen auf den westlichen Modernisierungsprozeß zu richten gestatte, „Marx und Maurras, Engels und Hitler nach aller Hervorhebung ihrer Gegensätze dennoch zu verwandten Figuren" gemacht würden.

Man sieht, wie viele Motive von Noltes Denken in seinem FAZ-Artikel vom 6. Juni 1986 schon vorher klar erkennbar waren, dort aber noch einmal in zugespitzter Form entfaltet wurden. Habermas kritisierte daran, daß Nolte die „Singularität der Judenvernichtung" auf den „technischen Vorgang der Vergasung" zu reduzieren versuche und den GULag in heideggerisierendem Sprachstil für „ursprünglicher" als Auschwitz erkläre. Wenn Nolte zudem sogar die SS-Wachmannschaften der Vernichtungslager als „Opfer" deklariere, zeigten diese „unappetitlichen Kostproben ..., daß Nolte einen Faßbinder bei weitem in den Schatten stellt". (Und warum, bitte, habe sich die FAZ „mit Recht" gegen Faßbinders Stück gestellt, während sie jetzt Nolte drucke?)

Nach Habermas' Eindruck suchte Nolte zwei Fliegen mit einer Klappe zu schlagen: „Die Nazi-Verbrechen verlieren ihre Singularität", da „sie als Antwort auf (heute fortdauernde) bolschewistische Vernichtungsdrohungen mindestens verständlich gemacht werden. Auschwitz schrumpft auf das Format einer technischen Innovation und erklärt sich aus der ‚asiatischen' Bedrohung durch einen Feind, der immer noch vor unseren Toren steht."

Welches Fazit zog Habermas aus seinem kritischen Überblick? Endlich habe sich unter der Generation der nach 1945 ausgebildeten Historiker „ein Pluralismus von Lesarten und methodischen Ansätzen", damit eine längst überfällige Liberalisierung der Zunft durchgesetzt. Das alte „Mandarinenbewußtsein" habe die NS-Zeit nicht überlebt, da es durch die „erwiesene Ohnmacht" oder „gar Komplizenschaft mit dem Naziregime" seiner „Substanzlosigkeit ... überführt worden" sei. „Dieser geschichtlich erzwungene Reflexionsschub" habe nicht nur die ideellen Prämissen der westdeutschen Geschichtswissenschaft verändert, sondern auch „das methodische Bewußtsein für die Kontextabhängigkeit jeder Geschichtsschreibung verschärft". Eben dieses Bewußtsein bedeute auch „das Ende jedes geschlossenen, gar von Regierungshistorikern verordneten Geschichtsbildes".

Die Revisionisten erlägen daher einem fatalen Fehlkalkül, wenn sie glaubten, aus einer zweckgerecht rekonstruierten Vergangenheit ein für die Gegenwart „besonders geeignetes Geschichtsbild auswählen" zu können. Der „unvermeidliche ... Pluralismus" spiegele vielmehr die Struktur einer „offenen Gesellschaft wider". „Er eröffnet erst die Chance, die eigenen identitätsbildenden Überlieferungen in ihren Ambivalenzen deutlich zu machen." Eben dies aber sei „notwendig für eine kritische Aneignung mehrdeutiger Traditionen, d.h. für die Ausbildung eines Geschichtsbewußtseins, das mit geschlossenen ... Geschichtsbildern ebenso unvereinbar" sei „wie mit jeder Gestalt einer konventionellen Identität".

In dem Maße, in dem unter den Jüngeren „die nationale Symbolik ihre Prägekraft" verloren habe, die naive Identifikation „mit der eigenen Herkunft“ einem eher skeptisch verhaltenen „Umgang mit Geschichte gewichen“ sei, Diskontinuität nachhaltiger empfunden, Kontinuität dagegen nicht mehr „um jeden Preis gefeiert“ werde, in dem schließlich „nationaler Stolz und kollektives Selbstwertgefühl durch den Filter universalistischer Wertorientierungen hindurchgetrieben werden“ – in dem Maße, wie das wirklich zutreffe, schloß Habermas, mehrten sich die Anzeichen für die Ausbildung einer kritisch reflektierten, ihrer Naturwüchsigkeit entkleideten, eben „einer postkonventionellen Identität“. Diese Anzeichen lösten zwar konservative „Kassandrarufe“ aus, die jedoch nur eins verrieten: „daß wir die Chance, die die moralische Katastrophe auch bedeuten konnte, nicht ganz verspielt haben“.

„Die vorbehaltlose Öffnung der Bundesrepublik gegenüber der politischen Kultur des Westens ist die große intellektuelle Leistung unserer Nachkriegszeit, auf die gerade meine Generation stolz sein könnte.“ Diese Öffnung aber sei „vollzogen worden durch Überwindung genau der Ideologie der Mitte, die unsere Revisionisten mit ihrem geopolitischen Tamtam“ wieder aufwärmten. „Der einzige Patriotismus, der uns dem Westen nicht entfremdet, ist ein Verfassungspatriotismus. Eine in Überzeugungen verankerte Bindung an universalistische Verfassungsprinzipien hat sich bisher“, urteilte Habermas, „in der Kulturnation der Deutschen erst nach – und durch – Auschwitz ausbilden können. Wer uns mit einer Floskel wie ‚Schuldbesessenheit‘ ... die Schamröte über dieses Faktum austreiben will, wer die Deutschen zu einer konventionellen Form ihrer nationalen Identität zurückrufen will, zerstört die einzige verläßliche Basis unserer Bindung an den Westen.“[43]

Der Fehdehandschuh war aufgehoben worden. Habermas' Kritik war scharf, ablenkende Umwege konnte ihr keiner vorwerfen. Das prinzipielle Problem, wie die Westdeutschen es mit ihrem historisch-politischen Selbstverständnis angesichts des revisionistischen Meinungsdrucks halten wollten, war klar formuliert. Wie würden Antwort, Antikritik, Attacke der Kritisierten ausfallen? Das war seither die Frage.

IV. Die Diskussion

Die Geschichte ist immer, wie ein banaler Spruch lautet, für Überraschungen gut. Überraschenderweise passierte jedoch nach Habermas' „Zeit"-Aufsatz wochenlang nichts Sichtbares. Nur im Kreise von interessierten „Zeit"-Lesern, insbesondere aber von Historikern wurde in zahlreichen Gesprächen Zustimmung oder aber auch Widerspruch geäußert, der sich mit skeptischen Fragen verband.

1. Einige Vorüberlegungen

War die Gruppe der kritisierten Historiker nicht zu heterogen, hieß es etwa, um den Vorwurf gemeinsamer „apologetischer Tendenzen" zu rechtfertigen? Wurde da nicht eine starke Strömung suggeriert, die es in dieser Form faktisch nicht gab? Daß die Kritisierten sich nicht als ein einheitliches Fähnlein der Aufrechten empfanden, ließ sich unschwer vorstellen. Dem Empiriker Hillgruber widerstrebte es gewiß, mit dem Phänomenologen Nolte und dessen sektiererischer Rabulistik über asiatische Vernichtungstaten in einen Topf geworfen zu werden. Nolte wiederum wußte mit den Sinnstiftungsprozeduren und Identitätsdrechseleien Stürmers vermutlich sehr wenig anzufangen. Und Stürmer, der so schnittig vor dem Wende-Wind lag, konnte mit zwei so konträren Segelgenossen erst recht nicht unbeschwerter aufkreuzen.

Hätte Habermas jedoch nur Nolte – gewissermaßen als paradigmatischen Fall – kritisiert, wäre prompt der Vorwurf gekommen, daß die isolierten Äußerungen „eines bedeutend-exzentrischen Geistes" (Habermas über Nolte) fälschlich zu einem allgemeineren Phänomen aufgebauscht würden. Nein, gerade die Unterschiedlichkeit der Positionen im einzelnen, aber das gleichwohl gemeinsame Grundmuster mehr oder minder subtiler nationalhistorischer Apologie legitimierten das Vorhaben, in einem umfassenden Zusammenhang „apologetische Tendenzen“ zu kritisieren. Gerade weil die Kritik trotz der Heterogenität der Standpunkte zutraf, gewann sie an Gewicht und Überzeugungskraft.

Natürlich hätte Habermas auch noch mit guten Gründen z. B. den vermutlich einzigen rechtsradikalen Historiker der Zunft, den Erlanger Hellmut Diwald, mit seiner unsäglichen „Geschichte der Deutschen“ von 1978 einbeziehen können. Aber dessen antiquierter Radikalnationalismus war ziemlich folgenlos verpufft, die Affäre durch den geschlossenen Widerstand der Fachhistoriker, die diesmal tatsächlich der historischen Sachkenntnis und Vernunft schnell zum Siege verholfen hatten, alsbald beendet worden. Noch einmal: 1986 lohnte eine Auseinandersetzung allein mit den ausgewählten Kontrahenten.

War dann aber nicht doch, hieß es weiter, der Vorwurf der „apologetischen Tendenzen“ zu scharfzüngig oder gar schief und insofern irreführend? Von einer direkten Apologie der nationalsozialistischen Untaten oder auch nur von einer exkulpierenden Verharmlosung (à la Diwald) konnte in der Tat bei keinem einzigen der kritisierten Historiker die Rede sein. Im Gegenteil, jeder hatte auf seine Weise, aber mit unmißverständlicher Entschiedenheit, die Barbarei des NS-Regimes angeprangert. Von einer solchen plumpen Apologie hatte aber auch Habermas mit keinem Wort gesprochen. Es ging vielmehr nach seinem Urteil um eine anders strukturierte apologetische Haltung gegenüber Schlüsselfragen der jüngsten deutschen Vergangenheit.

War der Begriff ‚apologetisch‘ denn unangebracht, wenn Hillgruber zur Identifikation mit der deutschen Ostfront von 1944/45 aufrief? War der Begriff fehl am Platz, wenn er die aus antipreußischem Ressentiment genährten perfiden Kriegsziele der Engländer – anstelle der wilhelminischen Einkreisungslegende jetzt eine ebenso lichtvolle Zerstückelungstheorie – anprangerte, anstatt sie als Antwort auf die Kontinuität der deutschen Gefahr zu begreifen? War ein Moment der Apologie etwa abwesend, wenn Nolte im marxistischen Vernichtungsgedanken und in der asiatischen Vernichtungspraxis des Bolschewismus das eigentliche Vorbild des Hitlerschen Radikalfaschismus, nicht aber im österreichischen und deutschen Antimarxismus, Antisemitismus, Sozialdarwinismus die „ursprüngliche" Prägung Hitlers und seiner Spießgesellen erblickte? Mischte sich nicht seiner Uminterpretation des Treibenden in den von „asiatischen" Schreckbildern Getriebenen notwendig ein subtil apologetisches Verständnis bei? Wohnte Stürmers Aufruf zur Besinnung auf deutsches Leiden und deutsche „Mittellage" nicht ein kraß apologetisches Element inne? Steckte in seiner heimlichen Verehrung straffer – darf man wegen der Berufung auf Bismarck nicht sogar sagen: autoritärer – Innenpolitik gegen die vermeintlichen Zerfallstendenzen des demokratischen Pluralismus, der auf längere Sicht „zum sozialen Bürgerkrieg" treibe, nicht sogar ein kräftiger Schuß Apologie glücklich überwundener Zustände?[44]

Daß solche Fragen möglich waren und möglich sind, weist auf gewisse Gemeinsamkeiten, auf gewisse „apologetische Tendenzen" der kritisierten Historiker hin, die es durchaus rechtfertigten, ihnen in eben der Öffentlichkeit, die sie ja selbst so angestrengt gesucht hatten, mit offener Polemik entgegenzutreten.

Nun ist der Beginn jeder polemischen Auseinandersetzung mit unterschiedlichen Chancen für Angreifer und Verteidiger verbunden. Die Attacke kann mit dem Aufschlag beim Tennis verglichen werden: Es ist der einzige Ball, den der Rückschläger unmittelbar nicht beeinflussen kann. Anders gesagt: Der Kritiker besitzt die Möglichkeit, eine spezifische Ebene der Argumentation zu wählen, wo er die Überzeugungsfähigkeit seiner Überlegungen als am stärksten einschätzt. Damit steckt er eine Arena ab, in der sich der Angegriffene in der Regel fortab bewegt. Indes: Diese Arena ist kein enges Feld; der Kontrahent ist auch keineswegs gezwungen, ausschließlich auf der von dem Kritiker bevorzugten Ebene zu reagieren. Vielmehr besitzt er mehrere Optionen, deren Vorzüge und

Grenzen er vor seiner Antwort sorgfältig prüfen kann – die alten Regeln der klassischen Rhetorik gelten auch hier! Er kann sich z. B. denjenigen Bereich aussuchen, in dem er selber am eindringlichsten argumentieren, das Kampffeld des andern aber links liegen lassen kann. Er kann sich einige Haupteinwände, die er am ehesten glaubt, entkräften zu können, herausgreifen, braucht aber nicht auf jede Rüge einzugehen. Er kann auch eine ganz neue Argumentationslinie aufbauen, um von dort aus das Plädoyer der Gegenseite zu unterlaufen. Vor allem aber kann, ja sollte er mißverständliche eigene Äußerungen schleunigst klarstellen, unklare oder nicht aufrechtzuerhaltende Argumente bereitwillig modifizieren, präzisieren, gegebenenfalls auch ganz aufgeben. Kurz: Die wissenschaftliche Polemik gleicht einem geregelten Duell mit vielerlei Möglichkeiten, die eigene Position zu behaupten, zu verändern, neu zu beziehen – auch aus Fairneß das „Touché" zu konzedieren.

So konnte etwa, um ein Beispiel zu nehmen, Hillgruber sofort die notwendige Klarheit darüber schaffen, ob der greuliche Klappentext und Untertitel vom ihm stammte. Rührte er in der Tat von ihm, konnte er sich jetzt distanzieren, da eine rationale Verteidigung ohnehin nicht möglich war. Stammte beides aber vom Verlag, wofür die Stilanalyse spricht, konnte er das klipp und klar sagen, so daß er nach einer vielleicht nicht ganz angenehmen Distanzierung von fremden Formulierungen ungleich besser als zuvor dastand. Übrig blieb dann zwar immer noch die lästige Frage, warum er Untertitel und Klappentext so akzeptiert hatte, aber vielleicht war er ja – entgegen der üblichen Praxis – übergangen worden oder hatte Fahnen- und Umbruchkontrolle anderen – voll guten Glaubens, sie paßten schon auf – überlassen. Den fehlenden Konjunktiv konnte er, verbunden mit einer Entschuldigung wegen der Irreführung des Lesers, richtigstellen. Die peinliche Formulierung über die Verführbarkeit von Akademikern konnte er zurechtrücken.

Das alles war mit einem Minimum an Flexibilität und Distanz zum eigenen Text möglich, den man ja nicht als Monument der Gelehrsamkeit um jeden Preis voller Ehrfurcht unberührt stehen lassen muß. Vor allem konnte sich Hillgruber auf die Kontinuität seiner rund 25jährigen unmißverständlichen Verurteilung der „Judenvernichtung" und anderer NS-Exzesse insbesondere im Ostkrieg glaubwürdig berufen. Da gab es vielerlei Möglichkeiten, seine genuine Position von heute zu verdeutlichen. Wie er sich allerdings zu dem ersten Aufsatz insgesamt verhalten, wie er sich z. B. aus der Selbstfesselung seiner Identifikationsentscheidung wie Houdini befreien wollte, darüber läßt sich nur rätseln.

2. *Die ersten deprimierenden Reaktionen*

Wie dem auch sein mag, man durfte eine Zeitlang darauf gespannt sein, für welche Reaktionsweise die kritisierten Historiker, die so plötzlich den Vorteil der ungestörten Offensive verloren hatten, optieren würden. Mit der miserabelsten von allen Optionen hatte jedoch keiner gerechnet: Mit der Verweigerung der argumentativen Diskussion, mit der Negierung der wissenschaftlichen Qualifikation des Kritikers, mit dem ebenso schlichten wie unverfrorenen Bestreiten der Triftigkeit seiner Vorwürfe. Statt überzeugender Gegengründe vielmehr empörtes Wehklagen über eine angeblich eingeleitete „Rufmordkampagne" (so Hillgruber), über die Vorbereitung der intellektuellen Hinrichtung mit Hilfe einer „Proskriptionsliste" (so Stürmer), ja über die Inszenierung eines „Schauprozesses" (so erneut Stürmer mit einem gezielt bösartigen Rückgriff auf das Vokabular der Stalinschen „Säuberungen" und der Freislerschen Pseudogerichtsverfahren).[45]

Indes: Wochenlang regte sich zuerst, wie gesagt, gar kein Widerspruch. Nur in der „Zeit" vom 1. August 1986 brummelte Ernst Nolte in einem kurzen Leserbrief erst über die Verletzung seiner Privatsphäre, dann darüber, daß Habermas als Vorkämpfer des „herrschaftsfreien Diskurses" dank seiner „formellen und informellen Machtpositionen" in „Gremien und Verlagen" in der Praxis „ein Zensorenamt besonderer Art" ausübe. Wer konnte diese apokryphen Anspielungen schon verstehen? Nicht zu einem einzigen Gegenargument ließ Nolte sich herab.[46]

Statt dessen empfand Hildebrand, den Habermas wegen seiner Lobeshymne auf Noltes „Mythos"-Aufsatz beiläufig kritisiert hatte, das unwiderstehliche Bedürfnis, sich am 31. Juli 1986 anstelle der drei Hauptfiguren zu äußern. Anstatt in der „Zeit" zu antworten, wo Habermas Stellung bezogen hatte, zog Hildebrand sich jedoch in die Spalten der FAZ zurück – ein Beispiel politischer und geistiger Liberalität, das bald Schule machen sollte.

Hildebrand ist einer der letzten Großmeister der tönenden Suada. Das füllt geschwinde. Bereits nach zwei Minuten sucht man jedoch das Gedächtnis nach klaren Thesen vergebens ab. Haften bleibt jedoch das angestrengte Bemühen, die unverwechselbaren Spezifika der Diktatoren unseres Jahrhunderts in einem diffusen Begriff vom „Zeitalter der Tyrannen" zu planieren. Die Judenvernichtung wurde dadurch tendenziell zu einem Normalfall greulicher Massenmorde, die das ganze zwanzigste Jahrhundert durchziehen. Das erinnert, wenigstens von ferne, an längst gescheiterte ähnliche Unternehmen der anfänglichen Totalitarismustheorie, sollte aber vermutlich dem Hillgruber zugedachten Loyalitätsbeweis einen souveränen Duktus von universalgeschichtlicher Weite verleihen.

Im einzelnen warf Hildebrand Habermas vor, mit einem trüben „Gebräu aus Politik und Wissenschaft, aus Weltanschauung und Geschichtsbetrachtung, aus Wahrheiten und Tatsachen" die neue „Gegenaufklärung" zu betreiben. Habermas wolle an seinem vertrauten Geschichtsbild festhalten, er sträube sich gegen dessen wissenschaftliche Revision. „Damit aber würden Geschichte und Geschichtsschreibung in einen Endzustand überführt, der" – seltsame Logik! – „einer Utopie gleicht und dem wie jeder Utopie . . . sogar totalitäre Züge anhaften." Habermas wolle, lief die Spule weiter, „Sperren im Dienste des ein für allemal Etablierten" errichten, er „huldigt dem Dogma".

Da Habermas „sein Geschichtsbild und seine Macht auf Kosten der Wahrheitsfindung retten" wolle, müsse er zu „Simplifizierungen Zuflucht nehmen und zur Forschung auf Distanz gehen. Die Folgen artikulieren sich als Wirklichkeitsverlust und Manichäismus." Demgegenüber wollte Hildebrand keineswegs „im Zement irgendeines Geschichtsbildes stehen", geschweige denn sich dazu noch „Frageverbote auferlegen" lassen. Von diesen „Frageverboten" hatte Nolte schon 1979 gemunkelt, jetzt feierten sie bei Hildebrand fröhliche Urständ.

Hildebrand verteidigte selbstredend Hillgrubers Interpretation der britischen Kriegsziele, er verteidigte auch – eine artige Verbeugung vor Nolte – die „antagonistische Verwandtschaft zwischen Nationalsozialismus und Kommunismus", von „Rassen- und Klassendiktatur". Historiker wie er, versicherte er wichtigtuerisch, wirkten nicht nur auf der „Suche nach Wahrhaftigkeit" der „Herrschaft des Terrors entgegen", sondern er gab sich – empor in die höhere Sphäre der Sinnstifter – überzeugt, daß „sein wissenschaftliches Tun ... individuellen und allgemeinen Sinn stiftet". Das war der Schulterschluß mit Stürmer.

Hildebrand erfand nicht nur ein „Frageverbot", das Habermas so fern wie nur etwas lag. Er gab mit dem Klischee von der „totalitären" Utopie nicht nur der Lust nach dem „semper aliquid haeret" nach. Er eröffnete nicht nur den Reigen der Vorwürfe, Habermas bediene sich der sinnentstellenden „nahezu verfälschende(n) Zitation" (Merke: eine veraltete, aber pompös-gravitätisch klingende Form für Zitat oder Zitierung). Vielmehr hielt er die Gelegenheit auch für günstig, das Urteil von Habermas über den Bielefelder Historiker Jürgen Kocka, das schlicht und treffend „liberal" gelautet hatte, „mit Schmunzeln" als „ridiküle Einschätzung ..." zu diffamieren. Antitotalitärer Horror läßt sich offenbar selbst beim Streben nach der Prominenz eines Drachentöters mit wahrhaft liberaler Gesinnung verbinden.[47]

Dieser Auftakt der nächsten Runde der Auseinandersetzung ließ Arges vermuten. Mitten im August (16.8.) empörte sich Stürmer, auch er in einem Leserbrief an die FAZ, versteht sich, über Habermas' „schludrige Recherche und geklitterte Zitate", über seine „Proskriptionsliste" und „sozialistische Nostalgie". In „phantasievoller Erfindung" habe er sich für seine Anklage selbst die „Belege fabriziert". Eins seiner Lieblingsthemen stritt Stürmer schlankweg ab: „Identitätsstiftung"? Das solle „die Historie als Wissenschaft ... anderen überlassen". „Innerweltliche Sinnstiftung"? Dieselbe Askese. Das kurze Gedächtnis wirkte atemberaubend. Sollte der schreibfreudige Sinnstifter wirklich geglaubt haben, alle seine Leser hätten das Gegenteil aufgrund einer gnädigen Amnesie vergessen?

Endlich, am 23. August, eine erste Stellungnahme Hillgrubers, natürlich auch in der FAZ. Cholerische Empörung über die entfesselte „publizistische Rufmordkampagne ... im noch allzu vertrauten Apo-Stil". Dann der massiv wiederholte Vorwurf gegen die „verfälschenden Zitate", die „ein einziger wissenschaftlicher Skandal" seien. Schließlich ein wahrhaft verblüffender Tiefpunkt der Antwort, wobei Hillgruber sich auch noch hinter dem angeblichen Brief eines anonymen „Senior-Kollegen" verschanzte: „Hat denn der Mann nie ein historisches Proseminar besucht? So ist es wohl."

Staunen konnte man seither über mehrere Eigenarten dieser Antworten.

1. Wer bisher geglaubt hatte, es handele sich sowohl bei Noltes, Stürmers und Hillgrubers Vorstößen in die Öffentlichkeit als auch bei Habermas' Reaktion darauf um eine im Kern politische Auseinandersetzung, bei der zwar strittige wissenschaftliche Thesen und Ergebnisse zur Stärkung der jeweiligen Position instrumentell eingesetzt wurden, an der aber jeder politisch interessierte Zeitgenosse – ob in irgendeiner Fachwissenschaft ausgebildet oder nicht – als Mitglied des räsonierenden Publikums legitim teilnehmen konnte, wurde jetzt eines Besseren belehrt. Das Historische Proseminar, dieser Paukboden zur ersten Einübung der handwerklichen, methodischen und theoretischen Kenntnisse des Historikers, erfuhr eine verblüffende Rangerhöhung. Der politische Mensch beginnt, wurde man belehrt, offenbar erst nach der Absolvierung des deutschen Proseminars. Für jeden, der solch einen Betrieb kennengelernt hat, eine abstruse Vorstellung von der Zuchtstätte des neuen deutschen Edelmenschen, der offenbar

künftig erst nach dieser profanen Weihe zum politischen Streitgespräch zugelassen werden soll.[48]

2. Wie zufällig sprachen Hillgruber, Stürmer und Hildebrand ihrem Kontrahenten gemeinsam die Kompetenz ab, nach den üblichen wissenschaftlichen Regeln ihre Meinung, auch durch Zitate, korrekt wiedergeben zu können. Die Identität der Vorwürfe ist auffällig. Schließlich kannte ja auch jeder jeden seit Jahrzehnten. Jedenfalls fand sich die gleichlautende Behauptung bei allen dreien. (Nolte ist allerdings aus anderem Holz geschnitzt.) Ihre Intention war schlechterdings nicht zu übersehen: Habermas sollte durch diese primitive Taktik der Marginalisierung aus dem Kreis der wissenschaftlich seriösen, durch das Proseminar geläuterten Diskussionsteilnehmer möglichst von vornherein als unfähiger Eindringling ausgeschlossen werden.

Worauf stützte sich diese Mängelrüge? Hillgruber hatte es in „Zweierlei Untergang" für richtig gehalten, von der Situation 1944/45 auch festzuhalten: „Von den Hoheitsträgern der NSDAP bewährten sich manche in der Not . . ., andere versagten, z. T. in erbärmlicher Weise." Habermas hatte in seiner Auseinandersetzung mit diesem ersten Teil die Sicht aus der Perspektive der Ostfront, der Zivilbevölkerung, „auch der ‚bewährten' Hoheitsträger der NSDAP", mit den erwähnten Einwänden kritisiert. Später hatte er einige hypothetische Überlegungen Hillgrubers wiedergegeben, in denen dieser anregende, von Christof Dipper und Hans Mommsen stammende Thesen, die auf dem Stuttgarter Kongreß über den „Mord an den europäischen Juden" und anderswo vertreten worden waren, teils zustimmend, teils ablehnend referiert hatte. Liest man diese Textstücke von Habermas unbefangen, kann man nicht den Eindruck gewinnen, daß er Hillgruber selber auf diese Thesen als seine ureigene Meinung festnageln, geschweige denn sie in selbständige Formulierungen Hillgrubers bzw. gar in Zitate aus einem unbezweifelbar Hillgruberschen Text verwandeln wollte.

Die echte oder aber diskussionspolitisch sogleich bevorzugte Empörung beruhte, wie u. a. der Germanist und Herausgeber des „Merkurs", Karl-Heinz Bohrer, als Stilkenner sofort monierte, auf einem gründlichen Mißverständnis der Textsorten, die im streng wissenschaftlichen und im allgemeinen publizistischen Diskurs verwendet werden. In einer wissenschaftlichen Zeitschrift hätte Habermas Hillgruber ausführlich hinsichtlich der „Hoheitsträger" und der hypothetischen Überlegungen zitiert, dabei auch in einer Fußnote vermerkt, daß Hillgruber hier Thesen bzw. kontrafaktische Erwägungen von Dipper und H. Mommsen aufgreife, billige, zurückweise. In einem Zeitungsartikel, der ein ungleich breiteres, heterogenes Publikum erreichen will, ist diese Penibilität nicht erforderlich. Außerdem ist sie wegen des chronischen Platzmangels, mit dem eine Zeitungsredaktion kämpft, auch meist nicht möglich.

Erforderlich ist jedoch, daß der Sinn des kritisierten Textes angemessen wiedergegeben wird. Das war unbestreitbar der Fall. Nachdem die kritisierten Historiker selber die Öffentlichkeit gesucht hatten, mußten sie damit rechnen, eben dort nicht ungeschoren davonzukommen, also auch nach den dort geltenden Regeln der Debatte streiten zu müssen, nicht aber nach den Konventionen wissenschaftlicher Kontroversen im engeren Sinn, auf die sie ja, wie ihr Weg in die Öffentlichkeit zeigt, selber offensichtlich wohlweislich verzichtet hatten. Der Vorwurf der Zitierunfähigkeit und einer „peinlich verunglückten Fachkritik" erwies sich daher als plumper Versuch der Pönalisierung eines Störenfrieds, den man aus dem öffentlichen Diskurs fernhalten wollte.[49]

Diese biedermännische Rechnung ging freilich nicht auf. Noch weniger Erfolg war Stürmers trübseligem Ableugnen seiner Sinnstiftungs- und Identitätspostulate beschieden, die jedermann seit Jahren hatte lesen können. Oder aber ihm war in einem „fit of absentmindedness" eben jenes Sinnstiftungsplädoyer entfallen, das er dutzendemale gehalten hatte. So oder so ließen sich seine vielfach gedruckten Worte nicht hinwegzaubern.

3. Vermutlich ist die Annahme unzulässig, die kritisierten Historiker seien bei ihrem Vorprellen in die Öffentlichkeit voll der wohlgemuten Naivität gewesen, sie könnten ihre Lehren

zeitlich unbegrenzt widerspruchslos verkünden. Zumindest im Hinblick auf Nolte und Stürmer wäre eine solche Vermutung nicht plausibel, wogegen Hillgruber gelegentlich einen Keulenschlag ausführt und dann die gekränkte Sensibilität par excellence ist, wenn ihm zu seiner Verblüffung energisch in die Parade gefahren wird.[50] Vielleicht waren sie tatsächlich überrascht, mit welcher Entschiedenheit und prinzipiellen Kritik sie von Habermas gestellt wurden.

Selbst der Überraschungseffekt vermag jedoch nicht befriedigend zu erklären, warum sie so ganz und gar jedes Gespür für den intellektuellen Rang ihres neuen Kontrahenten vermissen ließen. Immerhin hatte ihnen keine zweitklassige Figur aus der Provinz einige engstirnige Vorwürfe gemacht, die sich mit der linken Hand abtun ließen. Habermas hatte vielmehr schwerwiegende und nur zu berechtigte Einwände gegen die politische Stoßrichtung ihres Unternehmens so zugespitzt vorgebracht, daß sie nach einer wohlbedachten argumentativen Antwort verlangten. Entkräftung der Kritik oder überzeugendere Verteidigung der Positionen mußten freilich gleichermaßen schwerfallen. Eine solche Situation erzeugt Irritation, sie macht auch eine heftige Gegenpolemik verständlich. Aber Habermas als fachfremden, wissenschaftlich inkompetenten Tölpel, der in fremdem Gelände wildere, abzutun, ja ihm zuerst jedes rationale Gegenargument zu verweigern, verriet sowohl – dieser Eindruck drängt sich auf – einen blamablen Verfall der Kategorien zur Wahrnehmung der Konfliktqualität als auch die Mentalität eines fachegoistischen Provinzialismus.

Der Vergleich unterstreicht dieses Urteil. Während der letzten vier Jahrzehnte ist etwa unter französischen Intellektuellen, weiß Gott, hart gestritten worden. Ob aber Sartre, Althusser, Foucault, Aron, Derrida, Bataille u.a. in erbitterte Kontroversen involviert waren – immer blieb doch hinter aller wortreichen Erregung und trotz aller prinzipiellen Divergenz eine Art Grundrespekt vor dem geistigen Rang des jeweiligen Kontrahenten erhalten. Niemand ist offenbar auf den Gedanken gekommen, einem noch so unbequemen Gegner jedes Gegenargument zu verweigern.

Dieselbe Einstellung läßt sich auch an der „Community of Scholars" in England verfolgen, wenn man z.B. an die in der Sache harten Auseinandersetzungen denkt, die Historiker wie Trevor-Roper, Hobsbawm, A.J.P.Taylor, E.P.Thompson, Hill, Elton, Anderson u.a. ausgetragen haben. Die Uhren der deutschen Neokonservativen gehen aber auch da anders. Ruhm ließ sich mit ihrer Einstellung allerdings nicht gewinnen. Und durchhalten ließ sie sich – diese Vermutung legte die Brisanz der Streitpunkte von vornherein nahe – ohnehin nicht, so daß ein diskussionspolitisches Fehlkalkül noch hinzukam. Am Ende der ersten Diskussionsetappe Anfang September 1986 war mithin ein ebenso kurzsichtiges wie decouvrierendes Verhalten zutage getreten.

Immerhin wußte man jetzt, was Hillgruber von der illiberalen Diffamierung eines gleichaltrigen Kollegen durch seinen Musterschüler Hildebrand hielt. Hildebrand habe, befand Hillgruber über dessen „Tyrannen"-Artikel, in „würdiger Form sachlich" reagiert.[51]

3. Die Kritik wächst rasch an

Unmittelbar nach der Sommerpause setzte, wie durch einen Zeitzünder verzögert, die Diskussion über die materiell kontroversen Streitpunkte mit Heftigkeit ein. Binnen kurzem wurde klar, daß die Unterstützung, welche die wesentlichen Teile von Habermas' Kritik fanden, die spärliche, außerdem alles andere als überzeugende Verteidigung seiner Gegenspieler bei weitem übertraf. Im „Spiegel" wies zuerst der für Zeitgeschichte zuständige Fachredakteur, der Historiker Wolfgang Malanowski, die „apologetischen Tendenzen" u.a. am Beispiel von Hillgrubers Buch nach. Später nahm der Herausgeber Rudolf Augstein die „neue Auschwitz-Lüge" in einem Kommentar aufs Korn, in dem nicht nur, über das übliche Maß unverschnörkelter „Spiegel"-Kritik hinaus, Fraktur geredet, sondern auch die helle Empörung über den neuen Kurs spürbar wurde.[52]

Inzwischen hatten sich die Fachhistoriker zu Wort gemeldet. Seit Mitte September erschien in der „Zeit", im „Merkur", in der „Neuen Gesellschaft", in den „Blättern für deutsche und internationale Politik", in der „Frankfurter Rundschau" usw. ein Diskussionsbeitrag nach dem anderen. Hier wurden sowohl wissenschaftliche Thesen der von Habermas kritisierten Historiker – genauer: Meinungen mit dem Anspruch auf Wissenschaftlichkeit – bestritten, widerlegt, zurechtgerückt als auch insbesondere die diversen politischen Intentionen entschieden bekämpft.

Der Stuttgarter Zeithistoriker und Hitler-Experte Eberhard Jäckel z.B. setzte Noltes These von der ‚Ursprünglichkeit' asiatischer Vernichtungstaten, damit auch der implizierten Tendenz zur historisierenden Relativierung der NS-Verbrechen dezidiert das Urteil entgegen, „daß der nationalsozialistische Mord an den Juden deswegen einzigartig war, weil noch nie zuvor ein Staat mit der Autorität seines verantwortlichen Führers beschlossen und angekündigt hatte, eine bestimmte Menschengruppe einschließlich der Alten, der Frauen, der Kinder und der Säuglinge möglichst restlos zu töten, und diesen Beschluß mit allen nur möglichen staatlichen Machtmitteln in die Tat umsetzte". Gegen diese klassische Kurzdefinition ist bisher kein einziger überzeugender Einspruch der kritisierten Historiker und ihrer publizistischen Hilfstruppen erfolgt. Betonte Jäckel erst unzweideutig die Singularität der NS-Massenvernichtung, fragte er danach auch ganz so einleuchtend, was sich am unvorstellbaren Grauen und der Dimension dieser Barbarei denn überhaupt ändere, „wenn der nationalsozialistische Mord nicht einzigartig gewesen wäre"?

Für „wichtiger ... aufregender" noch als die direkte oder implizite Relativierung der Singularität der braunen Untaten hielt Jäckel Noltes These über den ursächlichen Zusammenhang von asiatisch-bolschewistischer Vernichtungspraxis und exzessiv übersteigerter nationalsozialistischer Imitation. Zu Noltes Schlüsselstelle – der Symbolkraft und Fernwirkung des „Rattenkäfigs" als asiatischem Folterinstrument der russischen

Kommunisten – stellte Jäckel, der als Herausgeber sämtlicher Aufzeichnungen Hitlers bis 1924 sowie als Autor mehrerer Bücher über Hitlers „Weltanschauung" und „Herrschaft" die Quellen wie wenige andere kennt, kühl richtig, daß Hitler in eben dem Dokument, in dem er vom „Rattenkäfig" spreche, selber zweimal ausdrücklich deutlich mache, er meine damit das berüchtigte GPU-Gefängnis Lubjanka. Was Noltes „abstruse Assoziationskette" von Melgunov über Orwell zum „Rattenkäfig" und einer „chinesischen Tscheka" beweisen, „was das alles mit der im Juli 1941 begonnenen Tötung der Juden zu tun haben soll, muß Nolte noch erklären". Bisher gelte nur eins: „Eine rationale Begründung wird man das nicht nennen können."

Aufgrund seiner Kenntnisse stellte Jäckel klar, daß Hitler oft genug erklärt habe, warum er die Juden töten wolle – ein abstruses, ein aberwitziges, aber ein „in sich schlüssiges Gedankengebäude". Ein „Rattenkäfig, die Morde der Bolschewisten oder eine besondere Angst vor ihnen kommen darin nicht vor". Vielmehr glaubte Hitler, führte Jäckel seine Frontalattacke gegen Noltes luftige Konstruktion fort, daß die Sowjetunion, gerade weil sie von Juden beherrscht werde, als „ein wehrloser Koloß auf tönernen Füßen" dastehe. „Der Arier hatte keine Angst vor slawischen und jüdischen Untermenschen." Schon in „Mein Kampf" tauchte der Jude als „Ferment der Dekomposition" auf; daher erschien auch das „Riesenreich im Osten" als „reif für den Zusammenbruch". Daran glaubte Hitler auch noch 1941. Wenn Nolte jetzt die „These von einem Präventivmord" aus Angst vor der asiatischen Vernichtungsgefahr suggerieren wolle, sei diese These so falsch wie die vom „Präventivkrieg" seit dem 22. Juni 1941, die „auch immer wieder aus Hitlers Arsenal hervorgeholt" werde.[53]

Nicht minder klare Worte hielt auch der Doyen des Münchener Instituts für Zeitgeschichte, Martin Broszat, für angebracht. Geradezu „fassungslos ... macht, was Ernst Nolte nicht zum ersten Mal", wie Broszat zu Recht festhielt, „zur Relativierung des nationalsozialistischen Genozids formuliert hat". Eine gewisse Großzügigkeit bei der Hypothesenbildung sei durchaus legitim, aber es bleibe natürlich „das Kriterium gewissenhafter Argumentation als A und O der Beurteilung" unverzichtbar bestehen. „Daß Ernst Nolte solche Grenzen in hochmütiger Verachtung empirisch-historischer Vorgehensweisen immer wieder" überschreite, bringe „manche Argumentation des renommierten Gelehrten in die fatale Nähe querulatorischer Spitzfindigkeit". Wie Habermas griff auch Broszat auf Noltes „Mythos"-Aufsatz zurück – das „vielleicht anstößigste" Stück von Noltes Veröffentlichungen. Das Fabulieren über Weizmanns Brief vom Spätsommer 1939 dürfe sich „ein rechtsradikaler Publizist mit mangelnder Schulbildung" erlauben, „der Universitätsprofessor Ernst Nolte darf es nicht". Broszat ist immer ein Mann des klaren Urteils gewesen. Jetzt aber spürte man auch den gerechten Zorn des unbestechlichen Sachkenners. „Hier ist ein Punkt objektiver Apologie erreicht", konstatierte er, „der unabhängig von der Motivation des Verfassers ... eine Bagatellisierung nicht mehr erlaubt".

Broszat zog folgerichtig eine weitere Konsequenz: „Auch Klaus Hildebrand sollte deshalb wenigstens eingestehen, daß er die ... These Noltes entweder insgeheim mißbilligt oder einfach überlesen" habe, als er Nolte in der „Historischen Zeitschrift" lobte. Warum jedoch sollte Hildebrand das tun, hatte er doch bereits vorher (1984) – was Broszat in diesem Augenblick vermutlich übersah – selber einer „Historisierung der Hitler-Zeit" durch den Vergleich „mit dem stalinistischen Rußland" und Pol Pots „Steinzeitkommunismus" nachdrücklich das Wort geredet. Durch Nolte konnte er sich deshalb, zu seinem Wohlgefallen, nur bestätigt, nicht aber zu einem Rückzug motiviert fühlen![54]

Stürmer wurde von Broszat mit einem Bündel von Zitaten aus dessen „Dissonanzen des Fortschritts" konfrontiert, aus denen der Appell zur Identitäts- und Sinnstiftung durch die Historie unmißverständlich hervorging. Spätestens jetzt wurden Stürmers Bemühungen, diese selbstgestellte Aufgabe abzustreiten, öffentlich als durchsichtiges Ablenkungsmanöver enthüllt. Aus der „kulturpessimistischen Kassandrarhetorik", mit der Stürmer diesen Appell unentwegt dramatisch zuspitze, spreche, gab Broszat seinen Eindruck unverhohlen wieder, „ein gravierender Mangel an gedanklicher Nüchternheit und Präzision, verbrämt oder begründet in einer prätentiösen Sprache, die Tiefsinn und Bedeutung mehr suggeriert als enthält". Die Geschichte erhalte bei Stürmer – „mit priesterlicher Gebärde, aber vergeblich" vermittelt – die „Funktion eines Religionsersatzes und muß von Staats wegen um des demokratischen Konsenses willen forciert werden". „Unbestreitbar" werde, insistierte Broszat gegenüber Stürmers schlecht getarntem Rückzugsversuch in der FAZ vom 16. August, bei ihm „der Historie eine Leitfunktion gesellschaftlicher und staatlicher Integration zugemutet, die sie weit überfordert".

Stürmer teile offenbar, diagnostizierte Broszat, die Auffassung des CDU-Fraktionsvorsitzenden Alfred Dregger, der in der Haushaltsdebatte vom 10. September 1986 seine Besorgnis wegen der „Geschichtslosigkeit und Rücksichtslosigkeit der eigenen Nation gegenüber" ausgedrückt hatte. „Ohne einen elementaren Patriotismus, der anderen Völkern selbstverständlich ist, wird auch unser Volk nicht überleben können. Wer die sog. ‚Vergangenheitsbewältigung', die gewiß notwendig war, mißbraucht, um unser Volk zukunftsunfähig zu machen, muß auf unseren Widerspruch stoßen." Darauf treffe Habermas' Kommentar zu, daß den Deutschen die Schamröte ausgetrieben werden solle.

Auch für Broszat war damit der „Point of no Return" erreicht. „Hier scheiden sich die Geister. Wer den Bürgern der Bundesrepublik den selbstkritischen Umgang mit ihrer älteren und jüngeren Geschichte wegschwatzen will", machte Broszat aus seiner Sorge kein Hehl, „raubt ihnen eines der besten Elemente politischer Gesittung, das seit den späten 50er Jahren allmählich in diesem Staatswesen entwickelt worden ist. Am verräterischsten ist dabei die fundamentale Verkennung, als sei die durch die Not erworbene moralische Sensibilität gegenüber der eigenen Geschichte ein kultureller und politischer Nachteil verglichen mit anderen Nationen, und als gelte es, deren aus historischen Gründen oft robusteres oder naiveres und politisch meist schädliches historisches Selbstbewußtsein zu kopieren. In solchen Perversionen patriotischen Geschichtsverlangens droht", fürchtete Broszat, „der einzige Gewinn verspielt zu werden, der der Erfahrung der Hitlerzeit zu verdanken ist", versetze er doch die Westdeutschen in die Lage, „sich auch ohne national-emotionale Nachhilfe allmählich in der Rechts-, Sozial- und Zivilisationsgesellschaft der Bundesrepublik heimisch zu machen. Zum erstenmal in der deutschen Geschichte" hätten Deutsche damit „die politische Realität bejaht – nicht in einem großartigen nationalen Sonderbewußtsein, sondern in schlichtem zivilisatorischen Wohlgefühl". Die larmoyante Klage, daß eben das nicht genüge, „reflektiert weit mehr den Kulturträger-Ehrgeiz politisch ambitionierter Eliten ..., die bei ihrer angemaßten ordnungspolitischen Führungsrolle glauben, ohne nationalpädagogisches Wächteramt nicht auskommen zu können".[55]

Auch andere Diskussionsteilnehmer wie der Bochumer Historiker Hans Mommsen rückten nicht nur die historischen Thesen der „selbsternannten Historikerelite" sachlich zurecht, sondern kritisierten auch mit allem Nachdruck die politischen und ideologischen Implikationen des „vonnöten scheinenden neuen Geschichtsbilds". Noltes „ideengeschichtliche Herleitung" der Beziehung zwischen GULag und Nationalsozialismus wirkte auf Mommsen, einen der besten Sachkenner des Nationalsozialismus, „eigentümlich konstruiert", „aufgesetzt und unaufrichtig". Die Wiener und Münchener Erfahrungen bis 1920 genügten, um zu erklären, warum Hitler den völkischen, antimarxistischen Antisemitismus aufgenommen habe. Hitlers Judenhaß, seine fixe Idee von der Verschwörung des Weltjudentums stellten ein „ideologisches Konstrukt" dar, das keiner konkreten historischen Ereignisse, wie etwa der „asiatischen Methoden" Lenins und Stalins, bedurfte, um in seinem in der Zeit vor 1914 verwurzelten Weltbild einen festen Platz zu behaupten. Längst habe es die Front zwischen der deutschen Rechten und den Bolschewiki gegeben, ehe Stalins Millionenmord überhaupt bekannt wurde. Dieser Rechten: den Alldeutschen, den Antisemiten, dem „Deutschvölkischen

Schutz- und Trutzbund", war auch der Topos von der „Ausrottung der Juden" jahrzehntelang vor Hitlers Aufstieg geläufig.

Insistiere Nolte dagegen auf seinem nebulösen „kausalen Nexus" zwischen sowjetischer Klassen- und nationalsozialistischer Rassenvernichtung, heiße das „faktisch doch", trieb Hans Mommsen seine Ideologiekritik weiter, „von der maßgeblichen Mitverantwortung der militärischen Führung und der bürokratischen Eliten abzulenken". Denn Hitlers rassistischer Vernichtungskrieg sei ja unbestreitbar auf „keinerlei ernsthaften Widerstand" gestoßen. Anstatt den – nach Größenordnung und systematischer Ausrottung, Lückenlosigkeit und perfekter Durchführung – „einzigartigen" Judenmord aus einer durch bolschewistische Praktiken und Schriften herbeigeführten „psychopathologischen Zwangslage" zu deuten, müsse man vielmehr nach den sozialpsychischen, interessenpolitischen und institutionellen Faktoren fragen, die es überhaupt ermöglichten, daß Hitler mit Millionen von Helfern und Mitwissern die Ressentiments der „Massen", vor allem aber der „Eliten" vollstrecken konnte.

„Selbsternannten Ideologen der ‚Wende'" wie Stürmer und Hildebrand gehe es darum, befand Hans Mommsen, Habermas als Kontrahenten „auszugrenzen", als Nichthistoriker den Sachverstand zu bestreiten, Polemik als „Unkollegialität" zu stigmatisieren – kurz, den Gegner als unseriösen Außenseiter ins Abseits zu stellen. Demgegenüber gelte es, die – auch in der Marginalisierung des Kritikers zutage tretende – typisch deutsche „Neigung zu autoritärer Anpassung als Norm des Sozialverhaltens" zu bekämpfen. Sachlich aber gehe es darum, gegen zwei Akte der Verdrängung anzugehen: einmal gegen die Verdrängung der Tatsache, daß es nur dank der bereitwilligen Mitarbeit der Funktionseliten, von Hunderttausenden von Uniformierten und Zivilisten gelang, den „Holocaust" in anderthalb Jahren „Wirklichkeit werden zu lassen"; zum zweiten gegen die Verdrängungsintention, die Realität der deutschen Judenvernichtung „in universalistischen Betrachtungen über ‚Totalitarismus, Völkermord und Massenvertreibung als Signatur des 20. Jahrhunderts' (Hildebrand) verschwinden" zu lassen. Statt die Scham über den Abstieg in die Unterwelt der NS-Greueltaten zu unterstützen, biete Nolte den falschen Trost, „jeder bedeutende Staat" habe „seine Hitlerzeit" gehabt.[56]

Beide, Nolte wie der ihn unterstützende Hildebrand, gäben, stieß Hans Mommsen im „Merkur" noch einmal nach, die „Singularität des Nationalsozialismus" preis. Und auch Hillgruber unterstütze durch die „Zuordnung von Vertreibung und Holocaust indirekt die ... Relativierung der Verbrechen des Dritten Reiches". Letztlich drehe sich die Debatte um „konfligierende Geschichtsbilder". Dabei stecke hinter dem Wunsch nach vergleichender Relativierung der braunen Vergangenheit der Drang nach der normalisierenden Historisierung einer durch singuläre Untaten gekennzeichneten Epoche. In Stürmers Ruf nach der kollektiven Sinnstiftung durch die Geschichtswissenschaft auf der Basis eines solchen neuen Konsenses werde das auf ‚Normalität' und Relativierung gerichtete Wunschziel „der sich konsolidierenden konservativen Rechten beredt zum Ausdruck gebracht".[57]

Ähnlich sah auch der Düsseldorfer Historiker Wolfgang Mommsen die politische Stoßrichtung des neuen Revisionismus darin, die Kritik an der jüngsten deutschen Vergangenheit zurückzudrängen, um die Identifikation mit der nationalen Tradition zu ermöglichen. Insbesondere bei Stürmer handele es sich „unzweifelhaft" um eine „bewußte politische Zielsetzung". Durch die revisionistische Neuinterpretation lasse sich jedoch die Last der deutschen Vergangenheit nicht vermindern; zwischen der Geschichte der Bundesrepublik und weiter zurückliegenden Epochen erhebe sich weiterhin die „Barriere" des NS-Regimes. Jeder Rückkehr zu einem „harmonischen deutschen Geschichtsbild" unter Ausblendung der Ereignisse, „deren wir uns als Nation zu schämen haben", stünden daher „unüberwindliche Hindernisse im Wege", deren Umgehung nur „unter Verletzung des Grundsatzes intellektueller Redlichkeit möglich" sei.

Wolfgang Mommsen teilte auch nicht den von Jäckel und Broszat angedeuteten Vorbehalt, daß die Kritik an Hillgruber vielleicht etwas überzogen gewesen sei. Hillgrubers verfehlter Identifikationsmonismus münde vielmehr in eine Interpretation, die „aus der Sicht eines demokratisch verfaßten, an westlichen politischen und moralischen Maßstäben orientierten Gemeinwesens" als „äußerst problematisch" charakterisiert werden müsse. Wenn Hillgruber heute den Verteidigungskampf im Osten zu rechtfertigen suche, ignoriere er, urteilte Mommsen konsequent, die „bittere Wahrheit", daß die Niederlage NS-Deutschlands nicht nur im Interesse der Gegner, der Verfolgten, der Unterdrückten, der zur Liquidation Bestimmten, sondern auch der Deutschen selber lag. Gerade die letzte Phase des Zweiten Weltkriegs sei doch „schlechthin sinnlos, ja mehr noch, selbstzerstörerisch" gewesen.

Wenn Hillgruber dem Untergang des Deutschen Reiches, der Zerstörung der „europäischen Mitte" nachtrauerte, löste das bei Wolfgang Mommsen mehrere kritische Einwände aus. Die Rede von der Mittellage bilde nicht nur einen blassen Aufguß der Ideologie neu-rankeanischer Historiker im Kaiserreich, sondern sie besitze auch „eindeutig eine antiliberale Tendenz". Mit dem untergegangenen Reich sei die Bundesrepublik durch keinerlei „grundlegende Elemente der politischen Kultur" verbunden. Überhaupt sei entschiedener Zweifel am Kaiserreich, mithin an dem kurzlebigen deutschen Nationalstaat als Maßstab des historisch-politischen Urteils geboten. Die „Existenz einer Mehrzahl deutscher Staaten" entspreche weit eher „der europäischen Normallage". Die Bundesrepublik habe mit der Westbindung, schloß Mommsen, auch für eine Umorientierung des „historisch-politischen Bewußtseins" an westeuropäisch-amerikanischen Vorbildern optiert. „Wir haben allen Grund, an diesem Kurs festzuhalten", insistierte er, denn die freiheitliche Ordnung in Westdeutschland sei nur durch den „Bruch" mit wesentlichen deutschen Traditionen und die Übernahme westlicher Vorbilder ermöglicht worden. Wer diesen neuen Konsens in Frage stelle, das war die logische Schlußfolgerung, gefährde einen Stützpfeiler der Bundesrepublik.[58]

Da Nolte am weitesten vorgeprellt war, nahmen Jürgen

Kocka und Heinrich August Winkler einige seiner methodischen und inhaltlichen Schwachstellen unter die Lupe. Nolte wolle, griff der Bielefelder Historiker Kocka einen entscheidenden Punkt heraus, der nationalsozialistischen Judenvernichtung durch den relativierenden Vergleich mit der türkischen Armenierausrottung, dem stalinistischen Massenterror und der kambodschanischen Totschlagpraxis Pol Pots ihre „Einzigartigkeit nehmen". Der Vergleich als solcher sei alles andere als neu, vielmehr beruhe bereits die gesamte Totalitarismustheorie auf einem komperativen Ansatz. Verwischt werde jedoch auch bei Nolte zum ersten ein „qualitativer Unterschied zwischen der bürokratisierten, leidenschaftslosen, perfekten Systematik des Massenmordes im durchindustrialisierten, vergleichsweise hochorganisierten Reiche Hitlers und der brutalen Mischung von Bürgerkriegsexzessen, Massen-'Liquidierungen', Sklavenarbeit und Verhungernlassen im rückständigen Reiche Stalins". Zum zweiten aber, und das bedeute eine gravierende Mißachtung der Methodik und Logik des historischen Vergleichs, habe Nolte sich über das Gebot der Frage nach der evolutionsgeschichtlichen Kompatibilität der Vergleichsgrößen umstandslos hinweggesetzt.

Im Kontext der neuen Debatte über die historische Genese und Besonderheit des Nationalsozialismus müsse an erster Stelle „der Vergleich mit Gesellschaften der westlichen Welt" stehen, „die uns nach Entwicklungsstand, Gesellschaftsstruktur und politischen Ansprüchen verwandter, ähnlicher sind und die nicht faschistisch bzw. totalitär pervertierten. Die sich in diesem Vergleichsfeld ergebende Singularität der deutschen Entwicklung sollte durch Vergleiche mit Stalin und Pol Pot nicht verdrängt werden; sie bleibt wichtig, bedrohend und beschämend." Was sei, frage man sich, Noltes Absicht und ihre politische Funktion, wenn er sich für die Selektion ganz anderer Referenzgesellschaften entscheide? „Ertragreicher, angemessener und gerechter" bleibe es, beharrte Kocka, „Weimar-Deutschland und Hitler-Deutschland mit dem zeitgenössischen Frankreich oder England zu vergleichen als mit dem Kambodscha Pol Pots oder Idi Amins Uganda."

Der Primat des Vergleichs hochentwickelter okzidentaler Staaten hänge „mit dem zivilisationsgeschichtlichen Wissen über den Zusammenhang von ökonomischem Entwicklungsstand und Möglichkeiten gesellschaftlich-politischer Organisation wie auch mit dem Ernstnehmen unserer europäischen Tradition" eng zusammen, „aus der Aufklärung, Menschenrechte und Verfassungsstaat nicht weggedacht werden können". Wie wolle man es überhaupt rechtfertigen, fragte Kocka, die nationalsozialistische Vernichtungspolitik mit diesem Niveau „einmal erreichter, nunmehr tief verletzter Ansprüche" explizit nicht zu vergleichen?

Wie alle Opponenten Noltes vertrat auch Kocka die Auffassung, daß die bizarren „Andeutungen" des Berliner Historikers über die Ursachen und Bedingungen des nationalsozialistischen Völkermords „entschiedene Kritik" verlangten. Die Vernichtungspolitik des NS-Regimes als verständliche Reaktion potentieller Opfer auf „asiatische" Vernichtungspraktiken hinzustellen oder in den Brief der „Jewish Agency" eine jüdische Kriegserklärung hineinzulesen – das alles habe „nichts mehr mit nüchterner Motivations- und Kausalanalyse zu tun". Dagegen reiche „die nüchterne geschichtswissenschaftliche Frage nach realhistorischen Zusammenhängen, nach Ursachen und Folgen, nach wirklichen Motiven und deren Bedingungen" völlig aus, „um sich und die Leser vor abstrus-spekulativen Deutungen zu schützen". Wenn eine „zustimmungsfähige" Vergangenheit, zog Kocka eine klare Trennungslinie, nur durch „intellektuelle Bocksprünge" à la Nolte zu gewinnen sei, „sollten wir darauf verzichten".[59]

Auf derselben Linie der Argumentation bewegte sich auch der Freiburger Historiker Heinrich August Winkler, als er Noltes „nationalapologetisches Bedürfnis", seine „absurden Behauptungen" über Auschwitz als Antwort auf den GULag – ohne auch nur „den Schatten eines Beweises" zu bieten – anprangerte. „Soviel einfühlendes Verstehen ist Hitler noch von keinem deutschen Historiker zuteil geworden." Darüber hinaus wies auch Winkler den verfehlten Vergleich, den Nolte und Hildebrand zwischen Hitler einerseits, Stalin, Pol Pot und anderen Diktatoren der Dritten Welt andrerseits nachdrücklich favorisiert hatten, engagiert zurück. „Deutschland gehört zum Westen", es müsse daher auch „an den Normen des Westens gemessen werden". In dieser Perspektive bleibe der Judenmord ein beispielloses Verbrechen und die Herrschaft, die dies möglich machte, „die größte Katastrophe des 20. Jahrhunderts". „Wer Deutschland rückwirkend aus dem westlichen Kulturkreis entläßt", arbeitete Winkler eine gefährliche Folge des entlastenden Vergleichs klar heraus, „vollzieht den Bruch mit dem Westen aufs neue". „Die Konsequenzen" dieses „Ausverkaufs westlicher Werte" müßten, warnte er, „auch deutsche Konservative erschrecken".[60]

Während sich diese Diskussion im frühen Herbst 1986 ständig weiter ausdehnte, wurde Anfang Oktober der Deutsche Historikertag in Trier abgehalten. Am Eröffnungsabend (8.10.) sollte in einer Podiumsdiskussion sowohl die Bedeutung der geographischen Lage Deutschlands in der neueren Geschichte erörtert als auch die laufende Grundsatzdebatte, die inzwischen als „Historikerstreit" firmierte, weitergeführt werden. Obwohl sich der Präsident des „Verbandes der Historiker Deutschlands", der Münchener Althistoriker Christian Meier, mehrfach große Mühe gab, Stürmer für die Verteidigung seiner „Mittellagen"- und Sinnstiftungs-Botschaft zu gewinnen, wollte Stürmer diesen Part, der angesichts der Sachlage fraglos nahelag, partout nicht übernehmen. Er erteilte Meier eine schnöde begründete Absage. Ein „Ersatz" ließ sich auch nicht mehr gewinnen. Bekannten Sympathisanten seiner Position lag an der öffentlichen Debatte offenbar genauso wenig wie ihm. Als Mitglied der Diskussionsrunde den geopolitischen Modetrend zu kritisieren, Habermas' Position dagegen zu verteidigen – das hatte ich sofort zugesagt. Als zu meiner Überraschung bekannt wurde, daß weder Stürmer noch ein anderer, ähnlich denkender Historiker der Diskussionsrunde angehören werde, hielt ich schließlich aus Gründen der Fairneß eine Rücknahme der Zusage für unvermeidbar, da scharfe Kritik geboten war, in Abwesenheit aller zu kritisierenden Kollegen vor dem Plenum der Zunftgenossen – wie mir schien –

jedoch nicht geübt werden konnte. Freilich ging dadurch das politische Kalkül, das möglicherweise mit den Absagen verbunden war, zunächst auf: Vor den Historikern selber wurde der „Historikerstreit" nicht fortgeführt. Dem vereinigten Sachverstand vieler kompetenter Frauen und Männer blieb eine direkte Überprüfung der Güte der möglichen Argumente vorenthalten.[61]

Christian Meier hielt in seiner Trierer Eröffnungsansprache mit seiner Meinung über dieses Verhalten, das so ganz und gar nicht dem Anspruch auf die gemeinhin begehrte Wirkung in der Öffentlichkeit entsprach, nicht hinter dem Berg zurück. Eins empfand er als selbstverständlich: Ein solcher Streit könne nicht nur wissenschaftlich, er müsse auch politisch sein. Da Streit belebe, sei das kein Schaden. Jedenfalls bleibe die direkte Auseinandersetzung „den gemeinsamen Manifestationen geistiger Waffenbrüder vorzuziehen". Die ironische Skepsis war unüberhörbar. „Es geht nicht an", fuhr er fort, seine Erfahrungen mit Stürmer rekapitulierend, „daß die Teilnahme an Veranstaltungen dieses Historikertages mit der Begründung abgelehnt wird, damit würde eine Liberalität vorgespiegelt, die es in Wirklichkeit nicht gäbe. Es ist nicht liberal, Liberalität nur für sich und seine Geistesverwandten zu beanspruchen." „Wer Liberalität leichtfertig für beendet erklärt", folgerte Meier, „trägt selbst zu ihrer Beendigung bei". Überdies „sollte auch, wer selber mit harten Bandagen umgeht, nicht übertrieben sensibel sein".

Nach einigen verständnisvollen Worten für Hillgruber rügte Meier freimütig die Einstellung, Habermas' Sorgen „einfach unter Hinweis auf zu kurze Zitate oder eine falsche Verteilung zwischen Zitat und Referat vom Tisch zu wischen": „er hätte eine Antwort, eine Antwort zur Hauptsache verdient". „Man sollte auch", mahnte Meier coram publico eine Selbstverständlichkeit an, „sein Kaliber respektieren, dann erst wird der Streit fruchtbar".

Eine ähnlich offene Sprache führte Meier über Noltes assoziative Spekulationen. „Es wird gegen Ernst Nolte kein Frageverbot verhängt", polemisierte er gegen diese Erfindung, es werde „kein Tabu errichtet, sondern die Weise, diese Fragen aufzuwerfen, zurückgewiesen: Weil man einer so elementaren Wahrheit nichts abdingen soll; weil die deutsche Geschichtswissenschaft nicht wieder in simple Nationalapologetik verfallen soll und weil es wichtig für ein Land ist, daß in der ... auch ethisch empfindlichsten Zone seiner Geschichte nicht geschummelt wird, sondern die Wahrheit, so bitter sie ist, gilt."

Dann wiederholte auch Meier zwei gegen die vergleichenden Relativierungskünste gerichtete einfache Fragen: Selbst wenn die NS-Verbrechen nicht singulär wären – „was wäre für uns und unsere Stellung in der Welt damit denn gewonnen? Was nützte es uns, wenn die Judenvernichtung" neben Stalins Kulakenliquidation „oder den Ausrottungen des Herrn Pol Pot ins Glied tritt?" Und weiter: Da im Kontext der europäischen Geschichte „in Deutschland andere zivilisatorische und ethische Voraussetzungen in einer langen Geschichte erwachsen" seien als etwa in Rußland, der Türkei und Indochina, dem NS-Massenmord auch nur von fern vergleichbare Untaten in West-, Nord-, Südeuropa und Amerika aber nicht geschehen seien – „sollten wir uns nicht eher an deren Maßstäben messen?"

Mit allem Nachdruck bestand auch Meier darauf, daß das von Habermas angeschlagene „eigentliche Thema" des Streits aus der Frage bestehe, „welche Konsequenzen wir heute aus dieser Geschichte zu ziehen und wie wir mit ihr umzugehen haben". Es erschien ihm als „wichtig", daß diese Problematik, „die bedeutsam genug" sei, weiter „in der Hauptsache diskutiert" werde. Von den dürftigen Ausweichaktionen, mit deren Hilfe die kritisierten Historiker bisher diese „Hauptsache" wie den sprichwörtlichen heißen Brei umgangen hatten, konnte sich offenbar auch Meier gar nichts versprechen.[62]

Es bedarf keiner lebhaften Phantasie, um sich vorzustellen, daß Meier wegen der Offenheit, mit der er die Probleme beim Namen nannte, in der Folgezeit von konservativen Historikern manches betuliche Bedenken gehört haben könnte. Auch mag die Irritation, die durch das Verhalten der umstrittenen Historiker, insbesondere im Vorfeld und Umkreis des Trierer

Kongresses, hörbar ausgelöst worden war, in ihm nachgewirkt haben. Als er einen guten Monat später in der FAZ noch einmal Stellung bezog, war zwar in einigen Abschnitten eine überarbeitete Version des Trierer Vortrags erkennbar, aber das Urteil fiel an manchen Stellen doch erheblich spitzer aus.

Punkt 1: Noltes Hoffnung, durch Relativierung „das Bedrängende an unserer NS-Vergangenheit abarbeiten zu können, wird gewiß nicht in Erfüllung gehen". Punkt 2: „Was Hillgruber dazu bewogen haben mag, sich nachträglich mit den Verteidigern der Front in Ostpreußen" zu identifizieren, „wird wohl sein Geheimnis bleiben". Sicher sei: „Seine Arbeit hätte durch ein perspektivenreicheres, distanzierteres Verfahren und gelegentlichen Gebrauch des Konjunktivs gewiß gewonnen." Natürlich: Die Fragen des Historikers werden von seiner „Lebenswelt" beeinflußt. „Aber man sollte es sich nicht zu leicht damit machen." Punkt 3: Der „Abscheu gegenüber dem NS-Regime" sei in jüngster Zeit gewiß nicht vermindert worden. Wohl aber gebe es eine „neue, konservative Haltung gegenüber der Geschichte": „vor allem bei Michael Stürmer". Wie vielseitig und vorsichtig er seine Formulierungen auch wähle, es sei „doch unverkennbar, daß er die Geschichte politisch instrumentalisieren möchte". „An Stürmers Adresse" wende sich Habermas „also zu Recht", da dieser für seine Zwecke „die Geschichte in Dienst nehmen" wolle.

Unmittelbar vor dem Historikertag hatte die konservative „Hans Martin Schleyer-Stiftung" unter maßgeblicher Mitwirkung von Hildebrand, Stürmer und Hillgruber eine Art von Konkurrenztagung unter dem absonderlichen Thema „Wem gehört die deutsche Geschichte?" in Berlin (2./3. Okt.) abgehalten. Diese eigentümliche Frage hatte Stürmer seit 1983 bereits mehrfach aufgegriffen. Meier wunderte sich jetzt aus nur zu verständlichen Gründen, warum Stürmer „die so merkwürdige und ungemein schwer zu begründende Befürchtung – oder ist es eine Hoffnung? –" umtreibe, „daß die deutsche Geschichte jemandem gehören könne". Später drückte Meier seine Verwunderung noch pointierter aus: „Sonderbar auch", konstatierte er 1987, „wie manch einer den kapitalistischen Eigentumsbegriff sogar auf die Toten ausdehnt, so daß sich die perverse Frage stellen kann, wem die deutsche Geschichte gehöre!"

Natürlich ist das Verhältnis zur deutschen (oder jeder anderen) Geschichte primär eine Frage der geistigen Aneignung. Jedem japanischen oder französischen Doktoranden steht es frei, sich mit wichtigen Zusammenhängen und Problemen der deutschen Geschichte vertraut zu machen. Jeder amerikanische, italienische, russische Deutschlandhistoriker beherrscht solche Zusammenhänge. Gehört ihnen wegen solcher Kenntnisse die deutsche Geschichte? Oder ‚besitzt' jeder West- oder Ostdeutsche aufgrund des Zufalls seiner Herkunft eine Art Erstgeburtsrecht auf den Besitz der deutschen Geschichte, obwohl er sie in aller Regel ungleich weniger gut kennt als die ausländischen Experten? Produktiv ist diese wunderliche Frage, hinter der sich die ebenso seltsame Furcht zu verbergen scheint, daß die deutsche Geschichte ihrem Besitzer auch gestohlen oder weggenommen werden könne, mit Sicherheit nicht. Meier konstatierte deshalb zu Recht, daß man keineswegs mit solchen abwegigen „Eigentumsansprüchen auf die Geschichte weiterkommen" könne.[63]

Immerhin: Er hielt damals den Streit „im wesentlichen" für „beendet". Bis Ende Januar 1987 war ihm indessen klar geworden, daß der „Historiker-Streit des vergangenen Jahres" keineswegs „vorüber" sei, im Gegenteil: „er fängt erst an".[64]

Diese Ausschnitte aus dem Meinungsspektrum derjenigen, welche prinzipielle Punkte der Habermasschen Kritik überwiegend unterstützten – wenn sie auch hier und da divergierende Auffassungen vertreten mochten –, zeichnen sich insgesamt durch eine klare und kraftvolle Argumentation, durch eine methodisch wie empirisch stringente Interpretation, durch ein unmißverständliches politisches Urteil aus. Solche Eigenschaften erleichtern gemeinhin nicht nur dem Kontrahenten die Diskussion, da er seine Auffassung Punkt für Punkt mit der Gegenmeinung konfrontieren kann, sondern sie gestatten auch nach der gebührenden Abwägung dem interessierten Beobachter, über die Vorzüge und Grenzen der vorgebrachten Überlegungen selber zügig zu entscheiden.

4. *Die Schwächen der Antikritik*

Jeder Vergleich enthüllt nun mit aller wünschenswerten Deutlichkeit die argumentative Schwäche jener wenigen, welche die Kontrahenten von Habermas zu verteidigen suchten. Darüber hinaus gaben sie sich erstaunliche neue Blößen, bezogen unhaltbare Positionen und verstiegen sich zu Formulierungen, die der eigenen Sache schweren Schaden zufügten. Zugegeben: Ihre selbstgewählte Rolle war nicht beneidenswert. Wie sie sich aber ihrer Aufgabe entledigten, löste Kopfschütteln und Enttäuschung aus. Wie freilich die umstrittenen Historiker selber (vorläufig?) abschließend reagierten, markierte nach dem trübseligen Auftakt im Juli und August 1986 einen in dieser Form nicht erwarteten, vollends tristen Tiefpunkt.

Als erster Historiker meldete sich der Berliner Hagen Schulze zu Wort, der 1982 in der Reihe des Siedler Verlags „Die Deutschen und ihre Nation" vor Stürmers „Ruhelosem Reich" den Band über die Weimarer Republik geschrieben hatte – ein „geistiger Waffenbruder" also, um Meiers Ausdruck aufzugreifen. Über seinen FU-Kollegen Nolte verlor Schulze vorsichtshalber kein Wort, beharrte aber auf „gemeinsamen Aspekten" des Judenmords, der Kulakenausrottung, der Massenvernichtung Pol Pots. Dennoch: „die Industrialisierung des Massenmords" bleibe „eine deutsche Erfindung".

Die Frage, was der Historiker mit der Geschichte öffentlich tue, müsse gestellt werden, lief er mit Schwung offene Türen ein, „und es ist ein Verdienst Michael Stürmers, daß er sie stellt". Tatsächlich hat die Frage nach den gesellschaftlichen Funktionen der Geschichtswissenschaft eine lange Tradition. Seit den 1960er Jahren war sie zudem immer wieder mit Nachdruck aufgeworfen worden. Ein besonderes Verdienst Stürmers ist daher nicht zu erkennen, und strittig war ja ohnehin vor allem seine Hauptantwort: Identitäts- und Sinnstiftung. Dazu meinte Schulze nur, daß „Identität" ein Gegenstand des Historikers sein müsse, da sie ein genuin historisches Produkt bilde, dessen Kenntnis einem dazu verhelfe, Kontinuität und Diskontinuität in der jüngsten deutschen Vergangenheit klarer zu erkennen.

Schließlich gab es einen Schuß Polemik: Wo für die Wissenschaft, wie angeblich von Habermas, normative Kompetenz beansprucht werde, verkomme sie „zur ideologischen Stichwortproduzentin". Das war weder schön noch treffend formuliert. Der inzwischen vertraute Vorwurf, Habermas erliege einer „manichäischen Wirklichkeitsreduktion" und schaffe „künstliche Feindbilder", führte über Hildebrands Klischees auch nicht hinaus. Zur „Hauptsache" wurde da so gut wie gar nicht, sonst aber ziemlich blaß argumentiert. Vielleicht plagte den Autor insgeheim die Einsicht, daß die Verteidigung der umstrittenen Grundsatzäußerungen verlorene Liebesmüh sei. Für Hillgruber und Hildebrand mochte er sich offenbar ohnehin nicht in die Bresche werfen. Das betrübliche Ergebnis: Wortkaskaden, die das Fehlen einer klaren inhaltlichen Position nicht verbergen konnten.[65]

Von ungleich weniger Skrupeln wurde der Münchener Historiker Thomas Nipperdey geplagt, als er sich danach ins Getümmel stürzte. Aber im Eifer des Gefechts ließ er sich zu einer erstaunlichen Serie teils exotischer, teils schlichtweg irreführender Behauptungen hinreißen. (Sollte indes jedes Wort kühl abgewogen worden sein, um so schlimmer.)

Nipperdey gilt als der Großwesir des angeblich entpolitisierten Historismus. Er hat die ‚zornigen jungen Männer' der 60er/70er Jahre eindringlich beschworen, mit dem „Abschlachten" ihrer Großväter endlich Schluß zu machen. Statt dessen sollten sie sich der weisen Rankeschen Einsicht öffnen, daß jede Epoche gleich nahe zu Gott sei, mithin primär nach ihren eigenen Maßstäben und Möglichkeiten beurteilt werden müsse. Dieses Plädoyer für die Verstehenslehre hatte er jedoch offensichtlich verdrängt, als er jetzt selber Stellung bezog.

Hinter Habermas' Kritik, offenbar aber auch hinter der Unterstützung aller ihm beispringenden Historiker-Kollegen sah Nipperdey, von düsteren Ahnungen verfolgt, die Hegelsche „Herrschaft des ‚Verdachts', der selbstgewissen Tugend und eines Wahrheitsmonopols" aufsteigen. „Darum darf man", scheute er sich nicht, Nolte und Hildebrand beizuspringen, „schon von Unterstellung, Frageverboten sprechen". Angesichts der ganz offenen, gut begründeten Kritik und der stichhaltigen Einwände z. B. gegen Noltes asiatisches Syndrom, Hillgrubers masurischen Identifikationssumpf, Stürmers seligmachendes Sinnstiftungsevangelium wirkte Nipperdeys Vision von einem neuen intellektuellen Jakobinerregime, das Habermas mit prominenten Historikergenossen aufzurichten strebe, als verblüffend realitätsfernes Bild einer bösen „neuen Welt".

Nicht minder irritierend klang seine Unterstellung, daß die „moralisierende ‚Interpretation' von Kontexten ... die Freiheit und die Pflicht zum permanenten Revisionismus" aufkündige. Dazu nur soviel: Wie will Nipperdey es denn fertigbringen, aus dem Urteil über die deutschen Vernichtungslager und den russischen GULag, über die von Hillgruber als „Gesinnungsethiker" abqualifizierten deutschen Widerstandskämpfer, über die Angemessenheit einer historisch fundierten Identität moralische Kriterien völlig auszuscheiden? Mit ihrer Verwandlung in eine pejorativ verstandene ‚Moralisierung' ist doch nichts gewonnen. Und auf die nirgendwo in Frage gestellte Bereitschaft, die eigenen Vorstellungen und Urteile angesichts zwingender Gegenargumente zu revidieren, können sich alle von ihm Attackierten als banale Selbstverständlichkeit mühelos einigen.

Nun denn, einmal auf dem falschen Gleis gut in Fahrt gekommen, hielt Nipperdey die Gelegenheit für günstig, seine Standardphilippika gegen diejenige „Wissenschaftsrichtung, die sich kritisch nennt ..., weil sie die Vergangenheit ihrer Kritik unterwirft", flugs anzuschließen. Nipperdey meint damit seit jeher nicht jene Einstellung, mit der die Philosophie, die Geschichtswissenschaft, die Soziologie ihren der Vergangenheit entstammenden Phänomenen in aller Regel wissenschaftlich-kritisch begegnen. Er meint vielmehr die „Kritische Theorie" der Frankfurter Schule. Er meint diejenigen Historiker, die sich zeitgemäß formulierten Prinzipien der Aufklärung weiterhin verpflichtet fühlen. Er meint aber auch seinen kunstvoll aufgebauten Strohmann, der als Inbegriff jedweder ungeliebten Opposition häufig Prügel einstecken muß, obwohl nicht zu erkennen ist, welche gefährlichen Strömungen, welche Gruppen, welche Individuen der stumme Bösewicht symbolisieren soll.

Wessen erdreistet sich jene ominöse Richtung, „die sich kritisch nennt?" „Die Vergangenheit wird entlarvt, mit dem allgewaltigen Prinzip der Emanzipation politisiert und moralisiert, ja hypermoralisiert: Nur so entsteht freie Bahn für das Zukunftsmonopol der Utopien." Im Hinblick auf die Geschichtswissenschaft ist es, ein alter Nipperdeyscher Topos, die „Historie der Staatsanwälte und Richter". Wer diese mißratenen Jünger Clios in dem laufenden Streit waren – ob Jäckel Broszat, Hans Mommsen, Kocka, Winkler? –, welcher erschröcklichen Utopie sie ein „Zukunftsmonopol" erstreiten wollten, all das ließ Nipperdey klüglich offen, postulierte aber markig: „Man muß dem Monopolanspruch der kritischen Historie mit ihren Verdammungsurteilen entgegentreten."[66]

Diesen Appell hatte man von Nipperdey schon oft gehört. Er war zwar im Kontext der bis zu seiner Intervention geführten Diskussion nicht sonderlich relevant, aber immerhin verzichtete Nipperdey jetzt – obwohl der falsche Zungenschlag à la Hildebrand bei dem Ausfall gegen das utopische „Zukunftsmonopol" nahelag – auf den 1980 erhobenen Vorwurf, daß die „kritische Geschichtswissenschaft" „totalitäre" Tendenzen erkennen lasse, ja daß ihre Kritik gelegentlich sogar eine „tendenziell totalitär terroristische Pointe" besitze. „Totalitär" mußte damals jeder Leser auf die totalitären Regimes des 20. Jahrhunderts beziehen. „Terroristisch" war angesichts der soeben erlebten Terrorismus-Hysterie in der Bundesrepublik ein besonders unqualifizierter Vorwurf, den kaum jemand nur mit der „terreur" der Französischen Revolution – wie Nipperdey sich verteidigte – verbinden konnte, da solche historischen Reminiszenzen allenfalls von Fachleuten verstanden werden konnten. Und perfide blieb der Vorwurf der „terreur" ja auch. Nein, beide Worte waren eindeutig dem alltäglichen Sprachgebrauch entnommen, sie wirkten daher keineswegs wie eine zufällige Entgleisung, sondern bei einem seine Worte wägenden Historiker wie ein gezielter Schlag.[67]

Dazu ließ sich Nipperdey 1986 nicht noch einmal hinreißen. Statt dessen bemühte er sich, den Streit als hauptsächlich wissenschaftliche Auseinandersetzung zu frisieren, obwohl es doch primär um einen politischen Disput ging. Deshalb insistierte Nipperdey, um die Verteidigung der unterschiedlichen Erkenntnisziele und Forschungsergebnisse von Habermas' Kontrahenten bemüht, auf einem insbesondere von dem Wissenschaftstheoretiker Karl R. Popper, dem Haupt des kritischen Rationalismus, sanktionierten Unterschied. Es handelte sich um den Unterschied zwischen dem Entdeckungszusammenhang wissenschaftlicher Fragen (ganz gleich, ob es sich um ideologische Vorurteile, lebensweltliche Motive, politische Absichten handelt) und dem Geltungszusammenhang, d.h. denjenigen intersubjektiv akzeptablen (= geltenden) Ergebnissen, die den harten Test der wissenschaftlichen Überprüfung überstanden haben. Ein Beispiel: Nach dieser Auffassung könnte die ideologisch befrachtete Fragestellung eines braunen Soziologie-Papstes wie Gunther Ipsen trotz ihres Ballasts nach rigoroser Prüfung dennoch zu wichtigen, ideologisch nicht eingefärbten wissenschaftlichen Ergebnissen führen. Oder aber: Die lebensgeschichtlich begründete Voreingenommenheit zugunsten der deutschen Ostfront 1944/45 könnte trotzdem allgemein akzeptable neue Ergebnisse erbringen. Beides ist auch faktisch möglich und kann nicht a limine ausgeschlossen werden.

Diese Unterscheidung operiert jedoch, wie seit Jahrzehnten gegen die Popper-Schule und auch gegen Nipperdey eingewandt worden ist, mit einer überscharfen Disjunktion von Genese einer Frage und Geltung der Resultate. In der Geschichtswissenschaft geht sie an der Realität des Erkenntnis- und Forschungsprozesses häufig vorbei. Im Kontext der Entstehung von Fragen werden nämlich gleichzeitig gewisse dauerhafte Sichtweisen, leitende Perspektiven, geheime Präferenzen mitkonstituiert, die sich danach auf den gesamten Forschungsprozeß und seine Ergebnisse, bis in die subtilsten sprachlichen Verästelungen hinein auswirken. In einer Sozial- oder (meinetwegen) Geisteswissenschaft wie der Geschichte hat dieser Forschungsprozeß keine so radikal purifizierende Wirkung, daß er sämtliche Einflüsse oder Schlacken des Entstehungszusammenhangs in der Regel aufzulösen vermöchte.

Diese Einsicht schließt keineswegs aus, an der regulativen Idee der Objektivität oder Gerechtigkeit des Urteils festzuhalten. Entscheidend wichtig ist, sich die Einflüsse der Entstehungssituation bewußt zu machen, sie wissenschaftlich zu disziplinieren und diskussionsfähig zu halten. Der Glaube jedoch an die säuberliche Trennung zweier Sphären, in deren erster Fragen kontextabhängig entdeckt werden, in deren zweiter jedoch, von diesem Kontext unabhängig, allgemein geltende Ergebnisse festgehalten werden sollen, ist selber durchaus ideologischer Natur.

Ipsens Leitvorstellung z. B. von der Autonomie der generativen Strukturen des Bevölkerungssystems, das von ökonomischen und sozialen Mächten im Kern angeblich unabhängig bleibe, ist zwar von einem Teil der deutschen Bevölkerungshistoriker auch nach 1945 übernommen worden, hat sich aber oft als erkenntnishemmend erwiesen. Dagegen ist der unbefangener forschenden amerikanischen, englischen, französischen Historischen Demographie der Nachweis einer vermittelten Abhängigkeit von starken ökonomischen, soziokulturellen und herrschaftlichen Einflüssen überzeugend gelungen. Den Kern der Ipsenschen Theorie bildete eine ideologische Substanz: das nicht ableitbare, rassisch ausgezeichnete, heilige deutsche Volkstum, dessen Autonomie er von seiner Position aus folgerichtig postulierte. Nach 1945 als „autonomes Regelsystem" an der Oberfläche sprachlich gereinigt, hat die auf eine ideologische Grundentscheidung zurückgehende Leitvorstellung dennoch weiter Erkenntnisschranken errichtet, die erst seit den 70er Jahren abgebaut worden sind. Das ist nicht einmal ein besonders krasser Fall. Er zeigt jedoch die langlebige Präformierung der Resultate durch den Entstehungszusammenhang.

Auch bei Nolte, um zu den umstrittenen, von Nipperdey aber verteidigten Historikern zurückzukehren, hat sich seine Vorstellung vom marxistischen Vernichtungsgedanken, von der asiatischen Vernichtungspraxis in einer unübersehbaren Prägung seiner Denkresultate niedergeschlagen. Auch bei Hillgruber hat die Mischung von lebensgeschichtlicher Erfahrung und nationalkonservativen Perspektiven die Ergebnisse seiner Analyse der „Zerschlagung des Deutschen Reiches" und des „Zusammenbruchs im Osten 1944/45" unübersehbar beeinflußt. Auch bei Stürmer hat der Irrglaube an den Vorrang der deutschen „Mittellage" eine unübersehbare Verzerrung in seine Analyse des Kaiserreichs eingeführt. Auch bei Hildebrand hat die Dogmenlehre vom streng systemischen Charakter des europäischen Staatensystems zu einer unübersehbaren, durchaus konsequenten Überschätzung seiner Bewegungsmechanik im Sinne der Funktionsfähigkeit bzw. -unfähigkeit der „Balance of Power" geführt, so daß etwa von der „herausragenden Verantwortlichkeit der deutschen Politik für die Auslösung des Ersten Weltkriegs" bei ihm nicht mehr die Rede ist. Wohl aber feiern „in moderner Form ... die Denkfiguren des elitären Neokonservatismus Weimarer Couleur fröhliche Urständ", wenn Hildebrand zufolge die „kompliziert ausgetüftelten Mechanismen" des Staatensystems (bis ca. 1890) in das „heraufziehende Zeitalter der Massen" nicht mehr hineinpaßten, wenn die systembewußten Staatsmänner gegenüber den Forderungen der Straße und den „schreierischen Parolen der terribles simplificateurs" hilflos reagierten.[68]

Was Nipperdey dazu inspiriert hat, ausgerechnet zu diesen denkbar schlecht geeigneten Beispielen die alte Poppersche Leier zu schlagen, bleibt vorerst unerfindlich. Der empirische Befund widerlegt ja gerade hier mit aller Klarheit die Behauptung, eine säuberliche Trennung von Entdeckungs- und Geltungszusammenhang sei möglich. Er lenkt vielmehr nachdrücklich auf die dialektische Wechselwirkung zwischen Fragekontext und Forschungsresultaten hin.

Auffällig war an Nipperdeys Einlassung außerdem, daß jemand, der mit soviel Vehemenz für das neohistoristische „Verstehen" zu streiten pflegt, kein einziges verständnisvolles Wort, dagegen aber zahlreiche polemische Formulierungen für Habermas und die gleichgesinnten Kritiker mit ihrer „Feindbildphantasie" fand. Wo blieb da das abwägende, um Gerechtigkeit bemühte Urteil? Ist nicht „Nipperdey's First Law" gerade das methodische Postulat, die Argumente des Gegners so stark wie möglich zu machen, ehe man ihnen widerspricht? Genügte in diesem Fall dem Hohepriester der Objektivität – ausnahmsweise, versteht sich – ein krasses Schwarz-Weiß-Gemälde?

Was sollte auch an dieser Stelle seine Mahnung, daß es trotz aller Kontroversen doch die „objektive Geschichte" gebe, wenn er dann nicht einmal einen Hauch von Kritik an Hillgrubers streng interessen- und moralgebundener Identifikationsmarotte, an der sichtbaren Gefahr einer politisch funktionalisierten Geschichte spüren ließ? Von einer inneren Konsequenz der eigenen Argumentation wird man da nicht sprechen können. Offenbar galt nur des Feldmarschalls Blüchers Devise: „Nischt wie druff." Im Bayerischen Fernsehen hielt Nipperdey zwar später, von Wolfgang Mommsen bedrängt, Noltes „asiatischen Nexus" für „Unfug". Schreiben aber mochte er das augenfällig nicht.

Mit diesem Mangel an Verständnisbereitschaft für die endlich zur Gegenwehr schreitenden Wissenschaftler hängt vermutlich der betulich-wehleidige Ton zusammen, in dem Nipperdey – selber fraglos ein streitbarer Geist – nicht nur die Leidenschaft der Debatte beklagte, sondern ihr auch eine wahre Konsensvergötterung entgegensetzte. Also lauteten die neuen Sprüche Jeremias: „Ich halte die von Habermas eröffnete Debatte für ein Unglück. Die wissenschaftlichen Streitgebiete sind hochsensibel, das moralpolitische Engagement ist stark, ... die deutsche Neigung zu letzter Grundsätzlichkeit triumphiert. Gräben werden aufgerissen, die Historikerzunft wie die Öffentlichkeit werden polarisiert. Der Boden, auf dem die Wissenschaft wie die liberale Kultur leben", warnte die Stimme des Predigers aus München, „ist dünn genug. Darum brauchen wir ... Nüchternheit und Distanz, brauchen den

Pluralismus jenseits des moralisierenden Verdachts und der politischen Parteinahmen. Wir brauchen den Pragmatismus gegen moralischen Absolutismus und gerade in moralischer Absicht."

Indes: Nicht nur die zwölf Stämme Israels begegneten ihren Charismatikern mit offenem Zweifel. Auch jetzt blieben lauter Fragen offen. Warum hatte Nipperdey, der Objektivität und dem gerechten Verstehen verpflichtet, nicht rechtzeitig Nolte, Hillgruber, Stürmer vorgehalten, daß sie auf „hochsensiblen Streitgebieten" in die Öffentlichkeit vorpreschten? Warum blieb er nicht bei einer korrekten Chronologie, die eindeutig Habermas' späte Gegenwehr gegen eine längst laufende öffentliche Offensive bewies? Was insbesondere trieb ihn grundsätzlich dazu, einen lebhaften Konflikt derart wie eine Todsünde zu verketzern?

Die während des „Historikerstreits" vielbeschworene politische Kultur der Bundesrepublik beruht ganz wesentlich auf der Anerkennung des von bestimmten Spielregeln gebändigten Konflikts – mithin auf dem offen ausgetragenen Widerstreit der Interessen und Positionen, nicht jedoch auf dem voreiligen Abbrechen von Kontroversen, weil der Konsens vor allen anderen Erwägungen Priorität genieße. Wer so einseitig für den Primat des Konsenses plädiert, verrät gewöhnlich, erstens, die Bindung an eine illiberale Tradition der deutschen Staatsmetaphysik, derzufolge sich eine das Gemeinwohl vertretende Obrigkeit über die irritierende Auseinandersetzung der Interessengruppen hinwegsetzen oder dieselben sogar ersticken durfte. Er setzt, zweitens und wichtiger noch, stillschweigend voraus, daß ‚der' Konsens eine gleichbleibende, stabile, für jedermann erkennbare und gebilligte Größe ist, während in Wirklichkeit doch immer wieder um die neu austarierte Tragfähigkeit eines Konsenses, um seinen veränderten Inhalt, um seine Gültigkeit gestritten wird – und gestritten werden muß. Konsens per se kann schon deshalb kein absolut vorrangiges Ziel sein, weil die Kritik anfänglicher Außenseiter bereits auf mittlere Sicht recht bekommen kann und in ein neues Konsensgefüge eingeht. Wir erleben das gerade selber mit der

Umweltpolitik. Die Konsensbeschwörung dient, drittens, häufig dazu, die eigene Position als die allein seligmachende gegen Kritik zu immunisieren, während die Dissidenten als gemeingefährliche Konsenszerstörer abqualifiziert werden. Konsensverherrlichung in diesem Sinn ist zweck- und interessengebundene Ideologie.

Die von Nipperdey verteidigten Historiker hatten, läßt sich mit guten Gründen argumentieren, selber einen historisch gültigen Konsens in Frage gestellt. Und jetzt konnte nicht in Opas Plüschsessel über die Triftigkeit ihrer Einwände geschwind eine Einigung erzielt werden. Vielmehr mußte – und muß weiterhin – in kontroverser Auseinandersetzung, auch in aller Öffentlichkeit, um die Natur des Konsenses, der künftig gelten soll, gekämpft und über seinen Inhalt entschieden werden. Nichts sollte in einem liberal-demokratischen Gemeinwesen selbstverständlicher sein als die Legitimität einer solchen Debatte. Und wenn es dabei zeitweilig heftig zugeht, hängt das – wie üblich – in der Tat mit der „Sensibilität" der diskutierten, fundamental wichtigen Werte und Entscheidungen zusammen.

All dies hat nichts mit prinzipieller Konsensfeindlichkeit einerseits und Konfliktbevorzugung andrerseits zu tun. In einer liberaldemokratischen Republik bilden Konsens und Konflikt komplementäre Grundgegebenheiten der soziopolitischen Existenz. Selbstverständlich braucht ein Gemeinwesen die Grundlage eines Konsenses, der auch Belastungen gewachsen ist. Aber die Konsensbildung bleibt im Fluß. Konsens ist kein vorgegebener, sondern ein dynamischer, immer wieder neu zu bestimmender Stabilisierungsfaktor. Man geniert sich fast, derart simple Selbstverständlichkeiten unseres politischen und gesellschaftlichen Lebens noch einmal ins Feld zu führen.

Der Fortschritt in der Geschichtswissenschaft beruht nicht minder in hohem Maße auf der Dynamik und Produktivität der durch wissenschaftliche Regeln gezähmten Kontroverse. Sie stößt durch die Kruste der etablierten Lehrmeinungen hindurch, sie verhilft im Falle des Erfolgs neuen Interpretationen, neuen Methoden, neuen Urteilsmaßstäben zum Siege. Auch hier gilt, daß die tägliche Kärrnerarbeit der Historiker, der ruhig fortschreitende Gang der Forschung nicht abgewertet werden sollen. Wir alle bauen auf ihren Ergebnissen ständig auf. Wohl aber kann man insbesondere im Hinblick auf die Entwicklung der westdeutschen Geschichtswissenschaft argumentieren, daß häufig erst die Kontroverse die Erstarrung, ja Ideologisierung starker Positionen in Frage gestellt und schließlich überwunden hat.

Mußten bei dem leidenschaftlichen Streit um Karl Dietrich Brachers großes Werk von 1955, „Die Auflösung der Weimarer Republik", seine konservativen Kritiker aus der Historikerzunft nicht eine blamable Niederlage hinnehmen? Gehörte nicht Brachers Analyse und Beurteilung die Zukunft der Forschung? Mußte nicht Fritz Fischer in einer noch weit furioseren Kontroverse seine Interpretation der Kriegszielpolitik des kaiserlichen Deutschland und einiger unheilvoller Kontinuitätslinien in der modernen deutschen Geschichte jahrelang verteidigen, bis er (grob geschätzt: zu etwa drei Vierteln) recht behielt? Hat der Konsens der stummen konservativen Mehrheit etwa die produktive Theoriedebatte der 60er und 70er Jahre entfesselt? Ist es aber nicht ein erheblicher Zugewinn an theoretischer Verfeinerung und geschärftem methodischen Bewußtsein, den diese Debatte erbracht hat und hinter deren Ergebnis keiner mehr freiwillig zurück möchte? Ist das hartnäckige Plädoyer für die überfällige Aufwertung der Sozialgeschichte und Wirtschaftsgeschichte vom Konsens der Zunft getragen gewesen? Oder war nicht vielmehr eine langjährige Auseinandersetzung unumgänglich nötig, bis die dumpfe Ablehnung aufgelockert, gegen die arrogante Pfründnermentalität der herkömmlichen Politikgeschichte der Erfolg durchgesetzt wurde? Welche Petrifizierung hätte fortbestanden, wenn man, wie bereits diese wenigen, leicht vermehrbaren Beispiele zeigen, jeweils den Konsenshunger à la Nipperdey respektiert hätte?

Diese Konsensverklärung wirkt um so merkwürdiger, als Nipperdey selber an einigen dieser Auseinandersetzungen mit Temperament beteiligt war und manchmal für die konsenssprengende Seite Partei ergriffen hat. Seine eigene Erfahrung widerspricht daher durchaus dieser Verklärung – oder sollte aus dem neo-rankeanischen Verstehensappell inzwischen eine Art Metternichmentalität hervorgegangen sein? Wie dem auch sein mag: Für den unstrittig neuen politischen Konsens, den Nolte, Hillgruber, Stürmer, Hildebrand u.a. – jeder auf seine Weise – in der breiten Öffentlichkeit, nicht im Gehege wissenschaftlicher Zeitschriften anstrebten, wollten ihre Kontrahenten sich nicht gewinnen lassen. Dieser Entscheidung kann ich mich nur anschließen: Kein Quentchen der dubiosen Argumente wirkt überzeugend. Und ist Nipperdey, dem Konsenswächter auf der Zinne, eigentlich wohl bei dem Gedanken, daß er die Unterminierung eines wertvollen Konsenses mit wissenschaftlich sehr umstrittenen Behauptungen indirekt billigt? Hat er nicht eine Tugend des Historikers, sich zuerst einmal Klarheit über den exakten chronologischen Verlauf zu verschaffen – und das hieß hier: aus Habermas‘ und der anderen Verteidigung nicht eine mutwillig „eröffnete“ Attacke zu machen – eklatant mißachtet? „Not a very impressive performance“, wäre wohl mit lang einstudierter englischer Untertreibung das Urteil in Oxbridge ausgefallen.[69]

Zu den großen Überraschungen des Historikerstreits gehörte schließlich die Art, mit der Joachim Fest, Autor der derzeit besten Hitler-Biographie und Mitherausgeber der FAZ, frühzeitig mit kompromißloser Härte Nolte beisprang. Unter jenen, welche die Debatte aufmerksam verfolgten, hat die Suche nach plausiblen Motiven für diese Intervention manche Stunde in Anspruch genommen. Die Loyalität gegenüber einem öfters für die FAZ schreibenden Autor wie Nolte konnte es allein gewiß nicht sein. War es das Gefühl, daß sie beide die Stellung erfolgreicher Außenseiter am Rande der nicht sonderlich goutierten professionellen Universitätshistorie gemeinsam einnahmen, das den Sukkurs auslöste? Auch dieses Konstellationsargument bietet keine hinreichende Erklärung. War es also die Übereinstimmung in den politischen Intentionen: weg von der selbstquälerischen Beschäftigung mit der jüngsten deutschen Vergangenheit, entlastende Relativierung der Bürde nach vierzigjährigem Abstand vom Krieg durch den Vergleich besonders mit der Sowjetunion, befreiender Blick nach vorn, aber auch auf den wahren, den totalitären, den noch immer drohenden Gegner im Osten?

Sicher entscheiden läßt sich die Motivfrage nicht, da Fest explizit keine Auskunft darüber gegeben hat. Die größte innere Plausibilität besitzt bisher der Rekurs auf gemeinsame politische Ziele, denn Fest war sich ohne Zweifel darüber im klaren, daß er in der FAZ nicht allein als sachkundiger Hitler-Biograph an der Diskussion teilnehmen konnte. Vielmehr bezog er mit seinem Beitrag auch, nolens volens, als Mitherausgeber der FAZ vor Millionen Lesern auf eine Weise Stellung, die wie eine quasi-redaktionspolitische Entscheidung wirken konnte. (Ob der Abdruck von Noltes Vortrag und Fests Beitrag in der Redaktion umstritten war? Ob um kritische Stellungnahme gebeten wurde, die in Gestalt eines Artikels jedoch nicht eintraf? Beides drängt sich als naheliegende Vermutung auf. Bisher bleibt sie für einen Außenstehenden aber Spekulation.)

Wie erstaunlich vorbehaltlos Fest jetzt Stellung nahm! Zunächst stilisierte er Nolte als wackeren Ritter St. Georg, der einen widerlich vielköpfigen modernen Drachen: „die Rituale einer falschen Unterwürfigkeit" bekämpfe. Wer diese servile Knechtsgesinnung praktizierte, sagte Fest nicht. „Diese Rituale werden", fuhr er statt dessen fort, „von einem Konformismus dekretiert, der jede Position, die sich die Freiheit des Fragens bewahrt, unter moralischen Verdacht stellt". Wer unter den nicht sonderlich mächtigen Historikern diesen Konformismus dekretierenden Papst spielte und jeden, der die selbstverständliche Freiheit des wissenschaftlichen Fragens in Anspruch nahm, moralisch verdächtigte, sagte Fest nicht. (Dagegen entsinne ich mich sehr genau, wer Fritz Fischer auch moralisch verdächtigte und wer uns während des Streits um die Sozialgeschichte als Kommunisten, Marxisten, Leninisten, ja Maoisten die politische Moral absprechen wollte.)

Statt dessen entdeckte Fest, daß es für „diese elende Praxis ... seit kurzem eine neue Variante" gebe: „Sie stammt von

Jürgen Habermas." Eberhard Jäckel sprach bald, auch und gerade im Hinblick auf Fest, von der „elenden Praxis der Untersteller", die genüßlich mit dem Kunstgriff der wiederholten Insinuation arbeiteten, ohne so präzise wie möglich Autoren mit ihren Thesen zu nennen. Gegenüber Habermas aber äußerte sich Fest sehr explizit, obschon nicht treffsicher. Habermas' Vorwurf, daß Noltes vergleichende Relativierung darauf hinauslaufe, die „Singularität" des Nationalsozialismus zu leugnen und all jene Untaten, für die Auschwitz als Abkürzung steht, auf die „technische Innovation" der Vergasung zu reduzieren, widersprach Fest entschieden: Nolte leugne die „Singularität" überhaupt nicht, er stelle sie sogar „qualitativ" über die soziale Vernichtung durch die Bolschewiki.

Man dürfe aber nicht, mahnte Fest, den einen Massenmord sehen, den anderen dagegen ignorieren, „zumal ein kausaler Zusammenhang zwischen beiden Untaten wahrscheinlich ist". Wer die sowjetischen Massenliquidationen ignoriere, sagte Fest nicht. Warum der „kausale Zusammenhang" zwischen beiden Untaten „wahrscheinlich" sei, sagte er auch nicht. Der dubiose „Rattenkäfig" der noch dubioseren „chinesischen Tscheka" Noltes konnte ihn doch schwerlich als „kausaler Nexus" überzeugt haben. Statt seinen Lesern einen überzeugenderen Kausalitätsbeweis Schritt für Schritt vorzuführen oder zumindest mit konkludenten Schlüssen Wahrscheinlichkeit glaubwürdiger zu machen, womit Nolte in seiner Beweisnot und angesichts der fehlenden Überprüfung der Ursachenbehauptung am meisten gedient gewesen wäre, unterstellte Fest, daß Habermas „diesen zentrale(n) Gedanke(n), auf den die ganze Beweisführung Noltes zuläuft" (also die gleichmäßig zu berücksichtigende Duplizität der Massenmorde und den „kausalen Nexus" zwischen ihnen), schlichtweg übersehen habe.

Als Motiv dafür fiel Fests Menschenfreundlichkeit zuerst „eine Form akademischer Legasthenie" ein. Alsbald aber hielt er „ein ideologisches Vorurteil" für plausibler, das „sich die Dinge erst zurechtrückt, um sie dann attackieren zu können". Für diese Unterstellung spreche, daß Habermas „seine These mit gestückelten Zitaten" belege (wer hat eine solche Stückelung bisher nachgewiesen?), „daß er den angegriffenen Autoren Äußerungen Dritter" unterschiebe (wer hat diese Methode bisher nachgewiesen, nachdem selbst Hillgruber als einzigem, der von den vier Autoren gemeint sein könnte, das nicht gelungen ist?), daß er überhaupt „die Dinge mit einer Unbekümmertheit verdreht, für die es seit langem kein Beispiel gibt". (Muß man von beispielloser Unbekümmertheit nicht weit eher bei Noltes Umgang mit dem Tscheka-Käfig sprechen, wie unten: IV.8. gezeigt wird?) Kurzum: Fest hielt, ganz so erregt wie Hillgruber in der FAZ kurz zuvor, den „Versuch eines wissenschaftlichen und womöglichen persönlichen Rufmordes" für gegeben.

Wie aber wollte Fest Nolte in der Sache verteidigen? Er sprang ihm mit drei Überlegungen bei, um die umstrittene „Singularität der Naziverbrechen" durch Vergleiche tendenziell weiter zu relativieren.

1. Bei den NS-Schergen habe die rassische Zugehörigkeit über Leben und Tod entschieden. Bei den Bolschewisten wurde „ein soziales Sein ... als todeswürdig angesehen". Ausschlaggebend sei mithin allein das formale Kriterium der Zugehörigkeit zu einer diskriminierten und deshalb auszurottenden Großgruppe gewesen: „Hier zu einer Klasse, dort zu einer Rasse".

2. An den deutschen Vernichtungslagern gelte die ungerührte, bürokratisierte, administrative Vollstreckung des „Vernichtungsgeschäft(s)" als einzigartig. Aber: Sei denn „das Ausrottungswerk Stalins auf wesentlich andere, weniger administrative Weise vollbracht" worden? Die „Gaskammern", jenes „Symbol für die technizistische Barbarei des Hitlerregimes", nannte auch Fest „eine besonders abscheuerregende Form des Massenmords". Aber: Waren die „Massenliquidierungen" während des jahrelang wütenden „Roten Terrors" wirklich „etwas qualitativ anderes"? „Ist nicht, bei allen Unterschieden", insistierte Fest erneut, „das Vergleichbare doch stärker?"

Diese Frage verführte ihn sogar zu einer aufschlußreichen Spekulation. Man kenne „die grauenerregenden Bilder der

Leichenhaufen" in den NS-Lagern, die zu „Bergen zusammengetragenen Schuhe, Brillen, Koffer und anderen Habseligkeiten der Opfer". Gewiß, aus der Sowjetunion gebe es keine derartigen „Fotos oder Filme davon". „Doch was berechtigt uns zu denken", fragte Fest, „es habe dergleichen in den Mordfabriken der Stalin-Ära nicht gegeben?" Nolte hatte wenigstens zwei Beweisstücke angeboten: asiatische Vernichtungserfahrungen und asiatische Foltermethoden. Fest dagegen mobilisierte die Phantasie, appellierte an die Vorstellungskraft und warf von dieser schwankenden Basis aus trotzdem die rhetorische Frage auf: „Sind nicht, aufs Ganze gesehen, die Vorgänge hier wie dort in den entscheidenden Merkmalen vergleichbar?" Beide Male gehe es schließlich um mechanische, mit technischen Mitteln massenhaft „reproduzierbare ... Tötungspraktiken", die „im Dienste einer vorgeblich größeren Sache" ohne „innere Beteiligung, ohne irgendeinen Affekt" ausgeführt worden seien.

Zugegeben, man kann eine nivellierende Perspektive wählen: Ob ein Individuum im Keller der Gestapo oder der GPU zu Tode gefoltert wird, endet unleugbar mit demselben Effekt. Dem Betroffenen nützt die Kenntnis der unterschiedlichen Uniformen gar nichts. Gelegentlich muß man auch das betonen. Für ein differenziertes Urteil aber gelten all jene qualitativen historischen Unterschiede, die vorn aus den Diskussionsbeiträgen von Jäckel, Kocka, Winkler u. a. bereits hervorgehoben worden sind.

3. Einen wahrhaft verblüffenden Charakter besaß das dritte Entlastungsargument. Die Singularitätsthese ziehe ein gut Teil ihrer Überzeugungskraft aus der unstrittigen Tatsache, daß die „Rückfälle ins Entmenschte sich in einem alten Kulturvolk ereigneten". Das erkannte zunächst auch Fest an. Um diesen schwerwiegenden Beweisgrund prinzipiell aus den Angeln zu heben, konterte er mit einem atemberaubenden Einwand, der wie jeder mißlungene methodische Salto das genaue Gegenteil der erhofften Wirkung erzielte: statt einer Unterstützung eine fatale Schwächung des Arguments. „Sollte es wirklich zulässig sein", fragte Fest, mit dem Kontrast zwischen dem „alten Kul-

turvolk“ und seiner neuen Barbarei „vor alle Welt hinzutreten“? „Denn strenggenommen setzt dieses Argument die alte Nazi-Unterscheidung fort, wonach es höhere Völker und Völker auf primitiverer Stufe“ gebe. „Wer empfindlicher ist“, charakterisierte Fest sich und seinesgleichen, „wird den Hochmut erkennen, der darin steckt, die alte Herrenvolkgesinnung, wenn auch verborgen unter einer Demutsgeste“.

Krasser hätte die angestrengte Relativierung durch den Vergleich kaum diskreditiert werden können. Diese Pseudoargumentation ist daher auch auf den scharfen Widerspruch nahezu aller an der Debatte beteiligten Historiker, die Habermas‘ Kritik grosso modo für berechtigt hielten, gestoßen. Von Eberhard Jäckel über Hans Mommsen, Jürgen Kocka, Heinrich Winkler u.a. bis zu Christian Meier ist auf der historischen Angemessenheit der Vergleichsgrößen bestanden worden. Deshalb sind die west-, nord- und südeuropäischen, die nordamerikanischen Staaten als Mitglieder des okzidentalen Kulturkreises für den tragfähigen Vergleich die in erster Linie zu berücksichtigenden Referenzgesellschaften. Die zivilisationsgeschichtlichen Unterschiede zwischen ihnen und Ländern mit den Neandertalerpraktiken Pol Pots oder den exzessiv übersteigerten Stammesfehden Idi Amins dürfen nicht kurzerhand eingeebnet werden – genauso wenig wie der riesige Abstand, der die okzidentalen Staaten von der relativen Rückständigkeit Rußlands, insbesondere während des Bürgerkriegs und der Stalinära, trennte, stillschweigend minimiert werden darf, um einen korrekten Vergleich fingieren zu können. Die Berücksichtigung solcher fundamentalen Unterschiede hat mit Hochmut und Herrenvolkgesinnung heutzutage nicht das geringste zu tun: Es geht vielmehr um das methodische Bewußtsein, teilweise auch um die geradezu handwerklich solide Fähigkeit, einen legitimen Vergleich zu unternehmen.

Die deutschen Staaten und der Nationalstaat bis 1933 sind nun einmal durch ihre Geschichte seit dem Hochmittelalter, durch Reformation und Renaissance, durch Rationalismus und Aufklärung, durch Universität und Verfassungsstaat, durch Industrialisierung und Gesellschaftsstruktur, durch

Werte- und Normensystem Mitglieder dieses okzidentalen Kulturkreises geworden. Sie müssen darum auch an den dort geltenden, im internen Vergleich durchaus verallgemeinerbaren Maßstäben gemessen werden. Jede auch nur flüchtige Kenntnis der historischen Modernisierungstheorien hätte einen vor der methodischen Falle des naiven, tatsächlich aber ungemein schwierigen, diachronen Vergleichs – den Vergleichsgrößen wie Pol Pot, Idi Amin und Stalin erzwingen – bewahrt (Idis Uganda eignet sich vielleicht für den Vergleich mit der Merowingerzeit).

Aber nein: Die trügerische Gleichzeitigkeit des Ungleichzeitigen hat Fest – wie vor ihm auch Nolte und Hildebrand – dazu verführt, den deutschen Abstieg in die Barbarei nicht mit der bravourösen Bewältigung der Nachkriegsprobleme und der Weltwirtschaftskrise seit 1929 etwa in England, Frankreich, Schweden, den Vereinigten Staaten zu vergleichen und auf diese Weise jene Einzigartigkeit zu erkennen, die Deutschland als einziges zivilisiertes, hochindustrialisiertes westliches Land in den „Radikalfaschismus“ geführt hat.

Vielmehr müssen Massenmorde unter Lenin und Stalin, unter exotischen Barbaren wie Pol Pot und Idi Amin dazu herhalten, eine Parallelisierung mit der einzigartigen Massenvernichtung im Auftrag des NS-Regimes zu ermöglichen. Die Ungeheuerlichkeiten dieser vier Despoten werden um kein Gran vermindert, wenn man darauf insistiert, daß sie mit dem Nationalsozialismus zu vergleichen heißt, unverzichtbare Grundregeln der komparativen Forschung eklatant zu verletzen. Wer das nicht wahrhaben will, wird sich von solchen Vergleichen nicht abhalten lassen. Aber das erleichterte „Tu quoque“ (in der Umgangssprache: Die anderen sind keinen Deut besser als wir) derart falsch angelegter relativierender Vergleiche kann, auch wenn Fest eine solche Intention ausdrücklich abstreitet, den kritischen Einwand schlichtweg nicht entkräften, daß Entlastung ein unvermeidbarer oder eben doch angestrebter Effekt ist. Erneut wurde, ähnlich wie bei Hildebrand, der Wirkung nach der deutsche Judenmord zu einer der zahlreichen Greueltaten des 20. Jahrhunderts relativiert.

Daß ein im Vergleichen erfahrener Wissenschaftler wie Nolte sich derart aufs Glatteis begeben konnte, ist schwer, letztlich vielleicht nur politisch erklärbar. Wie ein – innerhalb der Schranken seiner unkontrollierbaren Englandkenntnisse – zum Vergleich ermutigter Historiker wie Hildebrand mit der Dampfwalze seines Begriffs vom „Zeitalter der Tyrannen" essentielle Unterschiede niederplättete, ist ausschließlich politisch erklärbar. Wie Fest mit dem Vorwurf der Herrenvolkarroganz die sorgfältige Beobachtung entwicklungsgeschichtlicher Unterschiede disqualifizieren wollte, scheint gleichfalls nur aus politischen Motiven erklärbar. Wie auch immer: Indem Fest „Herrenvolk"-Hochmut all jenen unterstellte, die auf einem wissenschaftlich soliden Vergleich bestanden, erwies er Nolte, erwies er seinem eigenen Plädoyer einen Bärendienst.[70]

Zwei Seelen stritten, ach, in Fests Brust. Intellektuelle Redlichkeit und Sachkenntnis geboten sein klares Urteil, daß Hitlers „Vernichtungswille", „dem Ursprung nach, doch eher aus den frühen Ängsten und Überwältigungsphantasien des Deutsch-Österreichers" herrührte. So, in der Tat, war es wohl. Sogleich aber schloß Fest wieder eigentümlich diffus formulierte Fragen an, die nicht nur gegen Schattengegner gerichtet waren, sondern auch noch vor seine empirisch zu beweisenden Thesen eine Milchglasscheibe schoben, in deren opakem Licht die Konturen der historischen Realität verschwammen. Daß Hitler „ganz und gar unbeeinflußt" von der Vernichtungsdrohung der Russischen Revolution geblieben sei, „läßt sich schwerlich denken", meinte Fest sehr behutsam. Die Mordberichte aus Rußland seien sicher übertrieben gewesen. Trotzdem habe es einen „zutreffenden Kern" gegeben. „In aller Verzerrung gaben sie dennoch Hitlers Ausrottungskomplexen einen realen Hintergrund." Jetzt mochte er glauben, daß die „Rettung" Deutschlands und der Arier nur noch durch eine gleichartige „Gegenwehr", „wenn auch ‚zehnmal' terroristischer", möglich sei. „Es kann nicht unzulässig sein", folgerte Fest vorsichtig, „diese Überlegungen vorzutragen und einen Zusammenhang herzustellen zwischen den Greuelmeldungen von Osten und Hitlers Bereitschaft zum Exzeß."

Zulässig ist vieles. Denken läßt sich noch mehr. Wer jedoch mit dem Anspruch auf Wissenschaftlichkeit auftritt, wie das ja Nolte zweifelsfrei tat, muß solche Fragen, wie jede andere auch, in die Form überprüfbarer Hypothesen kleiden, sie möglichst rigoros empirisch überprüfen und dann die Ergebnisse klipp und klar mitteilen. Die Güte der Fragen und Hypothesen hängt selbstredend auch immer von der vorgegebenen Sachkenntnis und dem Kontextverständnis des Historikers ab. Sie bewahren ihn im allgemeinen davor, abstruse oder gar nicht beantwortbare Fragen öffentlich aufzuwerfen. Wenn man jedoch ungewöhnliche, überraschende, sogleich Zweifel provozierende Fragen riskiert, die sich freilich über kurz oder lang durchaus als originelle, nur deshalb zuerst irritierende Fragen erweisen können, muß man sich besonders bereitwillig der Pflicht zur empirischen Überprüfung stellen, anstatt wie Nolte diese mühselige Arbeit im Husarenritt zu überspringen und sogleich bei „schlichten Wahrheiten" zu landen. Ähnliche Einwände treffen auf Fests tastende, tendenziell aber suggestive Vermutungen zu. Wer, bitte, wollte und will sie schon von vornherein als „unzulässig" verdammen? Auf die empirisch haltbaren Ergebnisse, zu denen diese Fragen stimulieren, kommt jedoch „ganz und gar" alles an. Diese Ergebnisse stehen bisher aus, Punkt.

Noch einmal warf sich Fest für Nolte in die Bresche. Noltes edle Absicht sei es, rühmte Fest, „Zweifel an der monumentalen Einfalt und Einseitigkeit der vielfach herrschenden Vorstellung über die vorbildlose Besonderheit der NS-Verbrechen zu wecken", und erstaunlich bleibe es, daß diese These bisher nicht „auf ernsthafte Weise" in Frage gestellt worden sei. Selbst wenn man einmal davon absehen könnte, daß Nolte eben dies wegen der dubiosen Natur seiner Assoziationen „auf ernsthafte Weise" nicht gelungen war; selbst wenn man – „for the sake of argument" – beiseite lassen könnte, daß Jäckel und andere mitstreitende Historiker soeben noch einmal den Nachweis der, genaugenommen, vorbildlosen NS-Massenvernichtung schlüssig geführt haben – selbst dann bliebe doch übrig, daß die ungewöhnlich umfangreiche Totalitarismusforschung Jahr für Jahr, jahrzehntelang die braunen und roten Verbrechen verglichen hat. Wie immer man auch die Überzeugungskraft ihrer Ergebnisse beurteilen mag, traf doch der Vorwurf der „monumentalen ... Einseitigkeit" ins Leere oder kam, anders gesagt, um ganze vierzig Jahre zu spät.

Ins Allgemein-Anthropologische ausschweifend, kontrastierte Fest ein der Debatte auch noch zugrundeliegendes Duell zwischen einer „optimistischen" und einer „pessimistischen" Sicht des Menschen in seiner Kulturwelt. Die Pessimisten, denen Fest offenbar sich selber und Nolte zurechnete, haben den Irrglauben an die Singularität von Massenmorden verloren. Die Geschichte, zumal die neuere, erscheint ihnen, den unerschrockenen Realisten, im Grunde als mörderischer Prozeß, der „aufgrund der technischen Mittel der Gegenwart mit einer nie gekannten Leidenschaftslosigkeit und zugleich unendlich viel opferreicher" als zuvor ablaufe. „Unter diesem Blick", folgte dann Fests vorbehaltlose Identifizierung mit einem der strittigsten Sätze Noltes, „schrumpft Auschwitz ... in der Tat auf den Rang einer ‚technischen Innovation'". Wenn das denn eine Konsequenz des pessimistischen Realismus sein sollte, ist man wohlberaten, auf eine derart trübe, eines unterscheidungsfähigen Urteils beraubte Weltanschauung schleunigst zu verzichten.

Die Optimisten dagegen setzen – fortschrittsverblendet und aufklärungsgläubig, wie sie in ihrer etwas tölpelhaften Art geblieben sind – auf die „Perfektibilität" des Menschen. Der „Holocaust" erscheint ihnen deshalb als „singuläre Abirrung" vom Pfad nach oben. Erneut zeige sich jedoch, daß diese „Siegelbewahrer der neuen Aufklärung ... zugleich die ‚Mandarine' der Mythen sind". Habermas' Kritik laufe „auf die platteste Verschwörungstheorie hinaus, die hier, wie übrigens immer, nur ein Ausdruck unbegriffener Verhältnisse ist". Auch deshalb müsse die Diskussion aus dem Zustand eines unfruchtbaren „Richtungsstreits" mit „seinen fossilen Kategorien" herausgeführt werden. Mit ihrer Hilfe seien Nolte und Hillgruber trotz ihres Lebenswerkes, das sowohl „wissenschaftlichen Ernst" bezeuge als auch „weltweite Reputation" genieße, zu Opfern des Vorwurfs gemacht geworden, „Handlanger eines reaktionären und amoralischen Interesses zu sein". Wenn Fest seine Antikritik an dieser Stelle abgebrochen hätte, wäre das Urteil vertretbar, er habe es Noltes Kritiker bereits überreichlich heimgezahlt, sich dabei aber so vergaloppiert, daß beider Position fatal geschwächt wurde. Die Unterstellungstaktik, der Rufmord-Vorwurf, die Diffamierung des korrekten Vergleichs als Ausfluß brauner Herrenvolk-Gesinnung – das alles war schon deprimierend genug.

Der eigentliche Tiefpunkt seiner Nolte-Apologie war damit indessen noch immer nicht erreicht. „Die Vermutung ist nicht hergeholt", begann Fests ärgster Satz sotto voce, „daß die moralische Irritation politischen Absichten folgt. Und mit einer Empfindungslosigkeit, die schlimmste Erinnerungen heraufbeschwört, macht man sich an irgendwelchen Professoren-Schreibtischen daran, die Opfer zu selektieren." Zu diesem Zeitpunkt (29.8.1986), als Fests Artikel erschein, hatte nur Habermas, noch kein anderer, die Gegenwehr aufgenommen. Nur ihm konnte daher im Kontext des Streits bis Ende August Fests Vergleich gelten.

Nur auf wenige Typen von Vorgängen konnte sich Fests Formulierung beziehen: Zum ersten auf jene Auswahl an der Rampe von Auschwitz oder eines anderen Vernichtungslagers, wo die Opfer selektiert und von den zu einem mehr oder minder kurzen Lagerleben Verdammten brutal geschieden wurden; auf jene Selektion von Juden, bei der Dörfer von den Einsatzgruppen „ausgekämmt" worden waren; auf jene willkürliche Selektion vor Geiselerschießungen, wenn Partisanenüberfälle zur Abschreckung gerächt werden sollten. Zum zweiten und noch eindeutiger: auf jene Schreibtischtäter à la Eichmann, die in der Stille ihres Verwaltungszimmers mit bürokratischer Akribie über den Tod von Millionen mitentschieden haben. In der Regel haben Historiker nach 1945 nur solche Vorgänge mit den Worten umschrieben, daß Opfer „selektiert" wurden. Daß eben diese Verbrechen des Nationalsozialismus gemeint waren, daran ließ die mit dem Superlativ verknüpfte Anklage einer „Empfindungslosigkeit, die schlimmste Erinnerungen heraufbeschwört", keinen Zweifel aufkommen. Dieser Vergleich richtet sich selber. Sollte er als die schroffste Vergeltung für die Kritik an Nolte et al. gedacht worden sein, besiegelte er nach der Demonstration der argumentativen und methodischen Mängel auch moralisch die Niederlage des Verteidigungsversuchs.[71]

Ein knappes halbes Jahr hat die erste Phase des „Historikerstreits", dessen „Pro und Contra"-Positionen jetzt knapp skizziert worden sind, angedauert: Anfang Juni 1986 löste Noltes FAZ-Aufsatz den Eklat aus, im Dezember bemühte sich Hillgruber, sein Debakel hinter einer furiosen Polemik verbergend, vergeblich darum, einen Schlußstrich zu ziehen. Wie verhielten sich die Hauptakteure am Ende dieser ersten Phase?

5. Ein Schlußwort: Jürgen Habermas

Habermas wiederholte noch einmal, als die Debatte in der „Zeit" abgeschlossen wurde, mit auffälliger Zurückhaltung eine Anzahl seiner wichtigsten Argumente gegen den „verharmlosenden Revisionismus", der den bisherigen „Konsens ... heute von rechts" aufkündige. Einen „tiefen Einschnitt in der politischen Kultur und im Selbstverständnis der Bundesrepublik" – das markiere diese Attacke auf jeden Fall. Die wiederholten Aufrechnungsbemühungen „dienen nicht der Aufklärung". „Sie berühren" vielmehr, betonte Habermas erneut den politischen Charakter dieses Grundsatzstreits, „die politische Moral eines Gemeinwesens, das – nach einer Befreiung durch alliierte Truppen ohne eigenes Zutun – im Geiste des okzidentalen Verständnisses von Freiheit, Verantwortlichkeit und Selbstbestimmung errichtet worden ist".[72]

6. Statt argumentativer Verteidigung: Michael Stürmers Schweigen und das Problem der „Identität"

Wahrhaft verblüffend war Stürmers Reaktion. Zwar grollte er im Oktober giftig gegen den „Schauprozeß", der gegen ihn veranstaltet werde. Zum materiellen Inhalt der Diskussion aber nahm er – vorerst – nicht mehr direkt schriftlich Stellung. Das mußte um so mehr auffallen, als in ihr seine Identitäts- und Sinnstiftungspostulate eine nicht unwesentliche Rolle gespielt hatten. Hatte ihn etwa, um Fests Vermutung aufzugreifen, wider jede plausible Erwartung eine Art „akademischer Sprachhemmung" zeitweilig überkommen? Hielt er es nach der herben Kritik an seinen Zielvorstellungen für taktisch klug, reichlich Rheinwasser an Bonn vorüberfließen zu lassen? Wie auch immer: Merkwürdig bleibt Stürmers irritierender Verzicht auf eine Verteidigung seines Willens zur „Identitätsstiftung", insbesondere aber der inhaltlichen Elemente seines Identitätskonzepts und der von ihm erhofften Wirkungen allemal. Denn es ist ja keineswegs so, daß eine solche Verteidigung mit guten Gründen nicht möglich wäre. Man könnte dann die Güte der Argumente und die inhaltliche Bedeutung von Identität erörtern, um zu prüfen, wie überzeugend beides ausfällt. Da Stürmer indes seine Überlegungen nicht genau erläutern mag, sollen einige Gesichtspunkte, die bei einer solchen, zur Zeit verweigerten Klärung nicht zu umgehen wären, umrissen werden.

Wegen des inflationären Gebrauchs von „Identität" ist die Kenntnis der Herkunft und ursprünglichen Bedeutung des Begriffs allmählich verlorengegangen. Auch Stürmer scheint sie nicht präsent zu sein, sonst hätte er schwerlich darauf verzichtet, sich mit Hilfe dieser Kenntnisse zu wehren – oder sie früher einmal durchscheinen zu lassen. Der Begriff hat sich anfänglich in der Jugendpsychologie herausgebildet und durchgesetzt. Er bezeichnet als Abkürzungsformel das Ergebnis eines komplizierten individual- und sozialpsychischen Prozesses. Während seines Verlaufs finden junge Menschen in ihrer

Pubertäts- und Adoleszenzphase durch eine krisenreiche und schmerzhafte Verarbeitung einflußreicher Erfahrungen mit sich und ihrer Umwelt allmählich zu ihrer eigenen unverwechselbaren Persönlichkeit: zu einer gefestigten psychosozialen Identität.

Der Begriff ist unlösbar mit dem Namen und den Forschungen von Erik H. Erikson verknüpft, der nach der Emigration an der Harvard University eine eminente Ausstrahlungskraft gewonnen hat, schließlich auch einer der „Gründungsväter" der psychoanalytisch fundierten sogenannten „Psychohistorie" geworden ist. Eriksons Identitätsbegriff setzte sich nicht nur wegen der Brillanz seiner jugendpsychologischen Arbeiten, auch nicht nur wegen der Natur der Harvard University als eines großen Umschlagplatzes von Ideen und Innovationen durch, vielmehr vor allem deshalb, weil der Begriff sich auf eine fast mirakulöse Weise verallgemeinern ließ. Im Nu wurde er in andere Wissenschaften und Diskussionszusammenhänge übertragen: Man sprach von der Identitätskrise der Entwicklungsländer, dem Identitätsprofil eines Großunternehmens, dem Identitätsverlust angesehener Fakultäten – bald auch von der Suche nach Identität in gespaltenen Ländern wie Korea, Indochina, Deutschland. Offenbar kam der Begriff sehr unterschiedlichen Bedürfnissen entgegen. Wenige Schlüsselworte der Nachkriegszeit haben eine derartig blitzschnelle Erfolgskarriere erlebt wie das aus der – abseits der spektakulären Wissenschaft wirkenden – Jugendpsychologie stammende Zauberwort der Identität.

Es kann nicht ernsthaft bestritten werden, daß auch Historiker auf die Identitätsbildung junger Menschen, aber auch gesellschaftlicher Großgruppen einzuwirken vermögen. Was aus der Arbeitswelt der Historiker in den Geschichtsunterricht der Schulen – neun bis dreizehn Jahre lang – einfließt, was in die historische Lektüre von jungen Leuten eingeht, was die Geschichte zum allgemeinen politischen, geistigen Klima einer Gesellschaft beiträgt, hinterläßt seine Spuren. Darüber hinaus gibt es die langlebige Wirkung von Historikerschulen und von herausragenden historischen Werken. Hat nicht die „Frontier"-Theorie, wonach sowohl der demokratische Charakter der amerikanischen politischen Institutionen als auch die demokratische Mentalität in erster Linie an der nach Westen wandernden Siedlergrenze dauerhaft geprägt worden sei, rund ein halbes Jahrhundert lang das amerikanische Selbstverständnis ausgedrückt und auf das nachhaltigste beeinflußt? Haben nicht etwa, um nur einige unschwer vermehrbare Beispiele herauszugreifen, Theodor Mommsens „Römische Geschichte", Leopold Rankes große Darstellungen über die Zeit vom 15. bis zum 18. Jahrhundert, Karl Dietrich Brachers „Auflösung der Weimarer Republik" mehrere Generationen von Lehrern und Lesern in ihrem Verständnis wichtiger Epochen der Antike, der Frühen Neuzeit, des 20. Jahrhunderts geprägt? Die Antwort liegt auf der Hand: Auf dieser Ebene haben Historiker auf die Kollektivmentalität, auf das nationale oder gesamtgesellschaftliche Identitätsgefühl nachweislich einen tiefreichenden Einfluß ausgeübt.[73]

Dies konstatieren heißt jedoch, nur auf eine Seite des Problems zu sprechen kommen. Eine andere stellt sich so dar: In die Struktur der Sprache, die der Historiker gebraucht, bleiben selbst dann, wenn ihm ein Höchstmaß an kühler Disziplinierung und Explizierung jener Werturteile gelingt, die ihm bewußt sind, zahllose geheime Werturteile, latente Präferenzen, verschleierte Überzeugungen ‚eingebaut'. Dazu gehören auch implizite Handlungsanweisungen, die sich in vermittelter Form aus diesem dichten Gefüge normativer Vorentscheidungen ergeben. Insofern ist die Rede von der „reinen Wissenschaft" entweder Ausdruck von Naivität oder von Unkenntnis des wichtigsten Mediums, in dem sich Historiker bisher bewegt haben, der Sprache. Im Grenzfall ist sie Verdeckungsideologie, unter deren Schutzschirm ganz massiv Werturteile und Verhaltensmaximen eingeschmuggelt werden.

Wenn dieser Befund die Lage einigermaßen zutreffend – in aller gebotenen Kürze – charakterisiert, kann man als Historiker, der die regulativen Ideen der Realitätsnähe, der Gerechtigkeit, der Objektivität anerkennt, mehrere Konsequenzen aus ihm ziehen. Da wegen dieser Natur unserer Sprache mit den Veröffentlichungen und Lehrveranstaltungen von Historikern unvermeidbar auch vermittelter politischer Einfluß verbunden ist, gebietet es die intellektuelle Redlichkeit, zuerst sich selber über Richtung und Ausmaß, Intensität und Folgen dieses Einflusses Rechenschaft zu legen, soweit man ihn mit aller Anstrengung überhaupt ins Bewußtsein heben kann. In einem zweiten Schritt geht es dann darum, diesen Einfluß diskussionsfähig zu machen, ihn in die Form möglichst stichhaltiger, Zustimmung oder Ablehnung erleichternder Argumente zu kleiden, dem Leser oder Hörer ein Höchstmaß an Transparenz zu verschaffen, damit er sich ohne den mühseligen Umweg einer langwierigen Interpretation für oder gegen die vertretenen Positionen entscheiden kann. Gelingt das, vermag er auch die Handlungsanleitungen, die mit den Werturteilen und Einflüssen verknüpft sind, abwägend zu begutachten, so daß er sie schließlich billigen oder verwerfen kann. So etwa sieht das ideale Verhältnis zwischen redlicher Geschichtswissenschaft und zielstrebig unterstützter kritischer Rezeption aus.

Eins jedenfalls kann der Historiker sich mit Sicherheit nicht erlauben: dem Wunschtraum, der Illusion oder dem Aberglauben anzuhängen, daß eine keimfrei sterilisierte, gänzlich neutrale, „reine Wissenschaft" in seiner Disziplin der Humanwissenschaften (oder irgendeiner anderen) möglich sei. Wenn dem aber so ist, sollte er sich so klar wie nur möglich zu seinen – im weitesten Sinn – politischen Prämissen bekennen, ihre Diskussion erleichtern und im Lichte seiner politischen, normativen Vorentscheidungen über Geschichte schreiben und reden, ohne gegen jene wissenschaftlichen Standards zu verstoßen, die eine Verbiegung, Beschönigung, Verketzerung vergangener Wirklichkeit verbieten.

Kurzum: Wenn schon politische Entscheidungen und Folgen unumgängliche Bestandteile seiner Tätigkeit sind, dann so bewußt und freimütig wie nur irgend möglich! Aus der Einsicht in diese Unvermeidbarkeit der politischen Wirkungen von Schreibe und Rede des Historikers hat Theodor Mommsen sehr pointiert den Schluß gezogen, der Historiker solle

„die Pflicht politischer Pädagogik" bewußt akzeptieren und dieser Maxime in seinem Berufsleben folgen. Ich halte diesen Schluß für konsequent und für akzeptabel, sofern er mit der vorn skizzierten Offenlegung der politischen Überzeugungen und Zielwerte, der Bereitschaft zur argumentativen Verteidigung oder Revision des Urteils ständig verbunden bleibt.

Ist man bereit, diesen Überlegungen und Entscheidungen so weit zu folgen, ergibt sich mit aller Klarheit, daß der Historiker damit auch zur politischen Identitätsbildung mit beiträgt. Sein Einfluß mag nur sehr gering sein. Auch konkurriert er selbstverständlich mit zahlreichen anderen Einflüssen. Überschwenglich optimistische Erwartungen sollte er nicht hegen. Das ändert aber alles nichts an der Grundtatsache, daß er auf die Identität mit einwirkt. Daher ist es nur folgerichtig, wenn das auch offen ausgesprochen wird.

Wird freilich aus diesem vermittelten, vielfach gebrochenen Einfluß, der beileibe nicht übertrieben werden darf, die Fähigkeit zu einem göttlichen Gründungsakt, nämlich zu der ominösen „Identitätsstiftung", abgeleitet, handelt es sich nicht nur um eine gewaltige, unrealistische Übertreibung, sondern auch und vor allem um eine gewaltige Überschätzung der Möglichkeiten, die Historiker in der modernen Gesellschaft nutzen können.

Insofern läßt sich mit schlüssigen Gründen die Mitwirkung von Historikern an der Identitätsprägung von Individuen oder Gesellschaften verteidigen, während gleichzeitig ein durch und durch nüchternes Urteil über die Reichweite und Dauerhaftigkeit ihres Einflusses geboten ist. Nimmt man den Begriff wortwörtlich ernst, ist Historikern meines Wissens noch nie die „Stiftung" von Identität gelungen.

Beharrt man auf der bescheideneren Version einer vielfältig variierenden Einwirkung, kommt alles, und zwar ganz und gar alles, auf den Inhalt und Aufbau von Identität an. Im Hinblick auf diese substantielle Füllung der Hülse „Identität" herrscht nun in den gegenwärtigen westdeutschen Diskussionen ein scharfer Dissens, der auch den „Historikerstreit" durchzieht. Nicht zufällig ist Identität seit gut zehn Jahren zu einem der Modeworte auch der deutschen Neokonservativen geworden. Denn man kann, wie sie es tun und anderen predigen, unter Identitätsbildung die Übernahme stabilisierender Traditionen, die Verinnerlichung geglaubter Normen, die Aneignung überlieferter Werte verstehen, ohne daß diese inhaltlichen Elemente von Identität durch den Filter prüfender Reflexion geleitet würden. Erwünscht ist offenbar die möglichst vorbehaltlose Identifikation mit dem Vorgegebenen, die zustimmende Gewöhnung an die Umwelt, die Einübung von „entlastenden Selbstverständlichkeiten".

Natürlich spielt beim Aufbau der soziokulturellen und psychosozialen Persönlichkeit das Lebensalter eine entscheidende Rolle. Das Kleinkind wird durch die Familie und durch andere Träger der primären Sozialisation Schritt für Schritt in seine winzige Welt eingeführt, ohne daß ihm bei der Vermittlung von Verhaltensregeln, Orientierungswerten, Handlungsgeboten und -verboten eine ständige Reflexion überhaupt möglich oder zumutbar wäre. Ungeachtet des Streits darüber, ob das in den Genkombinationen gespeicherte Erbe oder die Summe der Umwelteinflüsse das Übergewicht besitzt, steht doch fest, daß Kleinkinder und junge Kinder außerordentlich plastisch sind, wenn ihnen dieses innere Steuerungssystem eingeprägt wird. Es ist in dieser Zeit in die Verantwortung von Eltern und Erziehungspersonen gestellt, welche Natur dieses (gesellschaftlich vorgeformte) System besitzen und wie es verinnerlicht werden soll.

Die Situation ändert sich jedoch grundlegend mit dem fortschreitenden Alter der Kinder, insbesondere mit ihrer Pubertäts- und Adoleszenzphase, auch noch jener verlängerten Periode der sekundären Sozialisation, die bei Studierenden inzwischen bis in die Mitte der 20er Jahre andauert. In stetig steigendem Maße sollte jetzt ein reflexives Verhältnis zur eigenen Identitätsbildung gefördert und gewonnen werden. Nicht mehr eine vorbehaltlose kindliche Rezeption, sondern die kritische „Verarbeitung" des Überlieferten und der aktuellen Umwelteinwirkungen, mithin auch die „Infragestellung von Selbstverständlichkeiten und damit von Traditionen" sollte mehr und mehr das Übergewicht gewinnen. Identitätsbildung bleibt dann nicht mehr die naive Übernahme tradierter Normen und Verhaltensmaximen, sondern bedeutet nach einer offenen, produktiven, kritischen Auseinandersetzung die reflektierte Annahme von Werten und Traditionselementen – oder aber auch ihre begründete Ablehnung.

Im Gegensatz zu dem von Neokonservativen favorisierten Identitätsverständnis umschließt diese Identitätsbildung die Fähigkeit zu reflektiertem Abwägen, zur Selbstdistanzierung, zur produktiven Reaktion auf Veränderungen, durch die auch die Identität selber wieder verändert werden kann, ohne daß sie die Grundzüge ihrer Konsistenz verliert. Diese Identitätsbildung ist „gleich weit entfernt von der Unfähigkeit zur Kritik wie von der Unfähigkeit zur Bindung". Sie ist „deutlich unterschieden von eindimensionaler Anpassung an jeden Wandel wie von starren Verdrängungen nicht verarbeiteter Veränderungen". Sie ist „deutlich abgegrenzt von der Umwelt und zugleich vielfach auf sie bezogen".

Diese Art von Identitätsbildung steht in innerer Affinität zu einer kritischen Geschichtswissenschaft, welche die unreflektierte Überlieferung in Frage stellt, zu wachsamer Reflexion und „selbstkritischer Kontrolle" auffordert, zur Auflockerung der naiv eingeübten Identität weit eher beiträgt, als daß sie diese unterstützte. Dagegen ist dieser Geschichtswissenschaft diametral entgegengesetzt die zwischen unumgänglicher Eingewöhnung und Manipulation verschwimmende Identitätsvorstellung der Neokonservativen, ihr Postulat der „Integration in das Vorgegebene", ihre Befrachtung des Identitätsinhalts mit strittigen Traditionen: z.B. mit den Traditionen nationalstaatlicher Politik, mit dem falschen Glauben an überlieferte Hierarchien, mit der angeblichen Notwendigkeit sozialer Ungleichheit.

So unübersehbar die Geschichtswissenschaft auch auf die Identitätsbildung einwirken kann, ja unter den vorn umschriebenen Bedingungen auch einwirken soll, so entschieden sollte sie es ablehnen, an dem gegen Dauerreflexion und Selbstkritik, aber auf widerspruchslose Integration und Verklärung des

„Erbes" – wie das neue Modewort heißt – abzielenden, maßlosen Mammutprojekt einer neokonservativen „Identitätsstiftung" mitzuwirken.

Michael Stürmer – in dessen jüngsten Schriften die Eintragungen unter dem Register-Stichwort „Identität" alle Fugen sprengen würden – hat darauf verzichtet, die plausiblen Aspekte des Verhältnisses von Historikern zur Identitätsbildung zu klären. Von dem neokonservativen Syndrom der „Identitätsstiftung" konnte er sich wohl nicht distanzieren, da er selber „identitätssüchtig" (Sontheimer) auf diese mit Erbe und Tradition, Nation und Mittellage bedruckte Karte setzt.[74]

7. Die Wiederkehr des Gleichen: Klaus Hildebrand

Sein Mitstreiter Klaus Hildebrand hatte sich nach dem trübseligen FAZ-Artikel vom 31. Juli 1986 vier Monate Zeit genommen, ehe er sich noch einmal in die Diskussion einschaltete – Abstand genug, um die eigene Position erneut zu überdenken. Wer jedoch geglaubt hatte, sein erster Beitrag lasse sich nicht mehr unterbieten, wurde in der „Welt" vom 22. November 1986 gründlich eines Besseren belehrt. Jetzt ging es nicht mehr nur um eine wiederholte Kritik an Habermas, sondern inzwischen hatten sich auch sachkundige Historikerkollegen zu dessen Gunsten zu Wort gemeldet. Sie konnten nicht gut mit völligem Stillschweigen übergangen werden.

Zunächst erklärte Hildebrand Habermas' Einwände gegen die zweite Hälfte von Hillgrubers unglückseligem Büchlein als „hanebüchen". Dann folgte die empirisch falsche, die alte Marginalisierungstaktik wiederholende Behauptung sozusagen als Komparativ: Nach Hildebrand bildeten nämlich „eindeutig die Sache verfälschende Zitate ... die durchgehend (!) benutzte Methode" von Habermas. Als Superlativ schloß sich die Charakterisierung von Habermas' Vorwürfen gegen die „apologetischen Tendenzen" als „Totschlagargument" an. Und schließlich gelang Hildebrand die weltumstürzende Entdeckung, daß „der politische Kampf" begonnen habe, bei dem es Habermas darum gehe, „eine intellektuelle Vormachtstellung zu behaupten". Belege für diese Unterstellung individueller Hegemonialträume wurden, wen wundert's, nicht angeboten. Die allgemeinpolitischen Motive dieses Kampfes waren dagegen längst jedermann geläufig. Weiterhin wurde von Hildebrand wohlweislich verdrängt, daß er mit den anderen Kontrahenten von Habermas längst einen durch und durch „politischen Kampf" eröffnet hatte, ehe der Widerspruch einsetzte.

Nun ist es ein Ding, daß Hildebrand die scharfzüngige, zielgenaue Polemik, die zudem stilistisch ‚sitzt', nicht gelingen will. Die Loyalität gegenüber Hillgruber mag sein ungeschlachtes Poltern noch verstärkt haben. Ein anderes Ding ist es, wie er mit seinen Fachkollegen umsprang. An Martin Broszat und Hans Mommsen rügte er mit schulmeisterlicher Entrüstung die „teilweise lächerlichen, teilweise bösen Unterstellungen ... Andersdenkenden gegenüber". Auch so kann man sich die Argumente von Sachkennern, deren Überlegenheit manchem schwer erträglich ist, vom Leibe zu halten versuchen. Mit offenbar echter Empörung aber kanzelte Hildebrand Christian Meier ab, dessen Trierer Appell – Habermas in der „Hauptsache" ernstzunehmen, den Disput über Zitate aber hinabzustufen – ihm nicht nur „unverständlich" erschien. Vielmehr schlage dieses Verhalten sogar „ein neues Blatt in der ‚chronique scandaleuse' dieser Debatte auf". Mit ungemilderter Arroganz befand der Bonner Experte, daß Meiers Urteil, die nationalsozialistische Massenvernichtung gehe qualitativ über diejenige in der Sowjetunion hinaus, „eben nur eine Meinung" sei, „und im Falle des Althistorikers Christian Meier nicht einmal die Meinung eines Fachmanns". Der nicht einmal holde Wahn mancher Fachleute, über die richtige Deutung zu verfügen – wie oft war er allein während des „Historikerstreits" ad absurdum geführt worden?

Überraschen konnte es da nicht mehr, daß Hildebrands Ausflug in die vergleichende Argumentation wiederum kläglich mißglückte. Gegen den bewährten Grundsatz komparativer Forschung, daß beim synchronen Vergleich die Vergleichsgrößen kompatibel sein müssen: daß man also die Unmenschlichkeit eines okzidentalen Kultur- und Rechtsstaates nicht umstandslos mit den Massakern des „kambodschanischen Steinzeitkommunismus" vergleichen kann, wußte Hildebrand nur die lichtvolle Frage einzuwenden, wer denn schon wisse, was eine „rückständige oder ... fortschrittliche Kultur" sei. „Reicht zu solcher Kategorisierung die Elle der westlichen Modernisierung aus?" In der Tat, die empirisch-zivilisationsgeschichtliche und normative Explizierung des Modernisierungsgefälles reicht für einen sauberen, kontrollierbaren Vergleich aus. Sie ist vor allem seine unabdingbare Voraussetzung, die eine naiv vergleichende Auflistung von Hitler, Stalin, Pol Pot, Idi Amin und anderen „Tyrannen" ausschließt. Wer dagegen mit höhnischem Unterton resigniert oder sogar davor kapituliert, den Charakter von Unterschieden des Evolutionsniveaus präzise zu bestimmen, landet schnell in jener Nacht, in der auch alle Tyrannen gleich grau werden. Wie will man dann bloß den Verdacht glaubwürdig bestreiten, daß diese Parade gleich mörderischer Nachtschattengewächse eine apologetische Wirkung ausüben könnte, da die Singularität eines Fürsten der Finsternis gar nicht mehr erkennbar ist?

In einem Kommentar der „Welt" zu Hildebrands Expektoration hieß es, daß der „Historikerstreit in eine politische Schlammschlacht ausgeartet" sei. Da es selten genug vorkommt, verdient es festgehalten zu werden: Der Kommentar der „Welt" an dieser Stelle traf zu.[75]

8. In der Sache unnachgiebig: Ernst Nolte und der „Rattenkäfig" der „chinesischen Tscheka"

Mit Spannung durfte man dagegen eine neue Stellungnahme Ernst Noltes erwarten, denn da handelte es sich – erneut sei es betont – um einen Mann von ganz anderem Format. Kopfschütteln über seine assoziativen Thesen bildete allerdings inzwischen eine allgemeine Reaktion. Selbst ein so besonnen urteilender Journalist wie Hermann Rudolph von der „Süddeutschen Zeitung" fand Noltes Umgang mit der Judenvernichtung „unerträglich". Er mokierte sich über die „sehr spekulativen Theoreme Noltes", an die man eben „erst glauben" müsse, bevor sie auch nur einen „Hauch von Plausibilität" gewännen. Rudolphs unmißverständlicher Schluß lautete denn auch, „daß sich hier ein bedeutender Kopf verrannt hat".

In der Form äußerte sich Nolte in seinem abschließenden Beitrag in der „Zeit" vom 31. Oktober 1986 fraglos verbindlicher als zuvor. In der Sache aber nahm er keinen einzigen seiner strittigen Punkte zurück. Ergo noch einmal dasselbe wie zuvor:

- Der ominöse „Rattenkäfig", diesmal freilich präsentiert als „ein Verfahren in der Lubjanka". Von der Richtigkeit der Berichte darüber nach 1918 sei „Hitler offensichtlich ... überzeugt" gewesen.
- Das „qualitativ Neue" in der „Weltgeschichte", nämlich „die kollektivistische Schuldzuscheibung" durch die marxistische Geschichtsphilosophie und die dann nur konsequenten bolschewistischen „Vernichtungsmaßnahmen". (Apropos das „qualitativ Neue": Werden hundertjährige mörderische Konfessionskriege in Europa, während deren Unzählige, vom Neugeborenen bis zum Greis, wegen des ‚falschen' Glaubens erschlagen wurden, neuerdings nicht mehr zur Weltgeschichte zugelassen?)
- Die Neuartigkeit auch der „asiatischen" Praktiken der Folter und des sowjetischen „Klassenmord(s)" als „tiefste Wurzeln des Extremsten von Hitlers Handlungsimpulsen".
- Die Verteidigung, daß der GULag „schon deshalb ‚ursprünglicher'" sei, „da er dem Urheber von Auschwitz vor Augen stand" und nicht umgekehrt.
- Die Furcht davor, daß die NS-Zeit zum „negativen Mythos" werden könne, der eine Revision des Geschichtsbilds verhindern und „damit wissenschaftsfeindlich wird" – ja, der auch noch die politische Konsequenz entfalte, daß die Kommunisten als entschiedenste Gegner „am meisten recht hatten".
- Die bockig wiederholte Qualifizierung von Weizmanns

Hilfsangebot als eine „Art Kriegserklärung". Auch wenn sie „nicht im völkerrechtlich-exakten Sinn, wohl aber als Vorwegnahme einer künftigen Realität einer Kriegserklärung gleichkam" – Nolte wollte selbst hier mit seiner gequälten Verteidigungsakrobatik nicht einmal ausnahmsweise nachgeben – „läßt sich Internierung als eine Gegenmaßnahme begreifen", für die freilich – sancta simplicitas angesichts der Pogrome und Judengesetze bis 1939! – „die Regeln der Haager Landkriegsordnung" in Geltung treten mußten.

– Schließlich: Hitler und Himmler hätten sich „in kleinem Kreis" über die Judenvernichtung einschließlich der Frauen und Kinder insgeheim ausgelassen. „Die ‚Ausrottung der Bourgeoisie' und die ‚Liquidierung der Kulaken' wurden dagegen mit der größten Offenherzigkeit propagiert." Auch in dieser Hinsicht also noch ein ‚Plus' und Prius der Bolschewiki.[76]

Man braucht nicht auf alle Punkte von Noltes Wiederholungskatalog einzugehen. Einer aber soll herausgegriffen werden, da er von Anbeginn an in Noltes Überlegungen eine Schlüsselstellung einnahm: der „Rattenkäfig" der „chinesischen Tscheka" als ein auch Hitler zutiefst erschreckendes Beispiel „asiatischer" Methoden im Umgang mit Feinden.

„Da stellen wir uns zuerst einmal janz dumm", pflegte der alte rheinische Chemielehrer in Heinrich Spoerls „Feuerzangenbowle" zu sagen, ehe er, von unten eine Stufe nach der anderen erklimmend, den Wissensstoff an seine Pennäler weitervermittelte. Ein empirisch arbeitender Historiker, an dem jener Duft der großen, weiten Welt der „Philosophischen Geschichtsschreibung" unerreichbar fern vorbeiweht, beginnt mit der simplen Überprüfung von Noltes Angaben.

1. Diese Angaben sollen aus dem „verschollenen" Büchlein des russischen Sozialisten Sergej Melgunov stammen. Verschollen ist es keineswegs. Ein Griff in die Regale der Universitätsbibliothek fördert es sogleich zutage: S.P. Melgunov, Der rote Terror in Rußland 1918/1923, Berlin 1924; daneben die englische Fassung: The Red Terror in Russia, London 1925. Auch die Fernleihe schafft den Band mehrfach heran.

2. Da liegt es nun, verblüffend schnell gleich zweifach zugänglich. Man liest und liest. Schließlich stellt sich unzweideutig heraus, daß Melgunov selber kein einziges Wort über einen „Rattenkäfig" berichtet.

3. Wohl aber zitiert Melgunov Berichte über das barbarische Vorgehen der Bolschewiki, während der Bürgerkrieg tobte, aus dem Pamphlet eines geflüchteten Weißgardisten: aus R. Nilostonskys „Der Blutrausch des Bolschewismus" (in Berlin, ca. 1920, in zweiter Auflage mit angeblich schon 50 000 Exemplaren erschienen). Auch Nilostonsky ist nicht verschollen, sondern taucht nach ein paar Tagen dank der Fernleihe auf.

Nilostonsky glaubt, über die Lage im umkämpften Kiew im August 1919 verläßlich berichten zu können, daß dort der sogenannten Militär-Tscheka, einer Sonderabteilung der jungen sowjetischen Geheimpolizei, „hauptsächlich Chinesen, Letten und ... Hebräer" angehört hätten. Nun ist es nicht leicht zu entscheiden, ob zu jener Zeit ein chinesisch aussehender Mann tatsächlich aus China oder aus dem riesigen ostasiatischen Gebiet Rußlands stammte. Aufgrund der Fachliteratur kann jedoch als gesichert gelten, daß der Tscheka – aus welchen Gründen auch immer – auch Chinesen, ja chinesische Abteilungen angehörten. Gehen wir also davon aus, daß diese Information Nilostonskys über chinesische Tschekisten in Kiew hypothetisch akzeptiert werden kann.[77]

4. Was geschah im Sommer 1919 in Kiew? Dort wurden, Nilostonsky zufolge, in großen „Menschenschlachthäusern" auch „Tausende (!) dieser gräßlichen chinesischen Folterarten" von der Tscheka praktiziert. Das entscheidende Beispiel wird von ihm so beschrieben: „Der Gemarterte wurde an die Wand oder an einem Pfahl festgebunden, worauf ein mehrere Zoll breites Eisenrohr, wie man sie in Rußland zu den Samowars gebraucht, mit der einen Öffnung an eine Stelle seines Körpers gepreßt und entsprechend angebunden wurde. In diese Röhre wurde dann durch die andere Öffnung eine Ratte gesetzt, die Öffnung sofort mit einem Drahtnetz geschlossen und vor derselben Feuer angelegt. Das von der Hitze zur Ver-

zweiflung gebrachte Tier begann sich nun, um sich einen Ausweg zu bahnen, in den Leib des Unglücklichen einzufressen. Das Furchtbarste an dieser Marterung besteht noch darin, daß sich die Unglücklichen dabei im Laufe einer Reihe von Stunden, ja oft sogar bis zum nächsten Morgen quälten, ehe sie ihren Geist aufgaben."

5. Von einem „Rattenkäfig" mit einer „vor Hunger halb irrsinnig gewordenen Ratte" wird man unter Berufung auf Nilostonsky/Melgunov jetzt wohl nicht mehr sprechen können. Noltes Formulierung lehnt sich vielmehr deutlich an das Verhör von Winston Smith in Orwells „1984" an. Hat Nolte mithin Melgunov überhaupt gelesen, wird man da fragen dürfen? Oder hat er dessen Buch gleich als verschollen abgeschrieben? Hätte er, im Falle einer Lektüre, nicht auf Nilostonskys Broschüre stoßen und sich auf diese strittige Informationsquelle, auf Melgunovs einzigen Gewährsmann, berufen müssen? Auf welche „zahlreichen Stellen der antibolschewistischen Literatur über den russischen Bürgerkrieg" Nolte anspielt, wo sich Orwells (!) Folterbericht finde, der sogar aller Wahrscheinlichkeit nach nicht einmal aus der antibolschewistischen Literatur oder aus dem Gerüchtekessel über die Exzesse der „Roten" stammt, muß mangels konkreter Hinweise offen bleiben. Vielleicht fände sich dort eher Nilostonskys Version, die auf den Ergebnissen einer weißrussischen Untersuchungskommission zu basieren beansprucht? Das mögen die Experten entscheiden.

Vielleicht hat Nolte aber auch seine Geschichte aus George Leggetts Monographie über die Tscheka bezogen, denn diese Studie gilt zur Zeit als Standardwerk? Nolte erwähnt es zwar nicht, Leggett präsentiert jedoch eine gestraffte Fassung der Rattengeschichte, gibt freilich auch Melgunov als Hauptquelle an und verweist außerdem auf die Emigranten-Publizistik zum Thema ‚Torturen der Tscheka'. Leggett hebt die „Verläßlichkeit" von Melgunovs Berichten hervor, erlaubt sich aber doch eine gewisse, sagen wir: künstlerische Gestaltungsfreiheit im Umgang mit ihrem Inhalt. An der hier interessierenden Stelle stammt dieser nämlich nicht von Melgunov. Vielmehr handelt es sich um die soeben zitierte Kiewer Geschichte Nilostonskys, den Melgunov zur Illustration und Verstärkung der Anklage in sein Buch aufgenommen hat.

Nilostonsky kann – diese Erläuterung ist nötig – in seiner Broschüre gar nicht oft genug betonen, wie sehr sich die Bolschewiki, ob Rotgardisten oder Tschekisten, bei ihren Hinrichtungen, Folterungen, Vergewaltigungen „amüsiert" hätten. Woher er die Gewißheit für sein wiederholtes Urteil nimmt, verrät er nicht. Angeblich im Anschluß an Melgunov (realiter aber an die verstreuten Behauptungen Nilostonskys) schreibt nun Leggett, daß sich in Kiew die „einfallsreiche chinesische Tscheka-Abteilung damit amüsierte, eine Ratte in ein Eisenrohr zu stecken ..." usw. Wenn es diese Folter damals in Kiew gab, ist das greulich genug und bedarf keiner farbigen Ausschmückung, zumal nicht einmal Nilostonsky an dieser Stelle von „amüsieren" spricht. In der Formulierung Leggetts scheint daher das verbreitete Vorurteil von der angeblich angeborenen oder im „Nationalcharakter" verankerten sadistischen Grausamkeit der Chinesen, denen diese Torturmethode auch noch Vergnügen bereitete, hervorzutreten, denn die schwierige empirische Verifizierung des ‚Amüsements' erspart sich Leggett.[78]

6. Chinesische Angehörige von Feliks Dzierżyńskis berüchtigter Tscheka rechtfertigen es noch keineswegs, wie Nolte das tut, von „der ‚chinesischen Tscheka'" zu sprechen. Dazu nur drei knappe Feststellungen. Seit 1917 gab es in der jungen chinesischen Republik keine politische Geheimpolizei, die den Namen der bolschewistischen Geheimpolizei adoptiert hätte. Aus welchem nur halbwegs vernünftigen Grunde hätte das auch attraktiv sein sollen? Vor dem Gründungstreffen der chinesischen KP, in ihrer Formierungsphase und dann während ihrer frühen Entwicklung gab es ebenfalls keine Organisation der chinesischen Kommunisten, die zur Disziplinierung innerer Gegner bzw. zur „Bekämpfung der Konterrevolution" (wie der Auftrag der russischen Tscheka lautete) als eine Geheimpolizei fungierte und dabei als „Tscheka" firmierte. Damit entfällt jede Grundlage für Noltes geheimnisumwitterten Hinweis auf eine „chinesische Tscheka", von der die russische

Tscheka nicht später als im August 1919 die Rattentortur übernommen haben könnte.

Nur der Vollständigkeit halber sei hinzugefügt, daß die konsolidierte KPCh unter Mao und daß die Volksrepublik China ebenfalls keinen „Apparat" namens Tscheka besaßen oder besitzen. Schönfärberisch heißt dieser „Staatssicherheitsdienst" vielmehr „Abteilung für soziale Angelegenheiten". Übrig bleiben also von Noltes Paradebeispiel für „asiatische" Taten nur chinesische Mitglieder der sowjetrussischen Tscheka, deren ‚Rattenfolter' bisher empirisch ungesichert ist.[79]

7. Nicht klären ließ sich bisher, ob die Rattenmethode überhaupt zum traditionellen Instrumentarium der chinesischen Foltermethoden gehört oder – wenn sie denn in Kiew praktiziert worden ist – eine ad hoc erfundene Bestialität darstellt. Als traditionelle Folter ließ sich jedenfalls eine vergleichbare Verwendung von Ratten noch nicht verifizieren. Es gibt zwar im alten China bei der Folter zahlreiche Arten von Mißhandlungen, Schlägen, Verstümmelungen, die Verwendung von Nadeln und Giften, Eingrabungen und Einsperrungen, auch in Folterkammern und winzige Käfige oder – meinetwegen – rattenlochartige Kerkerzellen. Der „Rattenkäfig" ist aber noch nicht auszumachen, obwohl das natürlich nicht ausschließt, daß irgendeine Art der Folter mit Ratten im kaiserlichen China erfunden und praktiziert worden ist, so daß chinesische Tschekisten die Kenntnis dieser Martermethode mitbrachten. Die bisherige kurze Prüfung läßt die klare Beantwortung dieser Nebenfrage offen, sie bestätigt jedenfalls vorerst auch nicht den Gebrauch des „Rattenkäfigs". Die Chinaexperten mögen das klären. Mancher Psychiater könnte, wie das Freud bereits getan hat, die Rolle der verbreiteten Rattenphobie vermutlich auch noch exakter interpretieren.

Aus alledem drängen sich einige Fragen unabweisbar auf: Wie konnte ein erfahrener Historiker wie Ernst Nolte – „Philosophische Geschichtsschreibung" hin oder her – auf dieser, vorsichtig gesagt, außerordentlich schütteren, abschreckend schwankenden Grundlage seine luftige Konstruktion vom „Rattenkäfig" der „chinesischen Tscheka" errichten, um dieses vermeintlich weitbekannte Symptom grausamer asiatisch-bolschewistischer Vernichtungspraxis zu einem politischen Urerlebnis Hitlers, ja im nächsten Schritt in den Rang von „schlichten Wahrheiten“ zu erheben? Wie konnte er, anstatt dieses zentrale Beweisstück seiner Argumentation sorgfältig empirisch zu überprüfen, ungeniert fortfahren, etwas zu verteidigen, was in seiner Version doch eher im Schwebezustand zwischen möglicher Perversion und Phantom verharrt, als daß es eine „Wahrheit“ darstellt? War der Drang, die „asiatische“ Natur des Bolschewismus zu beweisen, so stark, daß die zahlreichen Untaten russischer, lettischer, georgischer Bolschewiki nicht genügten und der anrüchige „Rattenkäfig“ einer imaginären „chinesischen Tscheka“ die ‚Beweisführung‘ noch unterstützen sollte? Nährt dieser bescheidene empirische Test nicht begründete Zweifel daran, wie es um die Triftigkeit von anderen Nolteschen Argumenten, vor allem um die empirische Grundlage seines asiatischen Folter- und Vernichtungssyndroms, bestellt sein könnte? Abseits der „Philosophischen Geschichtsschreibung“ stellt man sich die mühselige Annäherung des Historikers an vergangene Wirklichkeit, erst recht an die „Wahrheit“, eigentlich anders vor.

9. Das wahre Motiv: Andreas Hillgruber und die „wohl gravierendste Kriegsfolge“

Zuguterletzt blieb nur noch Andreas Hillgrubers frühzeitig – am 23. August in der FAZ – angekündigte Generalabrechnung mit seinem neuen Kritiker aus. Sein Ende Oktober 1986 im „Rheinischer Merkur/Christ und Welt“ abgedrucktes Interview, in dem er zu den auch nicht mehr taufrischen, fingierten „Frageverboten“ mit teils starken, teils ausweichenden Worten Stellung nahm, konnte diese Antikritik nicht ersetzen; allerdings fanden sich dort einige aufschlußreiche, unten noch aufzugreifende Bemerkungen. Erst im Dezemberheft der Zeitschrift „Geschichte in Wissenschaft und Unterricht“ (GWU) machte er seinen Widerspruch der wissenschaftlichen Öffentlichkeit zugänglich.

Es war eine bunte Melange, die dort – wie man sehen wird – unter dem vielversprechenden Titel: „Jürgen Habermas, Karl-Heinz Janßen und die Aufklärung Anno 1986" präsentiert wurde. In ihr war jedoch auch ein Korn Falschgold verborgen: der erstmals offen beschriebene Anstoß und das zugegebenermaßen eigentliche, das entscheidende Motiv für Hillgrubers Abhandlung über Ostfront und Ostdeutschland im Jahr 1944/45![80]

Merkwürdigerweise verschenkte Hillgruber die Chance eines fesselnden Anfangs und hielt es statt dessen für opportun, auf einem offensichtlichen Nebenkriegsschauplatz zuerst ein Hühnchen mit dem „Zeit"-Redakteur Karl-Heinz Janßen zu rupfen. Janßen hatte, wie erinnerlich, Habermas' ersten „Zeit"-Aufsatz, dessen Stoßrichtung er voll zustimmte, auf der Titelseite den Lesern nachdrücklich empfohlen. Hillgruber stieß darob die Wehklage aus, daß die „Zeit" sein Büchlein nicht „von einem sachkundigen Rezensenten" habe besprechen lassen, sondern Habermas „die Chance" geboten habe, „politisch-agitatorisch meinen Band ... auseinanderzunehmen".

Die Schelte gekränkter Autoren, die sich von Rezensenten mißverstanden fühlen, ist das tägliche Brot von Zeitungs- und Zeitschriftenredakteuren. Hier ging es aber angeblich um weit mehr. Janßen hatte – mit einer offenbar unverfrorenen Selbständigkeit des Urteils – „der Habermas'schen ‚Abrechnung'", die Hillgruber zufolge „in der Sache nichts anderes ist als die Entfesselung einer politisch motivierten Rufmordkampagne gegen Michael Stürmer, Ernst Nolte Klaus Hildebrand und mich im Stile der noch allzu vertrauten APO-Pamphlete der Endsechziger Jahre", das Prädikat ‚in bester aufklärerischer Tradition' zu verleihen gewagt. Damit setzte Janßen, so spiegelte sich diese Auszeichnung in Hillgrubers Kopf wider, „seine Serie von Attacken gegen Neuzeithistoriker an bundesdeutschen Universitäten" fort – ein offenbar besonders fluchwürdiges Sakrileg –, sobald sie „nicht auf der von ihm selbstherrlich festgelegten einäugig moralisierenden ‚Linie' publizieren und argumentieren".

Als solche Streitfälle erwähnte Hillgruber:

1. Janßens Unterstützung für die Kritik des Göttinger (inzwischen Berliner) Historikers Bernd Sösemann an Karl-Dietrich Erdmanns Editionsmethode bei der Publikation der „Tagebücher“ des Bethmann Hollweg-Beraters Kurt Riezler (Göttingen 1972). Das Ergebnis: Bisher ein klassischer Sieg nach Punkten für Sösemann.

2. Janßens Unterstützung für den Schweizer Historiker Hänel, der Hermann Rauschnings bekannte „Gespräche mit Hitler“ (Zürich 1938 u.ö.) als geschickt fabrizierte Phantasiegespräche entlarven konnte und dabei auch T. Schieders nunmehr überholte Quellenstudie über Rauschning kritisierte. Das Ergebnis: Die schlüssige Entlarvung einer Quellenfälschung.

3. Janßens Unterstützung für die Kritiker einer Gruppe von Historikern, die den Nazis wieder einmal die Alleinschuld am Reichstagsbrand zugewiesen hatten. Unter ihnen tat sich besonders der Schweizer Walther Hofer hervor, aber Hildebrand, Erdmann, Bracher, Repgen u.a. gehörten auch zu dem Renommier-Komitee des berüchtigten, inzwischen angeblich flüchtigen Edouard Calic. Das Ergebnis: Der überzeugende Nachweis einer vielfachen Quellenfälschung.

4. Hinzunehmen sollte man wohl auch noch Janßens Unterstützung für Fritz Fischer in der berühmten, 1961/62 einsetzenden Debatte über die Kriegsziele Deutschlands im Ersten Weltkrieg, mit denen sich Janßen als Autor eines ungefähr gleichzeitig erschienenen informativen Buches über eben dies Thema vorzüglich auskannte, während Hillgruber zuerst zu den (wenigen maßvollen) Kritikern Fischers zählte. Das Ergebnis: Rund Dreiviertel der Interpretation Fischers und seiner empirischen Beweisführung sind inzwischen in die internationale Forschung als konsensfähig eingegangen.

Normalerweise würde man eine solche erquickliche „Serie“ von Erfolgen in harten Kontroversen, die von bitterster Kritik begleitet waren, also auch Zivilcourage verlangten und außerdem durch die Nebelschwaden irreführender Argumente den Blick auf den jeweiligen „nervus rerum“ außerordentlich erschwerten, voller Respekt anerkennen. Anders Hillgruber: Er lamentierte nur über das Faktum der Attacken, ohne überhaupt den Ausgang auch zu Janßens Gunsten zu erwähnen. Wie oft muß eigentlich ein Journalist, der zudem ein ausgewiesener Fachhistoriker ist, recht behalten, bis ein Mann wie Hillgruber – auch wenn seine Sympathie dem einen oder anderen der Kritisierten galt – diese Leistung fair anerkennen kann?

Überhaupt hatte Hillgruber seine lieben Schwierigkeiten mit der hierzulande praktizierten Pressefreiheit. „Es ist ein Zeichen für die totale Verwahrlosung dessen, was als ‚politische Kultur' gerade in der sich liberal gebenden Wochenzeitung ‚Die Zeit' immer wieder gefordert wird", lamentierte er lautstark, „wenn sich diese Zeitung als Forum für die Habermasschen Aggressionen gegen vier deutsche (!) Historiker hergibt". (Wär's bei vier russischen, französischen oder ostdeutschen Historikern recht gewesen?) Selbst das freie Forum der Leserbriefe sei exzessiv ausgenutzt worden, denn der Tenor dieser Briefe lief auf „eine einzige Abfolge von Verunglimpfungen der attackierten Historiker" hinaus. Freimütige Kritik erscheint einem Mandarin stets als Majestätsbeleidigung. Wäre der Unisono-Beifall einer unkritischen Claque bei einer so grundsätzlichen Diskussion tatsächlich erwünscht gewesen? Hätte er der „Zeit" den Vorwurf geheuchelter Liberalität erspart? Die Bejahung des offenen Konflikts widerstreitender Meinungen kam in dem Stoßseufzer jedenfalls nicht überzeugend zum Ausdruck, „daß sich die Redaktion der Zeitung nicht zu schade war, dieses und andere Elaborate gleichen ‚Niveaus' zu publizieren"![81]

Erst mit der larmoyanten Wiederholung von Stürmers Jammerruf, „wir vier" seien jetzt auf die „Proskriptionsliste" gesetzt worden, begann Hillgrubers direkte Auseinandersetzung mit Habermas. Unglücklicherweise hielt er es für richtig, auf jeden Hauch von Selbstkritik, etwa an dem äußerst mißverständlichen Untertitel seines „Untergang"-Büchleins, ganz so zu verzichten wie auf die Korrektur mißverständlicher Argumente, die Konzession eines Fehlers, die Modifizierung von anstößigen Formulierungen. Wäre diese Replik, die rund ein halbes Jahr nach Beginn des Streites erschien, nicht der geeignete Ort gewesen, sich wenigstens von dem Klappentext klipp und klar zu distanzieren oder doch die Frage der Urheberschaft klarzustellen? Hätte nicht jedes klärende Wort die Diskussion von fatalem Ballast befreit?

Nichts von alledem. Hier regierte vielmehr die unangefochtene Selbstgerechtigkeit, die rechthaberische Verteidigung jeder Schwachstelle, die Unfähigkeit zum Dialog, der ja durchaus mit scharfen Klingen geführt werden kann. Genügte statt kontrollierter Argumente, die gegen argumentative Einwände dringend erwünscht sind, nur die Demonstration einer unkontrollierten Empörung? Grundsätzlich hatten Habermas' Kontrahenten und ihre wenigen Verteidiger in der Bereitschaft zur Revision gängiger Urteile, sobald überlegene Argumente und neue empirische Evidenz sie erfordern, zu Recht ein allgemein unstrittiges, fast banales Prinzip freier wissenschaftlicher Arbeit gesehen. Wo blieb nach soviel sachkundigem Widerspruch diese Lernfähigkeit und diese Revision der Interpretation in Hillgrubers Verteidigungsplädoyer?

Sie glänzten von vornherein durch Abwesenheit, als Hillgruber sich gegen Kritik an seiner Ausdrucksweise und an seinem Stil wehrte. „Habermas spielt", höhnte er, „den sprachlich Sensiblen, wenn er aus dem Untertitel . . . eine Verharmlosung ‚des Judenmordes' herauszulesen vorgibt". Denselben hämischen Vorwurf wiederholte er wenig später, da Habermas den fehlenden Konjunktiv („könnte") bei Hillgrubers Auslassung über die Hitlerschen Weltreichspläne moniert hatte. Daß alle, die Habermas beisprangen, diese Sensibilität für unabdingbar notwendig hielten, daß zahlreiche Leser der Debatte das Erschrecken über die fehlende sprachliche Sensibilität teilten, schien Hillgruber wenig zu stören; er hielt diesen Schrekken für arglistige Heuchelei, für noch einen weiteren bösartigen Vorwand, um „Rufmord" zu betreiben.

Besäße Hillgruber doch nur ein Quentchen von den stilistischen Fähigkeiten seines Kritikers! Vermutlich hatte er – unvernünftig ist diese Annahme nicht – gerade seine Antikritik besonders sorgfältig ausgefeilt, zumal der gravierende Vorwurf, „den sprachlich Sensiblen" zu spielen, jeden Leser folgerichtig auf Hillgrubers eigenen Stil erneut aufmerksam machen mußte. Seine Mammutsätze über mehr als ein Dutzend Druckzeilen hinweg, die zahlreichen eingeschobenen Nebensätze und Parenthesen sind hier – wie auch öfters sonst in seinen Texten – schon eine rechte Plage. Warum Hillgruber außerdem den falschen umgangssprachlichen Konditionalis mit „würde" („ich würde ...", „es würde mir") gleich viermal hintereinander anstelle der referierenden indirekten Rede gebrauchte, bleibt ein Geheimnis seiner Sprachkunst. Da Hillgruber das Proseminar als Durchlauferhitzer für den wahren deutschen Diskussionshelden so innig liebt, genügt die Feststellung, daß in jedem ordentlich geleiteten Proseminar diese vier Stellen mit Rotstift korrigiert worden wären.[82]

Wie immer man es auch dreht und wendet, der Vorwurf geheuchelter sprachlicher Sensibilität wird wohl so lange auf Hillgruber zurückfallen, bis er zumindest die bedrückende Entgegensetzung von der „Zerstörung des deutschen Reiches" und vom „Ende des europäischen Judentums" zurücknimmt, bis er sich von dem anonymen Verfasser des Klappentextes für sein Buch unzweideutig distanziert, bis er die Rettungsbedürftigkeit aller Deutschen im letzten Kriegsjahr klarstellt, bis er die Männer des 20. Juli 1944 nicht mehr als „Gesinnungsethiker" charakterisiert usw. usw.

Dieser Auftakt ließ nicht viel Gutes ahnen, und die böse Ahnung wurde durch Hillgrubers Äußerungen zur Sache bestätigt, nachdem er noch einige Habermas unterstützende Stimmen barsch abgekanzelt hatte, ohne auf ein einziges Argument einzugehen (als Kostprobe: ein „von persönlichen Verunglimpfungen strotzendes Elaborat", „das unsäglich dümmliche Machwerk").

Dann erst kam er auf den „Skandal" zu sprechen, „denn das Agieren von Habermas kann nicht anders als skandalös genannt werden" – sowohl „unter wissenschaftlichen Aspekten" als auch „in publizistischer Hinsicht", natürlich auch „im Blick" auf die hier wiederum strapazierte „‚politische Kultur'". Anstatt überzeugungsstarke Argumente anzubieten, kaprizierte sich Hillgruber auf den Versuch, als den gemeinten Skandal die „teils raffinierte, teils plump manipulierte Montage" von Zitaten und Thesen nachzuweisen, damit dem „Philosophen die scheinbar wissenschaftliche Ausgangsbasis für seine Argumentation weggezogen" werden könne.

Hillgruber entdeckte bei seinem zweiten Anlauf, Habermas als wissenschaftlich unredlichen „Agitator" zu marginalisieren, in jenen bereits erwähnten Passagen, in denen Habermas Hillgrubers Referat von Christof Dippers und Hans Mommsens Thesen wiederum referiert hatte, „Zitat-Manipulationen", obwohl Habermas' erster „Zeit"-Aufsatz an dieser Stelle mißverständliche Zitate aus Hillgrubers Büchlein nicht enthielt. Hillgruber wollte sich noch immer nicht der Einsicht öffnen, daß ein Zeitungsaufsatz zu einer anderen Textsorte als eine wissenschaftliche Abhandlung gehört. Habermas mußte deshalb nicht, wie vorn erörtert, in Anmerkungen die exakte Herkunft der referierten Thesen nachweisen. Sinnentstellend kann sein Referat nicht genannt werden. Um die sinngerechte Wiedergabe aber ging es in diesem Zeitungsaufsatz.[83]

Um keinen Hauch besser gelang Hillgruber sein Defensivmanöver, als er auf seiner Formulierung, daß sich ostdeutsche „Hoheitsträger" der NSDAP in den Krisenmonaten von 1944/45 zum Teil „bewährten", beharrte. Habermas, der nicht auf die erneut versagenden Parteifunktionäre, die auch Hillgruber erwähnte, hingewiesen, sondern zu Recht gerügt hatte, daß Hillgruber aus den ‚Goldfasanen' überhaupt die „bewährten Hoheitsträger" hervorhob, bekam jetzt zu hören, daß sich der „angeblich sprachlich so hypersensible" „Philosoph als Agitator" eine „besonders üble Präparation", eine „den Sinn der Aussage verfälschende ... Zitation" erlaubt habe. Auf die Frage, ob es gerechtfertigt war, jene wenigen braunen Bonzen, die buchstäblich in letzter Minute mit ihrer Entscheidungsgewalt etwas halbwegs Vernünftiges anzustellen versuchten, in einer knappen Abhandlung überhaupt zu erwähnen, ist vorn schon eingegangen worden. Hätte Hillgruber nicht wenigstens jetzt den Seltenheitswert solcher Aktionen zugeben und ein anderes Wort als den Parteiausdruck „Hoheitsträger“ wählen können? Wahr ist: Dieser „ridiküle Wortstreit um sekundäre Tugenden“ bestätigte noch einmal, wie Habermas konterte, „Hillgrubers mangelnde Distanz zu jener ganzen Sphäre. Gerühmt wird eine Feuerwehr, die selbst den Brand gelegt hatte.“[84]

Matt fiel Hillgrubers Selbstverteidigung aus, als er auf die englische Kriegszielpolitik zu sprechen kam, die er vordem wegen der geplanten Gebietsamputationen zugunsten eines „Großpolen“ mit anklagendem Unterton beschrieben hatte. „Daß Habermas das Anti-Preußen-Klischee teilt“, hieß es nur, „das ich als Basis der englischen Kriegszielpolitik gegenüber Deutschland dargelegt habe, wundert mich nicht“. Wiederum aber zur Sache selber kein einziges erläuterndes Wort, das die einseitigen Vorwürfe gegen die Londoner Kriegsziele zurechtgerückt hätte. Vielmehr wiederholte Hillgruber, daß er doch die „Fragwürdigkeit der damaligen britischen Deutschlandpolitik ... mindestens ebenso deutlich“ betont habe wie die der Sowjetunion.

Bereitwillig begab sich dagegen Hillgruber auf das Glatteis des Vergleichs, indem er zuerst Fests „bedeutsamen Beitrag zur Rückkehr zu einem wissenschaftlichen ‚Diskurs‘“ rühmte, ehe er auf der „Schlüsselfrage“ des Vergleichs „der nationalsozialistischen Massenverbrechen, vor allem des Massenmordes an den Juden in Europa, mit Massenverbrechen anderer Regime, insbesondere in der Sowjetunion“ insistierte. Daß er damit ein klassisches Thema der Totalitarismusforschung anschnitt, wurde mit keinem Wort erwähnt. Wohl aber schlug Hillgruber jetzt sogar eine Klinge für Noltes These, da sich auch seiner Meinung nach die „Frage nach der Genesis des Vernichtungswillens Hitlers und des Zusammenhangs mit den Vernichtungspraktiken im bolschewistischen Rußland ... unausweichlich“ stelle. Nach diesem aufmunternden Appell, Noltes Holzweg zu beschreiten, blieb für „Habermas und seine Mit- und Nachläufer“ – also nach dem Stand der Diskussion auch für Hillgrubers Historikerkollegen Broszat, Jäckel, Kocka, Hans Mommsen, Wolfgang Mommsen, Winkler u.a. mehr –

nur noch die gerade bei dieser kompetenten Gruppe nicht sonderlich überzeugende Schelte übrig, „einem in der wissenschaftlichen Diskussion längst zugunsten differenzierterer Aussagen überwundenen klischeehaftem ‚Bild' vom ‚Dritten Reich'" anzuhängen. Wer Klischees aber tatsächlich anhängt, ist noch zu erörtern.

Zunächst unterstreichen Formulierungen in einem von Hillgruber vorgeschlagenen Katalog von vier diskussionswürdigen Problemen, welche Maßstäbe er dabei anzulegen gedenkt. Zum Beispiel: Beim Vergleich von Stalins („übrigens zeitlich weit vorausgehende(n)"!) und Hitlers „Massenverbrechen" müsse sich der Historiker im Hinblick auf die Praxis und ihre Folgen (auch kontrafaktisch: etwa im Falle eines deutschen Sieges) entscheiden, ob er Stalin ‚milder' beurteilen könne als „die Verbrechen gleicher (!) ‚Qualität'" des NS-Regimes. Oder aber: Die seit 1945 „fast rituell gewordene These", daß die Judenvernichtung singulär sei, fuhr Hillgruber in einem Stil fort, den mancher als unerträglich empfinden wird, „erschwert, da sie denjenigen, der an der ‚Singularitäts'-These aus wissenschaftlichen Gründen Zweifel anmeldet, unter moralischen Verdacht stellt, die Bemühungen der Historiker, die Vergleichbarkeit zu prüfen". Wenn doch nur *ein* einziger der „vier deutschen Historiker" in den letzten Jahren einen methodisch sauberen Vergleich mit Hilfe angemessener Parameter vorgenommen hätte! Sollen lockere Hinweise auf Pol Pot und Idi Amin, auf den „Rattenkäfig" der „chinesischen Tscheka" und die „Hitlerzeit" jedes größeren Volkes als komparative „Bemühungen" gelten?[85]

Zu keiner rationalen Erörterung mochte sich Hillgruber entschließen, als er auf Habermas' Kritik an dem vertrackten Identifikationsvorschlag einging, der selbst einem auf Vermittlung bedachten Historiker wie Christian Meier als rätselhafter Irrweg in ein Hillgruber unvertrautes Gelände erschienen war. In der Sache wiederum unbelehrbar, im Urteil von jeder Kenntnis hermeneutischer und wissenschaftstheoretischer Probleme unberührt, demonstrierte Hillgruber erneut Verständnislosigkeit mit seiner Lesart: „Der Philosoph maßt sich dabei an" zu entscheiden, „welche Perspektive für den Historiker legitim sei, welche nicht". In der Tat lassen sich manche Interpretationsperspektiven rational vorzüglich legitimieren, andere dagegen so gut wie gar nicht, so daß dann oft nur der Sprung in die Dunkelheit eines emotional attraktiven Dezisionismus übrig bleibt.

Statt wenigstens – wenn auch in diametralem Gegensatz zu dem Stand der Theoriedebatte unter Historikern, aber gespannt wäre man ja – einen Versuch zu unternehmen, die eigene Identifikationsentscheidung im nachhinein argumentativ ein wenig zu rechtfertigen, von einem Verzicht auf diese unhaltbare Position ganz zu schweigen, schnitt Hillgruber weiteres Nachdenken mit gekünstelter Aufregung durch eine ebenso artifizielle rhetorische Frage ab. „Soll hier – im Widerspruch zu unserer liberalen Verfassung – eine Vorschrift erlassen werden", argwöhnte er, „was Historiker dürfen und was nicht? Hier wird die Anmaßung besonders greifbar, wie sie den ganzen Aufsatz von Habermas durchzieht." Mit fiktiven Frageverboten und Vorschriften hatte es also, jetzt unter pompöser Berufung auf Artikel 5 des Grundgesetzes, noch immer kein Ende, obwohl doch nur die methodische Schwachstelle einer rational nicht legitimierbaren Urteilsperspektive, nur eine exaktere Auskunft über die verlangte „Identifizierung" zur Debatte stand.[86]

Warum Hillgruber sich nicht auf eine Legitimation, geschweige denn auf eine Revision seines Identifizierungspostulats einlassen wollte, machte er jedoch nach einem Bekenntnis zu seiner „konservativen ... Grundhaltung" jedem Leser deutlich, als er das Hauptmotiv preisgab, das ihn zu dem Aufsatz über die Ostproblematik 1944/45 bestimmt hatte. Was könnte wohl, wird man in Abwesenheit von Frageverboten fragen dürfen, als Ausfluß einer solchen bewußt konservativen Grundhaltung verstanden werden? Hillgruber selber gab die Antwort. Bereits im „Rheinischen Merkur" (31. Oktober) hatte er das im Kontext des Streits nicht ohne weiteres verständliche „notwendig(e)" (!) Ziel beschrieben, die neuere deutsche Geschichte „als eine Entwicklung darzustellen", die auch „auf ein Gesamtdeutschland auf der Basis des Selbstbestimmungsrechts" hinlaufe, „das es eines Tages zur Geltung bringen heißt. Das erscheint mir", betonte er dort, als „eine nicht nur historisch, sondern auch politisch notwendige Perspektive."

Dieser Satz enthüllt nicht nur eine erstaunliche Zielvorgabe für eine freie, geschichtsphilosophisch undogmatische Geschichtswissenschaft, sondern auch eine ebenso bemerkenswerte politische Prognose von einem Historiker, der sich auf diesem weiten Feld gemeinhin mit Bedacht zurückhält. Verständlicher wurde dieser historische und politische Fixpunkt erst durch die Bekenntnisse einer gekränkten Seele in GWU. „Es war eine ... zutreffende ... Feststellung von Alfred Heuss in seinem Buch ‚Versagen und Verhängnis. Vom Ruin deutscher Geschichte und ihres Verständnisses'", gestand Hillgruber mit schöner Offenheit, „die bei mir den Entschluß reifen ließ, dieses Thema (Ostfront 1944/45, H.-U. W.) zum Gegenstand zunächst eines größeren Vortrags bzw. Aufsatzes zu machen: es gehöre – so Heuss – ‚die schwache Sensibilität über die wohl gravierendste Kriegsfolge (d.h. die Vertreibung der Ostdeutschen aus den Ostgebieten und ihr Verlust, A.H.) zu den merkwürdigsten Phänomenen des derzeitigen Deutschlands'". Mehr noch: Im Anschluß an diese „zutreffende Feststellung" von Heuss, erläuterte Hillgruber, sei zuerst sein Aufsatz entstanden, der jedoch auch als „Vorgriff auf eine größere Darstellung" verstanden werden solle.[87]

Nun ist es hier ein trauriges Nebenproblem, daß ein ehemals angesehener Altertumswissenschaftler wie Alfred Heuss keinen Freund zu besitzen scheint, der ihn vor der Veröffentlichung dieser kenntnislosen, ressentimentgeladenen, von jeder Altersweisheit sorgfältig gereinigten Tirade abgehalten und damit verhindert hat, daß Heuss seine Reputation durch mißratene Publizistik untergräbt. Gar kein nebensächliches Problem aber ist die Entscheidung Hillgrubers, Heuss' abwegige Meinung über die „wohl gravierendste Kriegsfolge" explizit zu billigen, ja sie als Leitstern für seinen umstrittenen Aufsatz und obendrein noch für die drohende „größere Darstellung" zu aktzeptieren. Denn diese eher beiläufig erwähnte Zustimmung zu einem skandalösen Urteil provoziert notwendigerweise eine Fülle von Fragen, welche nicht etwa nur Heuss, sondern auch und gerade die Urteilskriterien eines Experten wie Hillgruber betreffen.

Wenn „Anno 1986" der Verlust der deutschen Ostgebiete mit der Vertreibung von Millionen Deutschen als „wohl gravierendste Kriegsfolge" hingestellt wird: Wo bleibt da der „Holocaust", diese einzigartige Massenvernichtung von mehr als sechs Millionen Juden? Wo bleiben die 21 Millionen toter Russen als Folge eines barbarischen Krieges, mit dem Hitlers Deutschland das Land vier Jahre lang überzogen hat? Wo bleibt die Tatsache, daß jeder fünfte Pole und Jugoslawe im Zweiten Weltkrieg umgekommen ist? Wo bleibt die Massenliquidation von Kindern, Frauen und Greisen, von slawischen „Untermenschen" und Zigeunern? Wo bleibt die irreparable Zerstörung jenes alten Europa, das erst in der sechsjährigen barbarischen Endphase seines neuen Dreißigjährigen Krieges von 1914 bis 1945 in Agonie versank?

Wo bleibt überhaupt ein abwägendes Urteil, das zu Recht vom Historiker des NS-Regimes und des Zweiten Weltkriegs erwartet wird? Soll die zum Extrem gesteigerte blamable deutsche Nabelschau und die deprimierende Selbstbemitleidung jetzt wirklich dazu verführen, daß das beispiellose Vernichtungswerk des nationalsozialistischen Deutschland mit all dem namenlosen Elend hinter der selbstverschuldeten Abtrennung deutscher Ostgebiete und der Vertreibung als der neuerdings „gravierendsten Kriegsfolge" zurücktritt? Und wie weit, bitte, soll es zurücktreten? Ins zweite Glied offenbar – oder sogar ins dritte? Wenn Stürmer bereits Dresden mit Hiroshima vergleicht, warum dann nicht auch die Leiden der deutschen Zivilbevölkerung an die zweite Stelle rücken? Wenn die Urteilsmaßstäbe so zu verschwimmen drohen, wird dem Mißtrauen Tür und Tor geöffnet.

Wichtiger noch als andere Klarstellungen, die vorn bereits von Hillgruber erwartet wurden, ist jetzt eine unzweideutige Auskunft darüber, ob ihm „nur" ein neuer Lapsus unterlaufen ist oder ob er in der Tat an seiner neuen Hierarchie der

Kriegsfolgen festhalten will, die den deutschen Angreifern und Mördern par excellence zubilligt, daß sie selber die „wohl gravierendste Kriegsfolge" erlitten haben?

Dieser eine Bekenntnissatz von Hillgruber enthüllt außerdem, daß das Unbehagen des „hypersensiblen" Philosophen noch weit berechtigter war, als Habermas selber im Sommer 1986 bewußt sein konnte. Er argwöhnte vielleicht schon, daß nur die Spitze eines Eisbergs aufgetaucht sei. Hillgrubers Leitperspektive bestätigt im nachhinein Habermas' Skepsis. Was aber stünde uns erst bevor, wenn Hillgruber die angekündigte „größere Darstellung" im Lichte des Heuss'schen Urteils schriebe? Was geschähe, wenn er dabei mit seiner Identifikationslust erneut in den methodischen Morast geriete? Ein derart naiver Treitschkeanismus, der die Identifikation mit dem Reich, dem Heer und der Nation, welche die „wohl gravierendste Kriegsfolge" erlitten habe, explizit fordert, ist am Ende des 20. Jahrhunderts nicht nur wissenschaftlich rückständig, sondern auch politisch gefährlich.

V. Vier Streitpunkte

Ehe der Versuch unternommen wird, ein Jahr nach dem Beginn des „Historikerstreits" eine vorläufige Bilanz zu ziehen, lohnt es sich, auf vier Streitpunkte eigens einzugehen. Sie sind zum Teil vorn schon ausführlicher erörtert worden, so daß nur noch einmal einige Grundprobleme betont zu werden brauchen; zum Teil werden sie hier nach einigen vorhergehenden Anspielungen eingehender behandelt.

1. Der mißbrauchte Vergleich

Obwohl die vergleichende Problemanalyse zu den schwierigsten Künsten des Historikers gehört, hat während des „Historikerstreits" eine auffallend plumpe Form des mißbrauchten Vergleichs eine erhebliche Rolle gespielt. Seit mehr als vier Jahrzehnten steht der Vergleich von faschistischen und kommunistischen Systemen geradezu im Mittelpunkt der Totalitarismusforschung. Man kann über das Kategoriengerüst, die wissenschaftstheoretischen und vor allem die politischen Prämissen, auch die Ergebnisse dieser Anstrengungen diametral entgegengesetzter Meinung sein. Unbestreitbar aber bleibt die Tatsache, daß die sogenannten totalitären Staaten durchweg in vergleichender Perspektive untersucht worden sind. Der vergleichende Ansatz gehört fraglos zum essentiellen Instrumentarium der Totalitarismusforschung.

Von den vier kritisierten Historikern wurden dagegen dem Leser verschiedene Vergleiche so sehr ans Herz gelegt – etwa der Vergleich Hitlers mit Stalin und Pol Pot, der Vergleich der Vernichtungspraxis im GULag und in Auschwitz –, daß ein mit der Materie nicht näher vertrauter Interessent den Eindruck gewinnen konnte, hier werde eine bewundernswürdige Entdeckung taufrisch präsentiert. Von einer Novität konnte jedoch keineswegs die Rede sein, da es z.B. auch um eine schon längst vertraute Problematik der Totalitarismusforschung ging. Unkenntnis dieser Forschungsrichtung kann bei diesen umstrittenen vier professionellen Historikern als äußerst unwahrscheinlich gelten. Daher drängt sich die Vermutung auf, daß politische Motive der Relativierung des Nationalsozialismus, der Einebnung jener qualitativen Unterschiede, die ihn von anderen Diktaturen unterscheiden, einen maßgeblichen Einfluß ausgeübt haben. Die damit verknüpften Zielvorstellungen sind vorn bereits skizziert worden und werden unten (VI.) noch einmal charakterisiert.

Wird der geschichtswissenschaftliche Vergleich aber ernstgenommen, mithin nicht von vornherein in den Dienst durchsichtiger politischer Zwecke gestellt, müssen bei einem synchronen Vergleich die Vergleichsgrößen ‚stimmig' sein. Deutschland muß, heißt das in diesem Zusammenhang, in erster Linie mit westlichen Ländern verglichen, an den politischen Normen, den rechts- und verfassungsstaatlichen Traditionen, den Werten des Christentums, des Humanismus und der Aufklärung – kurz: an dem mühsam erreichten zivilisatorischen Evolutionsniveau des okzidentalen Kulturkreises, dem es angehört, gemessen werden.

Entscheidet man sich dagegen für den ungleich schwierigeren diachronen Vergleich, ist höchste Wachsamkeit geboten. Die Gemetzel, welche die Stammeskrieger Idi Amins oder die Roten Khmer Pol Pots mit modernen Waffen vollzogen haben, sind für einen Vergleich mit der industrialisierten Vernichtungsmaschinerie des „Dritten Reiches" denkbar ungeeignet. Aber Pol Pot und andere barbarische Diktatoren schienen jetzt gerade zupaß zu kommen, um die Allgegenwart des Terrors, als anthropologische Konstante, gegen die Singularität des Nationalsozialismus ausspielen zu können.

Bei der Ausbeutung solcher Vergleiche ging es bekanntlich vor allem um eine dubiose doppelte Kausalität:

– Einmal wurden der marxistische Vernichtungsgedanke und die bolschewistische Vernichtungspraxis als das Vorbild für Hitler und die nationalsozialistische Führung hingestellt.

– Zum zweiten wurden beide, vor allem die „asiatischen“ Exzesse der frühen Sowjetunion, als eine Bedrohung stilisiert, der nach der verzerrten Wahrnehmung Hitlers und Gleichdenkender mit vielfach gesteigertem Terror prophylaktisch begegnet werden mußte.

Von der behaupteten Kausalität ist im Verlauf der Kontroverse nicht viel übrig geblieben. Die entscheidende soziokulturelle und politische Prägung Hitlers und der führenden Nationalsozialisten fällt nun einmal in die Zeit vor 1914 bzw. 1918. Der pervertierte Klassenkampf der Bolschewiki hat die bereits vorhandenen Vorurteile und Perzeptionsmuster höchstens bestätigt. Mit einer heideggerianischen ‚Ursprünglichkeit‘ des Stalinschen GULag, der überdies in mancher Hinsicht bruchlos an die allseits bekannte zaristische Verbannungspraxis anzuknüpfen schien, ist ein geschichtswissenschaftlicher Nachweis für die Imitation in Gestalt der qualitativ andersartigen deutschen Vernichtungslager nicht zu führen.

Tiefe Verblüffung mußte es außerdem auslösen, daß mehrere gestandene Zeithistoriker bei dem von ihnen gewählten Vergleich zwischen bolschewistischer „Kulakenvernichtung“ und nationalsozialistischem Genozid oder rassistisch motivierter Liquidation in auffälliger Übereinstimmung jeder genaueren Kenntnis der frühen sowjetischen Bauernpolitik entbehrten. Hierzu nur einige Hinweise in aller Kürze, da man jetzt die wesentlichen Probleme in dem gedrängten Überblick von Stefan Merl bequem kennenlernen kann. Mit Kulaken waren keineswegs nur die „russischen Großbauern“ gemeint, wie unter anderem auch der Bonner Zeithistoriker Hildebrand behauptete, vielmehr Bauern mit denkbar unterschiedlicher Besitzgröße. Unstrittig ist, daß sie während der Kollektivierungskampagne häufig erbarmungslos vor die Alternative gestellt wurden, auf ihr Privateigentum zu verzichten und sich der staatlichen Kolchose anzuschließen oder Repressalien zu gewärtigen. Stimmten sie zu, konnte das Verhör schnell ein Ende nehmen. Zögerten sie oder lehnten sie ab, drohte die Reduzierung oder der Entzug der Lebensmittelrationen, der Abtransport in Zwangsarbeitslager, oft auch die unmittelbare physische Liquidation. Millionen sind dabei auf die eine oder andere Weise umgekommen. Daran gibt es nichts zu beschönigen oder abzuschwächen. Über diese sowjetische Bauernpolitik konnten sich die Zeithistoriker schnell sachkundig machen, ehe sie eine pauschale „Kulakenvernichtung" mit der NS-Praxis gleichsetzten.[88]

Der entscheidende Punkt ist jedoch, wenn man die vielfach gestaffelten Reaktionsweisen der Sowjets auf das bäuerliche Verhalten endlich zur Kenntnis genommen hat, daß im Prinzip (von der spontanen Grausamkeit lokaler Potentaten oder „fliegender" Kommandoeinheiten einmal abgesehen) viele der russischen Bauern Optionen besaßen, unter denen sie unter unterschiedlichem Druck noch wählen konnten – so niederschmetternd für sie auch die günstigste Option: das Überleben im Kollektiv sein mochte. (Auf dem Höhepunkt der Hungerkatastrophe, ob sie nun herbeigeführt oder akzeptiert wurde, entfielen freilich so gut wie alle Optionen.)

Kein Jude dagegen, den die deutschen Häscher auf ihrer Jagd zum Auffüllen der Vernichtungslager gefangen haben, hat je irgendeine Optionschance besessen. Ob Frau, ob Neugeborenes, ob Greis – jeder wurde sofort liquidiert oder in die todbringenden Lager „verbracht". Wie man diesen prinzipiellen Unterschied als Zeithistoriker verwischen kann, wirft viele bittere Fragen auf. Fest steht jedenfalls: Weder kann es mit der Kenntnis der bolschewistischen Kulakenpolitik gut bestellt gewesen sein, noch ist auf die prinzipiellen Unterschiede zwischen ihr und dem NS-Genozid aufmerksam gemacht worden.

Beides ist bei Berufshistorikern nicht leicht zu erklären. Genügte etwa die oberflächliche Ähnlichkeit von Schikane, Lagerleben und Mord, um die Parallele zwischen „Kulakenvernichtung" und „Judenvernichtung", mit Sachkenntnis offenbar wenig belastet, so unbedenklich zu ziehen? Ging es nur um einen weiteren oberflächlichen Beweis der Affinität, ja Identität von rotem und braunem Terror, hervorgebracht von einem Eifer, der jeden sorgfältigen empirischen Vergleich verdrängte? Wie dem auch sein mag: Der Vergleich ist nicht für seinen vornehmsten Zweck, die sorgfältigere, verläßlichere Herausarbeitung von Unterschieden und Gemeinsamkeiten, eingesetzt, sondern – so sieht es bisher aus – bei der plakativen, grobschlächtigen Betonung oberflächlicher Ähnlichkeit unter Mißachtung aller methodischen Regeln irreführend verwendet, letztlich wohl für politische Zwecke mißbraucht worden.

2. *Die Identitätssucht*

Glaubt man den neokonservativen Ideologen der letzten zehn Jahre, lebt die Bundesrepublik als geschichtsloses Land nur mehr in den Tag hinein. Ihre Bürger irren gramgebeugt durch diesen Alltag, suchende Blicke um sich werfend, denn ein kostbares Gut, ihre Identität, ist ihnen abhanden gekommen. Wer hat sie ihnen genommen? Wer hat sie zerstört? Die schlimmen Erfahrungen seit 1933, hört man, die Aufteilung Mitteleuropas in mehrere deutschsprachige Staaten, der Verlust des Nationalstaates, der hemmungslose Wohlstandsgenuß, wohl auch noch die Bösewichter der 68er „Kulturrevolution", die vor den letzten der geretteten heiligen Werte nicht haltmachte – offenbar hatte es ihren Eltern an „Mut zur Erziehung" gefehlt.

Die Realität sieht anders aus. Wie die Meinungsumfragen kontinuierlich bestätigen, fühlt sich das Gros der Westdeutschen in der Bundesrepublik zu Hause. Kein Wunder, da inzwischen ihre große Mehrheit von den nach 1949 geborenen politischen Generationen gestellt wird. Trotz der Belastungen der letzten Jahre bildet für diese Majorität das politische, wirtschaftliche, gesellschaftliche System der Bundesrepublik den eigentlichen Loyalitätspol – keineswegs dagegen der 1945 untergegangene kurzlebige Nationalstaat.

Unbestreitbar gibt es aber auch eine neue Bewegung in der deutschen Frage, die mehr als dreißig Jahre lang, trotz aller Sonntagsreden und rhetorischen Bekenntnisübungen bestimmter Politiker, im Status quo der Nachkriegszeit wie eingefroren dalag.[89] Als Folge dieser Bewegung hat auch eine

Diskussion eingesetzt, in der insbesondere von Neokonservativen die Krise, der Verlust, die Bedrohung, die Destabilisierung, der Zerfall, die Aushöhlung der Identität – jedem das seine – beschworen wird. Es ist eine bunte Palette, die da angeboten wird, und ihrer schillernden Farben versteht sich besonders Stürmer vortrefflich zu bedienen. Mit Kassandrapublizistik zur Identitätsfrage kann man inzwischen sein Brot verdienen. Wissenschaftliche Karrieren tun sich für die Wünschelrutengänger auf, die dem gesuchten Rinnsal nachspüren: trübselig das Versickern, frohlockend das Hochquellen verkündend. Wer dagegen regelmäßig mit Studenten, Schülern, Tagungsteilnehmern diskutiert, kann bestätigen, daß ein Identitätsgeschädigter so selten wie ein Paradiesvogel ist. Nein: Ungeachtet aller angestrengt erzeugten Hektik ist das eine Diskussion in den kleinen Kreisen von Intellektuellen, die Zugang zu einigen Medien besitzen, Konferenzen über ihr Lieblingsthema fleißig besuchen und ebenso beharrlich über eine Welt voller Gefahren ohne fest gegründete Identität schreiben. Eine wahre Identitätssüchtigkeit hat sich da ausgebreitet. Und je mehr in den Zirkeln wechselseitiger Selbstbestätigung über das Gespenst des Identitätsverlusts parliert wird, desto mehr verwandelt sich eine düstere Prognose in eine angeblich bereits vorherrschende Realität.

Die ganze Debatte krankt, wie vorn ausgeführt, an einem ganz und gar unklaren Identitätsbegriff; das braucht nicht erneut klargestellt zu werden. Außerdem ist sie nicht rückgekoppelt an die ernüchternden empirischen Befunde der Meinungsforschungsinstitute. Vielmehr hält sie sich, in höheren Sphären schwebend, fern davon, sie zur Kenntnis zu nehmen. Wenn aber schon über Identität diskutiert wird, geht der lohnende und notwendige Streit allein um den Inhalt von individueller und gesellschaftlicher Identität. Auch das ist bereits erörtert worden. Das Identitätsbewußtsein der Westdeutschen sollte, um es zu wiederholen, nicht mit antiquiertem Nationalstolz, nicht mit der beruhigenden Vorstellung von einer „normalisierten" NS-Zeit, die der deshalb so heftig traktierte „Vergleich" beweisen will, nicht mit Feindbildern, die den Blick starr nach Osten zwingen, befrachtet werden. Es gibt keinen überzeugenden Grund, dem Appell dieser apokryphen Schriften zu folgen.

Dagegen sollte zu einem wünschenswerten westdeutschen Identitätsbewußtsein weiterhin die wache Bereitschaft zur kritischen Prüfung all dessen gehören, was aus der deutschen Geschichte und der unmittelbar aktuellen Lebenswelt des Einzelnen an Problemen an ihn herangetragen wird. Zu ihm sollte die Fähigkeit gehören, der schmerzhaften Erinnerung an eine Vergangenheit, die niemals im fahlen Licht einer „Normalisierung" oder „Relativierung" vergehen darf, gewachsen zu sein. Zu ihm sollte die Entschlossenheit gehören, den dringend anempfohlenen Irrweg hin zu einem notdürftig gereinigten Nationalismus, hin zu einer kitschig illuminierten Bitburg-Symbolik, hin zu einem unversöhnlichen Russenhaß ebensowenig einzuschlagen wie endlich frohgemut, um den unendlich kurzsichtigen Ratschlag des Universalhistorikers Strauß zu zitieren, „aus dem Schatten des Dritten Reiches herauszutreten" und „wieder den aufrechten Gang" zu erlernen. Politiker wie er oder Dregger mögen die Zeit für das bösartige Verdikt für gekommen halten, daß die „ewige Vergangenheitsbewältigung als gesellschaftspolitische Dauerbüßeraufgabe" ein Volk „lähmt". Soll aber die neue deutsche Ideologie derjenigen Historiker, die dieser „Politik des sinnstiftenden Vergessens" oder doch der relativierenden Erinnerung und des identitätssüchtigen Aufbruchs sowohl in eine sorgsam präparierte Vergangenheit als auch in eine einäugig anvisierte Zukunft das Wort reden, wirklich auf die Formel von der „Geschichte als Erinnerungsverzicht", wie Frank Benseler fürchtet, hinauslaufen?[90]

Die Mündigkeit, die reflektierte Identität des Bürgers der Bundesrepublik wird sich auch künftig daran erweisen, wie selbstkritisch, wie frei von Arroganz und Verdrängungsgelüsten er mit der schweren Bürde unserer Vergangenheit umzugehen bereit ist. Daran wird sich seine innere Freiheit und Souveränität erweisen. Auf die Identitätsverkrümmung der falschen Propheten kann er dagegen umstandslos verzichten.

Heute geschrieben, gehört ihr Lockruf morgen zur Makulatur der Zeitgeschichte, wenn keiner auf ihn hereinfällt.

3. Die Dogmen der Geopolitik als Denkverbot

Die Geopolitik als Lehre von der fundamentalen Bedeutung der geographischen Bedingungen, unter denen Staaten und Gesellschaften angeblich handeln müssen, ist neuerdings, nachdem sie von den Nationalsozialisten als ideologische Leitwissenschaft mißbraucht und nachhaltig diskreditiert worden war, wieder ein Bestandteil der wissenschaftlichen wie der öffentlichen Diskussion auch in der Bundesrepublik geworden. Sie spielt, glücklicherweise, noch keine dominierende Rolle, aber außer einigen professionellen „Meinungsmachern" bemühen sich auch einige Historiker, die uns inzwischen wohlbekannt sind, energisch darum, ihr zu frischpoliertem Ansehen, zu erneuerter Geltungskraft zu verhelfen. Dabei wird der vorbelastete Begriff selber nach Kräften vermieden und durch die „Mittellagen"-Lehre usw. ersetzt. Der Sache nach aber geht es um die Probleme der Geopolitik!

Zur Geschichte Preußen-Deutschlands gehöre, heißt das schon 1981 im unverwechselbaren Originalton Stürmer, daß es „mit dem Fluch seiner Geographie beladen" sei; es bleibe „verkeilt in der Mittellage", die seine „via dolorosa" wesentlich erkläre. 1987 kreisen seine Überlegungen weiterhin um dieselbe simple Denkfigur: die „Versuchung der Mitte". Selbst ein Stürmer kann jedoch, kaum zu glauben, an wagnerianischem Pathos übertroffen werden. „Deutschlands Schicksal ist die Geographie", dröhnt es bei Hagen Schulze, der – wie erinnerlich – in Siedlers Reihe „Die Deutschen und ihre Nation" den auf Stürmers „Ruheloses Reich" folgenden Band über „Weimar" geschrieben hat, sie schafft „ein unlösbares ... Paradoxon: die Mittellage". Und dann folgt sogleich ein Schluß, der dem Autor offenbar als betörend oder zwingend erscheint und es verdient, daß man sich noch näher mit ihm beschäftigt. „Die Logik der Geographie", doziert er nämlich,

„die Lage Deutschlands bleibt ein entscheidendes Argument für seine innere Verfassung".

Auch Hildebrand hebt mit Nachdruck die Probleme der „gefährdeten", der „traditionellen Mittellage" hervor. Und wenn er prüft, ob „das Land in der Mitte" einen Sonderweg hinein in das „Dritte Reich" eingeschlagen habe, diskutiert er bezeichnenderweise an erster Stelle die „geographischen und geistesgeschichtlichen Bedingungen". Während Hillgruber früher die Bedeutung geopolitischer Denkschemata als handlungsantreibender Elemente in den Entscheidungsüberlegungen der Nationalsozialisten, insbesondere Hitlers, betont und damit ein gut begründetes historistisches Argument zur Geltung gebracht hatte, übernahm er seit der Mitte der 70er Jahre geopolitische Denkfiguren auch als analytische Kategorien in seine „Gescheiterte Großmacht", wo z. B. von „Großraumvorstellungen" die Rede ist, als ob Karl Haushofer oder Carl Schmitt höchstpersönlich dozierten. Im „Herzen Europas" sei das 1871 geschaffene Reich aufgrund seiner „geostrategischen Mittellage" ständig bedroht gewesen ... usque ad infinitum. Neuerdings spricht er auch davon, daß „die im Kriege zerbrochene europäische Mitte" ein „Opfer" der Katastrophe von 1945 geworden und ihre „Rekonstruktion", die er für wünschenswert hält, so ferne wie nur je sei. Sein Ton klingt dabei so fatalistisch, der Sprachmodus ist so typisch passivisch anstatt, wie geboten, aktivisch, als ob da anonyme Mächte, etwa die Götter der Geopolitik, nicht aber leibhaftige braune Akteure am Werk gewesen wären.

Am beharrlichsten insistiert jedoch Stürmer, wie bereits vorn diskutiert (II.3.), mit einem furchterregenden Mut zur Monotonie seit Jahren auf der grundlegenden Bedeutung der Geographie in einem Stil, als ob mit ihrer Hilfe der Schleier vor den großen Problemen der Geschichte weggezogen werden könne. Auf Deutschland lastet, hieß es 1983 in dem Aufsatz „Deutsche Versuchung", wo Stürmer, wie meist bei dieser Thematik, seiner fatalen Lust, dem sprachlichen Manierismus zu frönen, genußvoll nachgab, der „Fluch einer Geographie" der Mitte. Die „Mittellage Deutschlands" und – hier spitzt man die Ohren – „der deutsche Sonderweg" hingen offenbar aufs engste zusammen. Die „Regeln der Machtgeographie" hätten überdies bis heute „noch nicht ausgedient". Ergo traktierte Stürmer in einem Taschenbuch über die „Reichsgründung" (1984) weiter dies rätselhafte Wesen: die „Logik der deutschen Mittellage". Keiner konnte die mitleiderregenden Deutschen „aus der Bedrohung der Mittellage ... erlösen", wiederholte er in dem Sammelband „Mitten in Europa" (1984), sie blieb „Alptraum und Versuchung zugleich", ja mehr noch: „Teil des deutschen Schicksals war es immer", „daß die Mittellage in Europa beides war: Versuchung und Verdammnis".

In seinem „Ruhelosen Reich" wimmelte es dann nur so, wie bereits erwähnt, von dunklem Geraune wie „Machtgeographie", „Logik der deutschen Mittellage", „Zwänge der deutschen Mittellage", „mitteleuropäische Zwangslage", „Trauma der Mittellage" – die deutsche „Mittellage" wirkt da wie ein allgegenwärtiger Leitfaden, an dem sich der Leser offenbar orientieren soll. Auch in seinem Beitrag zu den Römerberg-Gesprächen von 1986 charakterisierte er die Westdeutschen als „Erben" einer „strategischen Geographie". In den „Dissonanzen des Fortschritts" (1986) betete er hundertmal seine „Mittellagen"-Theologie in apokalyptischem Ton herunter, da es heute „um die Rettung" der „Identität der Deutschen in Europas Mitte" gehe. Ein Ende dieses Dogmen-Repetitoriums ist nicht abzusehen, wie die Wiederkehr der ewig gleichen gestanzten Formeln auch 1987 zur Genüge beweist.[91]

An diesem „Mittellagen"-Palaver sind mehrere Dinge sehr bemerkenswert.

1. Erstens einmal wird von allen Autoren, die zur Zeit der Geopolitik zu einer Renaissance verhelfen möchten, peinlich genau vermieden, sich irgendwie auf die pseudowissenschaftliche Geopolitik der Jahrzehnte bis 1945 zu beziehen. Das ist verständlich, da die nationalsozialistische Führung wichtige Konzeptionen dieser vor allem von Karl Haushofer popularisierten, von Carl Schmitt in seine Abart des Völkerrechts transponierten Lehre auf Kosten von Abermillionen Men-

schenleben tatsächlich in politische Wirklichkeit zu übersetzen versuchte. Sie kämpfte für die Vorherrschaft des kontinentalen „Herzlandes", den „Aufbau" des hypertrophen deutschen „Großraums" und seines Hegemonialrechts, den „Lebensraum" des „großgermanischen Reiches", die gewaltsame Optimierung der geostrategischen Lage. Das hat drei Jahrzehnte lang ausgereicht, um dieses wirre Gebräu aus „Politischer Geographie", Machtträumen, Bedrohungsängsten und Generalstabsplanung zu stigmatisieren.[92]

2. Nicht verständlich ist dagegen, daß keiner jener Autoren es für nötig hält, sich von dieser älteren Geopolitik, deren Vokabeln und Denkmuster zum Teil unmittelbar übernommen werden, mit allem Nachdruck explizit zu distanzieren, bevor der Inhalt der wiederaufgenommenen Begriffe (möglicherweise) neu definiert, die eigene Begriffsverwendung legitimiert wird. Wer nur ein wenig mit der Begriffsgeschichte vertraut ist – und Stürmer z. B. interessiert sich seit längerem für sie –, weiß genau, wie lange ursprünglich einmal in bestimmter Hinsicht aufgeladene Begriffe diese Bedeutungslast mit sich weiterschleppen. Um eins sofort klarzustellen: Nicht einmal von ferne unterstelle ich eine geheime Präferenz zugunsten der nationalsozialistischen Geopolitik der 30er und 40er Jahre! Gegen diesen absurden Vorwurf wäre jeder dieser Historiker gefeit. Indes: Etwas mehr begriffspolitische Hygiene, ein wenig mehr definitorische Reinlichkeit wäre auf solch einem umstrittenen Feld schon sehr wünschenswert.

3. Ganz und gar unverständlich ist es jedoch schließlich, daß diese geopolitisch argumentierenden Historiker zumindest den Eindruck erwecken, als ob sie mit einer vielversprechenden Innovation der Geschichtswissenschaft nicht nur neue Wege eröffnen, sondern das Tor zu ungeahnten Neuigkeiten aufstoßen könnten. Prüft man ihre Texte, auch ihre Anmerkungen, könnte man glauben, diese Autorengruppe streite für eine brandneue Sichtweise, ja ein bisher unbenutztes Erklärungsmodell, das darum keine Vorgeschichte besitzt.

Deshalb ein knapper Rückblick: Das „Lebensgesetz der geographischen Mittellage" bestimme, urteilte 1924 der liberalkonservative Münchener Historiker Hermann Oncken, „seit einem Jahrtausend unser geschichtliches Schicksal am tiefsten". „Deutschland ist das Land der Mitte" – das sei die „innerste Grundtatsache unserer Staatengeschichte"; sie ermögliche „die natürliche Führung des Weltteils", sei aber auch mit der steten Gefahr verbunden, „von allen Flanken her angefallen zu werden". Deutschlands „Mittellage" erklärte auch der neurankeanisch-spätborussische Berliner Bismarck-Hagiograph Erich Marcks 1936 zum „Schlüssel seiner Geschichte"; die „europäische Mittellage" bleibe „unseres Volkes Schicksal". Sein großdeutscher Gegenpart in Wien, Heinrich Ritter v. Srbik, sah ebenfalls „das deutsche Wesen" durch die Lage „in der Mitte des Kontinents", durch die „Zentralstellung" „tief beeinflußt". Als v. Srbik wie so viele andere großdeutsch Denkende nach dem „Anschluß" in Hitler den bejubelten Vollstrecker eben dieser großdeutschen Hoffnungen erblickte, zog er die Konsequenz – mit einem streng wissenschaftlichen Urteil natürlich, dessen sich die positivistische Wiener Schule der Historiographie seit langem rühmte: „Der Kontinent Europa hat in dem Großdeutschen Reich wieder seine ordnende und führende Mitte erhalten." So einfach war das selbst 1942 mit der Mittellage für diese österreichische Koryphäe. Und sogar der eher bedächtige, sich vorsichtig zurückhaltende Friedrich Meinecke, fast neunzigjähriger Nestor der deutschen Historikergilde, hielt es noch 1949 in einem Rückblick auf „Irrwege in unserer Geschichte" ganz naiv für ein selbstverständliches Urteil, daß es „die geopolitische Lage Deutschlands inmitten Europas" gewesen sei, „die uns die Alternative aufzwang, entweder Depressionsgebiet zu bleiben oder Machtstaat zu werden". Auch in dieser aufgenötigten Konstellation sah er ganz fatalistisch – Nüchternheit schien selbst damals noch nicht gefragt – „schicksalsmäßige Gewalten" wie die Nornen am Werk.[93]

Die Begriffe, die Tonlage dieser in ihrer Zeit hoch angesehenen Historiker kommen einem eigentümlich bekannt vor, wenn man die Lektüre der Veröffentlichungen von Stürmer, Hillgruber, Hildebrand, Schulze beendet hat. Übrigens ließe sich die Tradition dieser Argumentationslinie mühelos in die Zeit vor 1914 zurückverfolgen. Mit der Zeit zwischen 1918 und 1945, der die beliebig vermehrbaren Zitate entstammen, sind diese Zeithistoriker aber fraglos alle vertraut. Warum dann ihr verblüffendes Schweigen über den Traditionszusammenhang, in dem ihr eigenes geopolitisches Denken, ihre „Mittellagen"-Vorliebe unübersehbar verwurzelt ist? Sollte ihnen als fachlich zuständigen Historikern, unwahrscheinlich genug wäre es, diese Vorgeschichte unbekannt sein? Scheuten sie vielleicht, denkbar wäre es, vor der direkten Identifizierung mit Urteilen zurück, bei denen man sich heute, um es milde auszudrücken, wenig komfortabel fühlt? Glaubten sie etwa sogar – vor Clios Augen wär's eine unverzeihliche Illusion – daß die langlebige Tradition des skurrilen geopolitischen Herumtüftelns vergessen sei? Hofften sie mit der bestrickenden Naivität von jüngst Bekehrten, denen die Bekanntschaft mit der Geopolitik soeben die Augen für übermächtige Potenzen geöffnet hatte, das verehrte Publikum eben dadurch, daß es mit der Vorgeschichte nicht weiter behelligt wurde, für den Zauber geopolitischer Enthüllungen einzunehmen? Fragen gibt es zuhauf. Frageverbote gelten bekanntlich nicht. Nur: Eine klare Antwort gibt es bisher nirgendwo.

Angesichts der allgemein akzeptierten Standards der Geschichtswissenschaft, wie sie Historikern – pace Hillgruber – seit dem ersten Proseminar eingeschärft werden, kann man freilich einen vorläufigen Eindruck formulieren: Es hätte jeden Verfechter des löblichen Ideals der intellektuellen Redlichkeit mit Befriedigung erfüllt, wenn die geopolitisch argumentierenden Historiker über das bereits verstaubte historiographisch-politische Arsenal, aus dem ihre Überlegungen stammen, zuerst einmal ohne jede Geheimniskrämerei irgendwo, irgendwie Auskunft gegeben hätten. Jeder Historiker turnt über einem Sicherheitsnetz, das auch von berühmten Autoritäten gehalten wird. Also verweist unsereins auf Weber und Marx, Hintze und Schmoller, Gerschenkron und Schumpeter. Worauf könnte und wollte die neue Schule der Geopolitik sich beziehen? Auf Braudel und Le Roy Ladurie? Oder auch auf Ratzel, McKinder, Mahan, plus eine Prise Haushofer cum Calleo?

Die Befriedigung wäre gewachsen, wenn sie sich, zweitens, von gewissen fatalen Implikationen der älteren Geopolitik unmißverständlich distanziert hätten: von dem geographischen Schlüssel zum deutschen Wesen, von der hegemonialen Ordnungsaufgabe in Europa, von dem verdummenden Schicksalsgemunkel. Und wohltätig wäre es, drittens, gewesen, wenn sie ihre eigenen geopolitischen Begriffe so sorgfältig wie nur möglich definiert, ihren Gebrauch so angestrengt wie nötig legitimiert hätten. Die Geschichte ist, lautet eine der banalen Weisheiten der Historiker, in die Zukunft hinein immer offen. Vielleicht wird uns daher in naher Zukunft die „neue" Geopolitik endlich mit mehr Überzeugungskraft nahegebracht, als das während der schlichten Übernahme uralter Worthülsen bisher der Fall war. Solange diese über kurz oder lang unvermeidbare Klarstellung nicht erfolgt ist, lassen sich einige Bedenken nicht unterdrücken.

1. Beginnt man mit der ritualisierten „Mittellagen"-Formel, drängt sich die Frage auf, woher die Gewißheit über die jeweilige Mitte eigentlich stammt. „Deutschland" liegt ja keineswegs „seit einem Jahrtausend" unverrückbar „mitten in Europa". Jahrhundertelang galt z. B. Böhmen als das „Herz Europas". Nicht nur Wallenstein, sondern auch Joseph II. und Masaryk wäre das eine Selbstverständlichkeit gewesen. Oder die Schweiz – liegt sie etwa nicht in der Mitte Europas? Gehört Polen wirklich zu jenem „Ostmitteleuropa", das deutsche Historiker aus leicht durchschaubaren Gründen einmal erfunden haben? Ist nicht die Geschichte all dieser Länder in der „Mitte" anders als die deutsche verlaufen? Die sogenannte europäische Mitte ist selber historisch außerordentlich wandelbar, sie entbehrt jeder Eindeutigkeit, ist vielmehr als ein gewissermaßen wanderndes Phänomen sehr umstritten. Jeder Historiker in Krakau, Prag und Budapest weiß das vermutlich besser als die westdeutschen Geo-Politikhistoriker. Eine verläßliche Konstante, genannt die „deutsche Mittellage", gibt es

realiter nicht. Als Phantasieprodukt geistert sie freilich viel zu oft herum.

2. Da Stürmer, Hillgruber und Hildebrand außer der deutschen auch die preußische „Mittellage" so ins Herz geschlossen haben, fragt man sich sogleich, ob die preußische Geschichte, ob der Aufstieg zu einer der fünf europäischen Großmächte dem gütigen Geschick oder der dämonischen Verführung einer vermeintlichen „Mittellage" zu verdanken war.

Zuerst erblickt man Preußen, wie es in ein durchaus konventionelles Gerangel im Staatensystem verwickelt ist. Der entscheidende Vorstoß erfolgt dann unter Friedrich II., unmittelbar nach der Thronbesteigung mit dem ersten schlesischen Raubkrieg. Mit irgendeiner „Mittellage" hatte der nun ganz und gar nichts zu tun. Der brennende Ehrgeiz des jungen Monarchen; der gierig erhoffte Beweis seiner Fähigkeit, es mit einer Großmacht aufzunehmen; das typische Kalkül, die Thronfolgeprobleme Maria Theresias ausnutzen zu können; die Ruhmsucht, die „Ehre" der Familie Hohenzollern zu vergolden; der Drang nach der Eroberung der reichsten Provinz des Habsburgerreiches – solche Motive lösten die planmäßig vorbereiteten Kriegsaktionen aus. Von einem Zwang aufgrund der „Mittellage" ist da nichts zu erkennen. Und auch die Folgen der Annexion: die vom Krieg geprägten zwanzig Jahre bis 1763, hatten viel mit der Verteidigung der Beute, schließlich der Existenz Preußens überhaupt, mit Friedrichs Talenten, mit dem „Mirakel des Hauses Brandenburg" zu tun, als die Zarin Elisabeth gegen Ende des Siebenjährigen Krieges gerade noch rechtzeitig starb, so daß der Friedrich-Verehrer, der ihr auf den Thron folgte, die antipreußische Allianz hastig sprengte.

Eine Logik der Machtgeographie mag darin erkennen, wer will. Das Lesen des Kaffeesatzes ist genau so ergiebig. Das Überleben nach 1806 – hing es nicht von dem Reformpotential des bürokratischen Absolutismus während seiner Politik der Defensiven Modernisierung ab anstatt von der „strategischen Geographie"? Und wohin hatte sich überdies die „Mittellage" bei diesem zertrümmerten, halbierten ostelbischen Kleinstaat von der Größe des napoleonischen Satellitenstaats Westphalen nach 1807 verirrt? Wer sah auf dem Wiener Kongreß voraus, daß man mit der von vielen kontingenten Umständen abhängigen Entscheidung, Preußen mit Rheinland und Westfalen über den Verzicht auf das begehrte Sachsen hinwegzutrösten, große Industriereviere der Zukunft an Berlin vergab und es zugleich unter Druck setzte, die fehlende Landbrücke zwischen den östlichen und westlichen „preußischen Staaten" zu gewinnen? Hatte da Metternich oder irgendeine andere Zelebrität des Kongresses eine vage „Mittellage" im Sinn? So könnte man weiter fortfahren. Als Exempel für die „politische Geographie" ist die preußische „via dolorosa" denkbar ungeeignet.[94]

3. Das preußische Beispiel lenkt auf allgemeinere Probleme hin. Wenn geographische Faktoren zu der Vielzahl restriktiver Bedingungen gerechnet werden, die das gesellschaftliche Leben und das politische Handeln von Individuen und Gruppen einengen, kann es keine grundsätzlichen Einwände geben. Die französische Géohistoire oder Géoanthropologie mag die Bedeutung dieser geographischen Faktoren öfters überschätzen. In manchen glanzvollen Werken der „Annales"-Schule wird ihnen jedoch eine plausible Bedeutung neben zahlreichen anderen Determinanten eingeräumt. So weit, so gut. Gerade im deutschsprachigen Mitteleuropa gibt es nun aber eine nahezu unüberschaubare Vielzahl von politischen Regime- und Verfassungsstrukturen, von sozialen Formationen und wirtschaftlichen Ordnungen, von konfessionellen Kräften und kulturellen Einflüssen, die einen Passepartout namens „deutsche Mittellage" von vornherein untauglich erscheinen lassen.

Man denke an die buntscheckige Mannigfaltigkeit des Alten Reiches mit seinen 1789 Herrschaftseinheiten, an den Deutschen Bund mit fast vierzig Mitgliedern, an das Kaiserreich als „ewigen Bund" von Staaten und Städten, an die Weimarer Republik, die nationalsozialistische Diktatur, die beiden neuen Republiken – um nur an den politischen Formenreichtum zu erinnern. Diese Wirklichkeit enthüllt eine faszinierende Pluralität, keineswegs aber einen Primat der Geographie. Und wie sollte die „Mittellage" den Übergang von der Stände- zur Klassengesellschaft, die politisch polyvalente Struktur des Industriesystems, den Dauerkonflikt zwischen Katholiken und Protestanten in den klassischen Ländern der Konfessionsspaltung, den Aufstieg der deutschen Universitäten auf den Höhepunkt ihrer Weltgeltung im 19. Jahrhundert – wie sollte die „Logik" der Geographie all diese geschichtsmächtigen Komplexphänomene determiniert haben? Die Behauptung vom Übergewicht der „Mittellage" findet sich neuerdings wieder oft genug. Der Beweis, und sei's auch nur für die heuristische Fruchtbarkeit einer Arbeitshypothese, steht weiter aus. Wortgetöse und Wiederholungsmanie vermögen ihn nicht zu ersetzen.

4. Blickt man über das deutschsprachige Mitteleuropa hinaus auf das europäische Staatensystem seit dem 15. Jahrhundert, auch und gerade auf die neuen Staatsbildungen nach dem Krimkrieg, mithin auf Italien und das Deutsche Reich, beeindruckt die ‚Flüssigkeit' dieses Systems, die Flexibilität der Reaktion auf Neuankömmlinge. Von einer geographischen Präformierung der Entscheidungen und Verhaltensweisen kann angesichts dieser erstaunlichen Anpassungsfähigkeit und der ebenso überraschenden Handlungsspielräume nur ein dogmatischer Geist reden. Die Realität dementiert indes unverzüglich all seine Behauptungen.

5. Wägt man diese Einwände ab, erkennt man alsbald, daß die geopolitische Interpretation bestenfalls eine fatal amputierte Erklärungskraft besitzt. Das „Schicksal" ist sie, wenn denn schon eine überirdische Vorsehung bemüht werden muß, allemal nicht. Die Plastizität und Vieldimensionalität der historischen Prozesse, die Handlungsfähigkeit von Individuen und Gruppen, von Politikern und Militärs, von Adelsclans und Parteien wird von dieser blutarmen Lehre grandios unterschätzt. Offenbar lassen sich ihre Verfechter auch nicht dadurch irritieren, daß doch gerade die Historiker auf einem gewissen Quantum an Handlungsfreiheit, deren Grenzen freilich so exakt wie möglich bestimmt werden müssen, zu bestehen pflegen.

Das Ergebnis der geopolitischen Deutung ist ein bis zur

Unkenntlichkeit verzerrtes Bild von den Bewegungs- und Beharrungskräften. Da die ehernen Gesetze der Geographie den engen Handlungsspielraum noch weiter irreversibel schrumpfen lassen, wird die ganze unendlich facettenreiche Komplexität der Geschichte, die zu erschließen selbst der noch so komplex angelegten Analyse die größten Schwierigkeiten bereitet, auf die Dürre einiger Faustformeln reduziert, wie sie jede politische Religion unter die Menge zu werfen versteht.

6. Die Geopolitik, die derzeit der historischen Interpretation als Basis zugrunde gelegt wird, bedeutet daher eine nur notdürftig verschleierte Kapitulation vor dieser Komplexität der Geschichte. Wer auf die Dominanz der Geographie oder der Geopolitik schwört, sich mit einer Handvoll geopolitischer Konstanten mit auffälliger intellektueller Anspruchslosigkeit zufrieden gibt, fördert – ob bewußt oder meist wohl unbewußt – eine Art Denkverbot. Gib Dich mit wenigen, simplen, mechanistischen Formeln, lautet es, endlich zufrieden. Wem Denkverbot zu hart klingt, wird vielleicht Trägheitsverordnung passender finden, denn die komplizierte Wechselwirkung von innerer: von politischer, sozialökonomischer, kultureller Entwicklung und Außenpolitik im internationalen System wird durch das biedermännische Versprechen, mit einigen geopolitischen Klischees die schwierigsten Probleme dieser Interdependenz lösen zu können, völlig verfehlt. Durch die starren Denkschemata der Geopolitiker wird die quicklebendige Geschichte auf eine widernatürlich starre Mechanik reduziert.

Daß dagegen Politiker und Teile der Öffentlichkeit an geopolitische oder geostrategische Zwangslagen, Chancen, Hindernisse glauben, kann dagegen, wie jedermann weiß, als historisches Problem auftreten. Man denke an die neurotische Idee vom „Volk ohne Raum“, Hitlers „Lebensraum“-Imperialismus, Mahans Obsession mit Seeschlachten, McKinders fixe Idee von den „geographischen Drehpunkten“ der Geschichte. Solche Vorstellungen sind selbstverständlich der nüchternen geschichtswissenschaftlichen Analyse zugänglich. Nur: Diese ideologisch verzerrte Perzeption von Wirklichkeit hat, so sehr sie auch zu folgenschweren Entschlüssen und Aktionen führen mag, mit der vermeintlichen Realität geopolitischer Determinanten nichts zu tun.

7. Der alte Topos, den man erleichtert ad acta gelegt wähnte, daß nämlich das Maß der inneren Freiheit, wie Ranke gelehrt, Seeley, Hintze und viele andere wiederholt hatten, vom Grad des äußeren Drucks auf das Staatswesen abhängig sei, feiert neuerdings, wie vorn bereits erwähnt, wieder seine Auferstehung. Wenn Stürmer z. B. einen bekannten Tatbestand erörtert, indem er „Bismarcks friedensstiftende ... Außenpolitik" mit „seiner friedlosen Innenpolitik" kontrastiert, zieht er den ebenso kühnen wie dogmatischen Schluß: „Das eine war nicht ohne das andere zu haben. Beides ergab sich aus der Logik der europäischen Machtgeographie." Glaubt aber jemand anderes im Ernst, daß der Verzicht auf die Exzesse der Liberalismusbekämpfung, des antikatholischen Kulturkampfs, des Sozialistengesetzes einer friedfertigen deutschen Außenpolitik geschadet oder sie verhindert hätte? Daß einige Schritte hin auf die Parlamentarisierung und Demokratisierung des politischen Systems die deutsche Außenpolitik mehr belastet hätten als Bismarcks Behandlung von Frankreich (1871) und Rußland (1885/87), welche die französisch-russische Allianz (1894) herbeiführte, d. h. aber im Konfliktfall den tödlichen Zweifrontenkrieg zur Gewißheit machte?

Ja, einer scheint es ebenfalls zu glauben. Das kaiserliche Deutschland wurde „so lange und gerade eben noch ertragen", glaubt Hagen Schulze uns wieder weismachen zu können, „wie der Deckel fest auf seinem brodelnden Inneren" saß. Denn, merke: „Liberalisierung und Demokratisierung des Reiches, die Freisetzung der politischen und gesellschaftlichen Triebkräfte" stießen „an die Grenzen der deutschen Daseinsfähigkeit im Mächtegleichgewicht Europas". Daher wurde der Erste Weltkrieg unvermeidbar, als Bismarcks autoritärer Herrschaftsstil, sprich: seine weise Beschränkung, aufgegeben, die „Macht der preußischen Oberschicht ... zunehmend unterhöhlt" und „der allmähliche Parlamentarisierungsprozeß" nicht unterbrochen wurde.

Nun bleibt es natürlich eine hypothetische Annahme, daß Liberale, Sozialdemokraten und Zentrumsleute eine sozial verträglichere Innenpolitik und eine weniger riskante Außenpolitik betrieben hätten. Alle drei politischen Strömungen haben das aber immerhin jahrzehntelang vielfach beschworen. Hätten die Reichstagswahlen von 1917, die wegen des Krieges ausfielen, eine seit den Wahlergebnissen des Jahres 1912 von jedem Sachkenner, ob rechts oder links, erwartete parlamentarische Mehrheit von Sozialdemokratie, Linksliberalismus und Zentrum gebracht, wäre diese Politik um einige Grade erheblich wahrscheinlicher geworden. Beweisbar sind solche kontrafaktischen Überlegungen nie. Aber eine miserablere Politik als die tatsächlich praktizierte, die seit langem das Kriegsrisiko akzeptiert hatte und am Schluß bewußt auf den Konflikt zusteuerte, konnte es schlechterdings nicht geben.

Die Kritik am Kaiserreich seit den 1960er Jahren hat in seiner obrigkeitsstaatlichen und vorparlamentarischen Struktur, in seiner gesellschaftspolitischen Status-quo-Verteidigung und repressiven Durchsetzung von Klassenegoismen eine „konfliktverschärfende Belastung“ der Gesamtpolitik, insbesondere ein nur schwer überwindbares Hindernis „liberaler Demokratisierung in Deutschland“ gesehen. Dem lag die (selbstredend normativ besetzte) Zielvorstellung zugrunde, daß ein parlamentarisch-demokratisches Gemeinwesen dank der Flexibilität seiner Institutionen am ehesten der Bewältigung seiner inneren und äußeren Probleme, auch der Korrektur der eigenen Fehler, gewachsen ist – am ehesten auf Dauer die lebensnotwendige politische Lernfähigkeit besitzt.

Diese Interpretationsrichtung wird von den geopolitischen Strategen auf den Kopf gestellt. Ihre gelegentlich explizite, meist aber implizite Argumentation lautet etwa folgendermaßen: Im Grunde setzte das traditionelle europäische Gleichgewicht eine politisch zersplitterte, schwache Mitte voraus. Bismarck errang dem großpreußischen Kaiserreich eine halbhegemoniale Stellung, bändigte aber seine innere Dynamik, indem er ihr mit einer autoritären Innenpolitik, notfalls mit Repressionsmaßnahmen enge Fesseln anlegte. Das meint

Schulzes Metapher vom eisernen Deckel auf dem brodelnden Vulkan. Stürmer und Schulze – auch Hildebrands elitärem Systemdenken liegt der Gedanke, wie gezeigt, zumindest nicht fern – sehen in dieser Politik die „berechtigte Konsequenz der geographischen Mittellage" und einen „Garant des Friedens". Diese Auffassung impliziert das hypothetische Argument, wie zuletzt Jürgen Kocka betont hat, daß eine „frühere Parlamentarisierung und gründlichere Demokratisierung" die Reichspolitik „nur noch maßloser gemacht" hätten. Demzufolge litt das Kaiserreich nicht etwa unter einem Defizit, sondern bereits an „einem Zuviel an Demokratisierung, Mobilisierung und Dynamik". Jede Auflockerung der obrigkeitlich-autoritären Erstarrung war daher weniger mit Chancen für eine zeitgemäße liberale und demokratische Politik als vielmehr mit unwägbaren Gefahren angesichts der unveränderbar bedrohten Lage in der Mitte verbunden. Das wird nicht immer in jeder Hinsicht mit der wünschenswerten Klarheit offen ausgesprochen, aber es bildet den unübersehbaren Fluchtpunkt der geopolitisch inspirierten Gegeninterpretation. Aus diesem Zusammenprall zweier diametral entgegengesetzter Deutungsmuster, die an die reichsdeutsche Geschichte herangetragen werden, wird möglicherweise eine Grundsatzkontroverse hervorgehen. Kampflos wird dem neumodischen, geopolitisch drapierten Konservativismus die Arena jedenfalls nicht überlassen.[95]

8. Warum findet dieser „kurzschlüssige Geographismus" (Kocka), diese Rückkehr zur Pseudogewißheit der geopolitischen Theologie unter einigen Historikern der Bundesrepublik solche Resonanz? In ideologiekritischer Perspektive sieht es so aus, daß aufgrund des konservativen Wende-Klimas statische Kategorien anstelle prozessualer Bewegungskategorien bevorzugt werden. Klar fixierte Freund- oder Feindbilder werden durch die geopolitische und geostrategische „Welt-Anschauung" gewährleistet. Dagegen erfreut sich die komplizierte, abwägende Analyse, die dem Fluß der inneren und internationalen Politik gerecht werden will, bei den Jüngern des geopolitischen Neokonservativismus keiner Konjunktur.

Eine starrere Form von historischer Kontinuität als die geohistorische ist freilich kaum denkbar. An die Stelle des Hegelschen Weltgeistes, der Marxschen Produktivkräfte, der anrüchigen „Vorsehung" ist das stählerne Gehäuse der geostrategischen Bedingungen, die Diktatur der „Mittellage", die geopolitische Theologie von „Fluch" und „Verdammnis" der „Machtgeographie" getreten. Soll das etwa einen ‚Fortschritt' des historischen und politischen Denkens markieren? Was ist seine Folge? Einige stereotypierte Gedanken beherrschen die verengte wissenschaftliche und politische Analyse. An die Stelle des Postulats, historischer Komplexität gerecht zu werden, tritt die selbstzufriedene Schlichtheit weniger grobschlächtiger Begriffe. Jede differenzierte Analyse wird auf eine Weise eingeengt, die die bitter notwendige Aufklärung über die Gegenwart als zutiefst historisch bestimmte Konstellation unmöglich macht.

9. Nicht zuletzt ist mit der „Mittellagen"-Rhetorik die Gefahr eines neuen, geopolitisch determinierten deutschen „Sonderwegs" verbunden – „darin steckt ihre politische Brisanz". Um keinen falschen Verdacht aufkommen zu lassen: Stürmer zieht aus der gefährdeten „Mittellage" von heute absolut unzweideutig die Konsequenz, daß die Westbindung der Bundesrepublik unverzichtbar bleibe, zumal auf der linken Seite des politischen Spektrums nicht selten die Loslösung von Westbündnis und Westbindung gefordert wird. Diese Einbindung hält er geradezu für ihre Staatsräson (ein Urteil, mit dem ich voll übereinstimme). Ähnlich würde wohl Hildebrand argumentieren. Nolte interessiert das ganze geopolitische Brimborium nicht. Hillgruber hält aus pragmatischer Einsicht die Westbindung für unabdingbar. Andererseits schwingt in seinem Klagelied über die „zerstörte europäische Mitte", in seiner Denkprämisse von der Wünschbarkeit ihrer „Rekonstruktion" eine eigentümlich verschwommene Nostalgie nach der deutschen Mitte mit. Und für ein „Gesamtdeutschland auf der Basis des Selbstbestimmungsrechts, das es eines Tages zur Geltung zu bringen heißt", hat er sich gegen Günter Gaus' klugen Rat, die deutsche Frage zu „ent-staatlichen", soeben noch mit viel Verve ausgesprochen.[96]

Mit der Rede von der „Mittellage“ ist mithin keineswegs und mit Notwendigkeit eine eindeutige politische Option verbunden. Noch kann sie zur Verstärkung und Legitimierung der Westbindung dienen. Ebensogut aber kann sie den falschen Propheten eines neutralisierten Gesamtdeutschland, eines „dritten Wegs“ zwischen Staatssozialismus und Privatkapitalismus, einer neuen deutschen „Mittlerrolle“ zwischen Ost und West – und wie die bereits gängigen Modevokabeln alle heißen – ermutigende Parolen liefern. Das mag heute den geopolitisch räsonierenden Historikern Anathema sein. Wer diese falsche Münze jedoch weiter in Umlauf hält, könnte sich früher als ihm (und uns) lieb ist, in der Rolle des Zauberlehrlings finden, der die herbeigerufenen Geister einer politisch vielfältig ausbeutbaren Geopolitik nicht mehr bannen kann.

4. Ein Beispiel für Konsequenzen: Von der Diskussion zur wissenschaftspolitischen Praxis

Ein Außenstehender könnte geneigt sein, den gesamten „Historikerstreit“ als aufgeregte Wichtigtuerei einer Intellektuellenkaste abzutun, die – stets auf der Suche nach neuem Diskussionsstoff – zeitweilig Singularität und Identität, Kriegsfolgen und Mittellage in schwer entwirrbarer Verknäuelung hitzig erörtert habe. Gewiß sollte man den „Historikerstreit“ auch nicht überschätzen, aber daß dieses abschätzige Urteil absolut unangebracht wäre, hat der bisherige Bericht über die Kontroverse zu zeigen versucht. Der Dreh- und Angelpunkt der Auseinandersetzung bleibt die Frage danach, wie das politische Selbstverständnis der Bundesrepublik auch und gerade in seiner historischen Dimension heute und künftig definiert werden soll.

Allerdings: Es geht nicht nur um eine leidenschaftliche Debatte. Hinter den Pulverschwaden dieses unblutigen Gefechts betreiben die Neokonservativen etwas, was Konservative seit jeher für die Essenz von Politik gehalten haben: Personalpolitik und Gesinnungskontrolle. Der rechte Mann mit der rechten Gesinnung am rechten Ort – dann sind, das ist der Kern dieser Überzeugung, die politischen Weichen recht gestellt. Ganz falsch ist das nicht, jedenfalls kann ein rechter Mann oder eine rechte Frau in einer wichtigen Position folgenreiche Politik betreiben.

Statt sich in solchen allgemeinen Erörterungen zu ergehen, könnte man die Personalpolitik an konkreten Vorgängen der jüngsten Zeit verfolgen. Zum Beispiel: Da werden auch im Bereich der Geschichtswissenschaft mit Mitteln aus dem Bundesetat wichtige Forschungsinstitute unterhalten. Zu ihnen gehören die bekannten „Deutschen Historischen Institute" (DHI) in Rom, Paris und London sowie neuerdings das 1987 eröffnete DHI in Washington D.C.

Bei diesen vier Auslandsinstituten geht es nicht nur um gut organisierte größere wissenschaftliche Projekte und die Verbesserung der Kooperation mit den einheimischen Historikern, sondern es geht auch um ein Stück „Kulturdiplomatie". Ein geschickter Institutsdirektor kann mit soliden Forschungspublikationen seines Hauses, mit großen internationalen Konferenzen, mit dem Niveau ihrer Diskussionen, mit den in Sammelbänden gedruckten Ergebnissen, mit einer dichten Vortragstätigkeit an den Hochschulen des Landes einen werbenden Effekt auslösen. Er mag zum guten Teil auf der Brillanz einer solchen Aktivität beruhen. Dahinter steckt aber auch ein politisches Element, wenn das intellektuelle Leistungsvermögen deutscher Wissenschaftler je länger desto deutlicher zutage tritt, ihre Forschungskapazität, ihr Problembewußtsein, ihre Theoriekenntnis Anerkennung – oder Enttäuschung – auslösen. Insofern sollte die Besetzung dieser Direktorenstellen zwar in erster Linie von der wissenschaftlichen Qualifikation abhängen. Impliziert ist aber auch stets eine wissenschaftspolitische und allgemeinpolitische Entscheidung. Wer da glaubt, die Direktoren säßen in einem Elfenbeinturm der reinen Wissenschaft, unterliegt einer Täuschung.

An dreien dieser DHI waren in letzter Zeit die Direktorenstellen neu zu besetzen. Wie es dabei zugegangen ist, darüber kann sich jeder, sofern er nur will, in der Historikerzunft bei den Mitgliedern der Auswahlgremien informieren. Daß sich auch Intrige und Kabale in vertrauter Verbindung mit der Durchsetzung politischer Ziele verbanden, ließe sich eingehend schildern. Wie in London etwa ein Historiker von dem Format Wolfgang Mommsens als bisher fungierender Direktor durch den Bayreuther Jungordinarius Adolf M. Birke (er hatte bei Nipperdey promoviert, sich dann bei ihm habilitiert und muß in Siedlers Reihe „Die Deutschen und ihre Nation" den Band „Nation ohne Haus. Deutschland seit 1945" noch schreiben) ersetzt wurde; wie in Paris als Nachfolger Karl Ferdinand Werners nicht etwa der Göttinger Historiker Rudolf v. Thadden, ein unbestrittener Frankreichkenner, sondern der Erlanger Historiker Horst Möller (er hatte bei Nipperdey promoviert, sich bei Nolte habilitiert und muß in Siedlers Reihe „Die Deutschen und ihre Nation" den ersten Band „Fürstenstaat oder Bürgernation. Deutschland 1763–1815" noch schreiben) auf Platz 1 kam; wie für Washington der in der modernen amerikanischen Geschichte vorzüglich ausgewiesene Bielefelder Historiker Jürgen Kocka dem Kieler Frühneuzeithistoriker und Pietismusexperten Hartmut Lehmann weichen mußte; wie in allen Entscheidungsgremien der Bonner Historiker Klaus Hildebrand angeblich nur geschichtswissenschaftlichen Qualitätskriterien zum Sieg über andere Gesichtspunkte verhalf – all das ließe sich exakt rekonstruieren. An dieser Stelle soll das jedoch nicht geschehen, so aufschlußreich die Nachzeichnung der Entscheidungsprozesse einschließlich der sie letztlich bestimmenden Gesichtspunkte auch wäre.[97]

Wohl aber sollen an einem anderen Beispiel die Konsequenzen gezeigt werden, zu denen das politische Engagement von drei Historikern, die im „Historikerstreit", zum Teil auch deshalb, eine prominente Rolle gespielt haben, nachweislich geführt hat. Denn krasser noch als bei den erwähnten personalpolitischen Entscheidungen tritt dabei hervor, daß mancher von seiner während der Kontroverse vertretenen Position einen staunenerregenden Schritt in die handfeste wissenschaftspolitische Praxis zu tun bereit war.

Das Lehrstück spielt in der kleinen Welt der bundesfinanzierten Forschungsinstitute: diesmal am „Militärgeschichtlichen Forschungsamt" (MGFA) in Freiburg, das dem Bundesverteidigungsministerium untersteht. Durch zahlreiche sachkundige Veröffentlichungen auf seinem speziellen Gebiet: durch Handbücher, Monographien, Quelleneditionen und seine Zeitschrift hat es seit Jahrzehnten einen respektierten Platz in der historischen Forschung behauptet.

Als der „Historikerstreit" anlief, stimmte der Freiburger Historiker Wolfram Wette, der seit vielen Jahren im MGFA tätig ist, Habermas' Befürchtung, daß der politische und historiographische Pluralismus tendenziell gefährdet erscheine, in der „Zeit" zu. Hinsichtlich der kritisierten Historiker fuhr Wette mit Worten, die nicht jedermann verstehen konnte, fort: Sie „reden nicht nur, sie handeln auch, und zwar in Gremien, in denen es u.a. um Wissenschaftsfinanzierung und um Publikationsvorhaben geht". Dachte Wette an die DHI-Entscheidungen? Nein, er selber war sehr konkret im MGFA betroffen.

Seit Jahren schon herrscht dort ein bitterer Streit, der sich vor allem an dem institutseigenen, zehnbändigen Großprojekt „Das Deutsche Reich und der Zweite Weltkrieg" entzündet hatte. In den Mittelpunkt rückte eine Kontroverse, die auf die erdrückende Mehrheit der Neuzeithistoriker wie absurdes Theater wirkt, im MGFA jedoch die streitenden Parteien bereits vor den Kadi und in Band IV zu halsbrecherischen Interpretationskompromissen geführt hat. Der Disput ist schnell beschrieben: Es geht darum, ob Hitler am 22. Juni 1941 die Sowjetunion überraschend überfallen hat, um sein „Lebensraum"-Imperium in „Ostland" zu gewinnen, oder ob er soeben noch einem raffinierten Angriff Stalins durch einen Präventivkrieg zuvorgekommen ist. Eben dies war damals bekanntlich die Parole der Goebbels-Propaganda. Dutzende von Fachleuten, in vorderster Linie auch Hillgruber, haben dieses Lügengespinst völlig überzeugend empirisch immer wieder zerstört. Vergebens, gelegentlich taucht die Legende wie das Ungeheuer von Loch Ness doch wieder auf.

Das ist nun ausgerechnet im MGFA noch einmal der Fall, wo eine Gruppe von Historikern um den angeblich einzigen

Russischkenner des Hauses, Joachim Hoffmann, die Präventivkriegsthese vertritt. Hoffmann hat eine Untersuchung über die Wlassow-Armee geschrieben: jene russischen Überläufer, die auf seiten der Wehrmacht gegen die Sowjetunion kämpften. Ein Gutteil des zugrundeliegenden Quellenmaterials ist von der Sache her extrem einseitig, deutschfreundlich, auf Dämonisierung Stalins bedacht. Die äußere und innere Quellenkritik, wie sie zum Handwerk des Historikers gehört, gebietet es, mit allgemeinen Schlüssen gerade aus diesem Material außerordentlich vorsichtig umzugehen. Wlassow-Anhängern wird man die Stalinsche Angriffslust zu allerletzt glauben.

Auch andere Verfechter der These vom bevorstehenden russischen Angriff, wie der ehemalige russische Generalstabsoffizier Victor Suvorov, sind von kompetenten Kritikern inzwischen erneut widerlegt worden. Das hat die FAZ, immer dieselbe, nicht davon abgehalten, auf dieses Pseudoproblem erhebliche Aufmerksamkeit zu lenken. Das begann im August 1986 und überschnitt sich monatelang, insbesondere in schier endlosen Leserbriefen von Artikellänge, mit dem „Historikerstreit". In dem vorzüglichen Aufsatz von Bianka Pietrow kann man inzwischen (noch einmal, ist sogleich hinzuzufügen) eine klare Widerlegung der Präventivkriegslegende, Punkt für Punkt, nachlesen und anhand der angegebenen Literatur und Quellen kontrollieren.[98]

Dieser prinzipielle Streit, den kaum jemand mehr vierzig Jahre nach dem Zweiten Weltkrieg für möglich gehalten hätte, erschütterte den internen Betrieb des MGFA, führte zu unerträglichen Spannungen und in Band IV der Weltkriegsreihe zu einem Parallelabdruck diametral entgegengesetzter Interpretationen. Schließlich setzte die Bonner Hardthöhe unter Minister Wörner einen „Beirat" ein, der die wissenschaftlichen Manuskripte des MGFA vor dem Druck lesen sollte, um als angeblich neutraler Filter sozusagen entspannend zu wirken. Unter dem Vorsitz des hochangesehenen, inzwischen mehr als 80jährigen Generals a.D. J.A. Graf Kielmansegg, der das Konzept der „Inneren Führung" wesentlich mit verfochten hatte, sollten – dreimal darf man raten – die Historiker Hildebrand, Stürmer und Nipperdey zusammentreten, um die wissenschaftliche Prüfung durchzuführen. In Metternichs Zeiten hätten Liberale diese Runde eine ministerielle Zensurkommission genannt. Heute klingt Beirat viel sachlicher. Dennoch bleibt es ein erklärungsbedürftiges Problem, wie drei Historiker ihm beitreten konnten.

Als erstes Manuskript mußte dieser vortreffliche und – wie jedermann erkennt – politisch völlig neutrale Beirat eine Biographie des Sozialdemokraten Gustav Noske prüfen, der in den frühen Jahren der Weimarer Republik zeitweilig als Reichswehrminister fungiert hatte. Wegen des Einsatzes von Freikorps und regulären Truppen gegen aufständische Arbeiter ist er bis heute eine außergewöhnlich umstrittene Figur geblieben. Der Autor: der MGFA-Historiker Wolfram Wette, der im Auftrag des Amtes nach mehrjähriger Vorbereitungsarbeit aus allen verfügbaren ungedruckten und gedruckten Quellen diese Biographie geschrieben hatte.

Die Beiratsmitglieder lasen seit dem 2. Januar 1986 fleißig und sehr genau. Das ist nur eine Vermutung, aber die Fairneß gebietet, das anzunehmen. Am 24. April 1986 teilte Graf Kielmansegg als „Vorsitzender des Beirats" dem „Amtschef" des MGFA das Votum mit. „Der Beirat empfiehlt einstimmig", begann der vierseitige Urteilstext, „dem Manuskript das Imprimatur nicht zu erteilen und bei einer Veröffentlichung durch den Verfasser nicht in Erscheinung zu treten, z. B. durch ein Vorwort o. ä. Der Beirat empfiehlt ferner, von einer Druckkostenbeteiligung abzusehen." Dagegen wollte er „keine Einwendungen erheben, wenn das Manuskript unter Berücksichtigung des Vorstehenden" höchstens „bis zu vier (!) Verlagen angeboten werde".

Die Begründung der einstimmigen Ablehnung fiel eindeutig genug aus. „Das Manuskript ist in der vorliegenden Form nicht druckreif. Dazu kommt, daß es Noske lediglich kritisiert und abqualifiziert. Als unsichtbares Motto über dem Manuskript steht der zynische englische Spruch: ‚We shall give him a fair trial, and then hang him'." (Vielleicht eine kleine Bosheit der Englandliebhaber Hildebrand und Stürmer?) Die Veröffentlichung „dürfte nicht Aufgabe" des MGFA sein, „das nun einmal keine freischwebende Forschungseinrichtung ist, sondern im Dienst(!) der Bundeswehr steht". Moniert wurde die Länge des Manuskripts, mehr als 1200 Seiten; aber „noch schlimmer" sei, daß trotz des Umfangs die Geschichte der deutschen Sozialdemokratie nicht „in der notwendigen Differenziertheit", die deutsche Revolution von 1918 nicht „in ihrer Vieldeutigkeit analysiert" werde. Auch sei es dem Verfasser nicht gelungen, „das internationale System 1917/1920 wirklich zu begreifen" sowie „die ökonomischen Probleme Deutschlands in ihrem vollen Gewicht einzubeziehen".

Die Urteile Wettes seien „vielfach einseitig und unausgewogen", auch werde die „Literaturauseinandersetzung völlig willkürlich vorgenommen". Die Kritik an Noskes „unterschwelligem Rassismus" (in seinen längst hinlänglich dokumentierten Äußerungen zur wilhelminischen Kolonialpolitik) mißfiel dem Beirat ganz und gar, da dieses Kapitel Noske „durch Halbwahrheiten und Unterstellungen schlicht und einfach hinrichtet". Es folgten allerlei historische Erwägungen zur Umbruchsituation 1918/20, ehe das Resümee gezogen wurde, daß aufgrund seiner Vorurteile Wettes „Urteil über Noske zu lauten hat: Nicht wesentlich anders, als es damals bei der KPD lautete"! Der Beirat warf Wette vor, daß seine Arbeit „reich an Ungenauigkeiten", „der Gebrauch der Metaphern durchweg schief und unglücklich" sei. Aus alledem zog er die Konsequenz: umfassende Umarbeitung, neues Durchdenken der „grundlegende(n) Konzeption", Beschäftigung „mit der wirklich gewichtigen Literatur". Insbesondere: „unter dem methodischen Primat der Innenpolitik" seien „nur sehr begrenzt Kenntnisse zu gewinnen". Fazit: „als autoritative Publikation des MGFA ist das Manuskript in der vorliegenden Form ungeeignet, weil unfertig, unausgewogen und einseitig". Das war's: „einstimmig", wie gesagt, abgelehnt.

Im MGFA bewies man jedoch Zivilcourage. Gutachten wurden über Wettes Manuskript eingeholt. Nach dem positiven Ergebnis wurde die Studie gedruckt. Jedermann kann sie seit dem Frühjahr 1987 lesen. Jedermann kann die Kritik in dem einstimmigen Gutachten des Beirates mit dem Inhalt des Buches selber vergleichen.[99] Der Druck, und daher auch die Kontrollmöglichkeit bilden einen doppelten Glücksfall. Häufig (gewöhnlich?) bleibt ein derartiges Votum eines ministeriellen Beirates ja unbekannt. Und wer kann schon mit Sicherheit wissen, wie oft es beachtet wird? Respekt also vor der mutigen Entscheidung für die Veröffentlichung.

Kritische Zweifel dagegen sind angebracht an der Entscheidung, daß Historiker in einem „Beirat" mitwirken, dessen erste bekannte Stellungnahme zu dem Manuskript eines Kollegen verzweifelt schwer von dem Versuch einer Zensurausübung zu unterscheiden wäre. Sollen fortab alle Historiker des MGFA derart an die Kandare genommen werden? Das ist nur ein Gedankenspiel, zugegeben, aber auf schlimme Vermutungen wird man jetzt förmlich gestoßen, da die Historiker in diesem Amt in der Tat im Sold und „im Dienst der Bundeswehr" stehen. Ergo bedürfen sie, will man konsequent bleiben, der Genehmigung des Beirats. (Der Traum des Gerechten: Ein Manuskript über Hitlers „Präventivkrieg" 1941 muß von diesem Beirat als nächste Studie begutachtet werden!)

Und weiter: Ebenso bedrückend ist die Einstimmigkeit des Votums. Dem Vorsitzenden in seinem biblischen Alter wird man die intensive fachwissenschaftliche Beschäftigung mit einem 1200-Seiten-Manuskript nicht mehr ohne weiteres zumuten. Ist der Schluß so abwegig, daß die drei Historiker, auch mit Formulierungshilfen, den Ausschlag gegeben haben?

Vergegenwärtigt man sich das Urteil des Freiburger Beirats mit all seinen Implikationen – wer kann da mit guten Gründen bestreiten, daß neokonservative Politik und Gesinnungskontrolle durchaus ihre tristen, wenn diesmal auch kurzlebigen Erfolge zu feiern vermögen? In einem schmalen Bereich geschieht das, zugegeben, der die breite Öffentlichkeit nicht sobald in Erregung versetzen wird. Aber: „Wende"-Politik auf dieser Etage scheint besser zu funktionieren als mancher glauben mag, der nur auf den vorerst befriedigenden Ausgang des „Historikerstreits" blickt.

VI. Eine Zwischenbilanz

Rund ein Jahr nach dem Beginn des „Historikerstreits“ eröffnet der Rückblick auf wichtige strittige Themen und Aspekte die Möglichkeit, eine vorläufige Bilanz des Verlaufs der Kontroverse und ihrer Ergebnisse zu ziehen. Tatsächlich geht es wie bei der doppelten Buchführung um „zweierlei“ Bilanz.

Die erste Bilanz ist durchweg negativer Natur. Die von Nolte, Hillgruber und Stürmer zusammen mit ihren Verbündeten in einer breiten Öffentlichkeit vorangetriebene politische und wissenschaftliche Offensive, die aus unterschiedlichen Interessen und Gründen ,das gemeinsame Ziel der Revision eines zuverlässig fundamentierten Geschichtsbilds verfolgte, hat viel Unheil angerichtet. Sie hat Unbelehrbare in ihren alten Vorurteilen aufs neue bestärkt. Sie hat unverzichtbare Standards der geschichtswissenschaftlichen Arbeit und der erkenntnistheoretischen Reflexion eklatant verletzt. Sie hat durch ihre Attacke auf verteidigungswürdige Elemente eines selbstkritischen westdeutschen Konsenses keineswegs für einen interpretatorisch überlegenen Revisionismus geworben. Vielmehr hat sie im wissenschaftlichen Bereich dem Ansehen der Historie als einer streng reflektierenden, empirischen Wissenschaft ganz so geschadet wie im politischen Bereich dem Ansehen der Bundesrepublik im Ausland. Die erste Phase des „Historikerstreits“ lehrt daher auch, welch staunenerregenden Berg von Porzellan man in kürzester Zeit zerschlagen kann.

Zum zweiten gibt es jedoch eine positive Bilanz, von der im Vergleich mit den Negativeffekten die ungleich größere Wirkung ausgeht. Die politische Kritik an dem nationalapologetischen Revisionismus demonstrierte eine durchschlagende Überzeugungskraft. Die wissenschaftlichen Einwände gegen die „asiatischen“ Taten mit Hilfe des „Rattenkäfigs“, gegen den Appell zur Identifikation mit der falschen Seite, gegen die

Jagd nach einer neokonservativ verchromten Identität erwiesen binnen kurzem ihre Überlegenheit. Die Debatte enthüllte die Wachsamkeit einer kritischen Öffentlichkeit. Sie demonstrierte die Bereitschaft zahlreicher Historiker, sich mit Entschiedenheit öffentlich zu engagieren. Sie endete bisher mit einem Sieg der kritischen Vernunft und Sachkunde über die Zumutungen dieses neuen Revisionismus. Kurz: Bei einer Kosten-Nutzen-Abwägung, bei einem Vergleich von „Soll" und „Haben", überwiegen bislang die positiven Ergebnisse mit deutlichem Abstand die nachteiligen Auswirkungen der Kontroverse.

Das stellt, allein für sich genommen, bereits ein wichtiges Resultat dar. Es ist jedoch auch deshalb von Bedeutung, weil der „Historikerstreit" weiter anhält. Eine stetig wachsende Anzahl von Aufsätzen, Dokumentationsbänden, Taschenbüchern bestätigt dieses Urteil. Deshalb geht es auch künftig darum, diesen Vorsprung der wissenschaftlichen Argumentation und der politischen Kritik zu behaupten. Wenn Hillgrubers angekündigte „größere Darstellung" über den Zusammenbruch der deutschen Ostfront 1944/45 im Lichte seiner selbstgewählten Maxime von der „wohl gravierendsten Kriegsfolge" vorliegt, wenn Noltes angekündigte Geschichte des „europäischen Bürgerkriegs" zwischen Roten und Braunen erscheint, entsteht beide Male unvermeidbar die Situation einer neuen Bewährungsprobe für die bisherigen Kritiker – und hoffentlich für zahlreiche neue.

Eine Prognose wird mit großer Wahrscheinlichkeit in Erfüllung gehen: Diese neuen Bücher werden hierzulande und im Ausland schneller und ungleich kritischer als zuvor nicht nur von kompetenten Historikern unter die Lupe genommen werden. Vielmehr wird ihnen auch die Aufmerksamkeit einer politisch sensibilisierten Öffentlichkeit sicher sein, welche die Triftigkeit der vorgetragenen Argumente aufmerksam abwägen, ihre politische Stoßrichtung verfolgen wird.

Blickt man noch einmal etwas genauer auf den „Historikerstreit", um besonders umstrittene Probleme und Thesen, Motive und Ziele der kritisierten Historiker Revue passieren zu lassen, tritt mit aller Klarheit hervor, daß diese Debatte in erster Linie den Charakter einer öffentlichen politischen Kontroverse besitzt. Dagegen ist sie bisher nicht zu einer primär fachwissenschaftlichen Diskussion geworden. Nolte und Hillgruber führen inzwischen eben darüber lebhaft Klage, obwohl sie doch selber als erste zielstrebig den Weg in die breite Öffentlichkeit gesucht haben. Unverändert steht die Teilnahme an dem Streit jedermann offen. Sie ist noch nicht zu einem Expertenprivileg geworden, auf das Nolte und Hillgruber sie jetzt nur zu gern einengen möchten.

Während dieser öffentlichen politischen Diskussion ist bisher der Versuch gescheitert, die Schwächung der Legitimationsbasis der Bundesrepublik – und die ökonomischen und sozialen, die politischen und kulturellen Krisen seit Beginn der 70er Jahre haben darin mehr als feine Haarrisse hervorgerufen – durch die „Regenerierung eines nationalen Geschichtsbewußtseins", frei von hellwacher Selbstkritik, dagegen aber mit klaren Feindbildern ausgestattet, abzufangen.[100] Diesem politischen Zweck, der durchweg – mit Ausnahme von Stürmer – nicht offen eingestanden wurde, dienten die verschiedenen Anläufe zu einer Entsorgung der deutschen Vergangenheit: vor allem von den so außerordentlich irritierenden Trümmern und hohen Barrieren, welche die nationalsozialistische Zeit vor die ältere deutsche Geschichte geschoben hat. Derartige Anstrengungen sind zugleich Symptome einer kleinen „Kulturrevolution" von rechts: Im Rahmen des „Historikerstreits" wurde auch der seit Jahren anhaltende begriffspolitische Kampf um die kulturelle Hegemonie, der die Neokonservativen so eifrig nachjagen, zäh fortgesetzt. Ihr modisches Vokabular (Identität, Erbe, Identifikation mit der deutschen Geschichte usw.) sollte weiter propagiert, ihre Interpretation der deutschen Vergangenheit sollte fester verankert werden. Als Ziel lockt die Definitionsmacht über die Schlüsselbegriffe, lockt der Deutungsprimat, wenn ein Urteil über die Grundzüge der neueren deutschen Geschichte und Entwürfe einer besseren deutschen Zukunft gefällt wird.

Trotz dieser vorrangigen Grundtendenz der Kontroverse

als einer „öffentlichen Meinungsauseinandersetzung“ spielten wissenschaftliche Tatbestände und Thesen fraglos, obwohl oft in durchsichtig instrumentalisierter Form, eine wesentliche Rolle.[101] Daraus ergab sich die mehrfach beschriebene Gemengelage von politischen, wissenschaftlichen oder pseudowissenschaftlichen Motiven, Intentionen und Argumenten. Die Überlegungen und Thesen, die mit dem Anspruch auf Wissenschaftlichkeit vorgebracht wurden, mußten und müssen genau so geprüft werden wie die politischen Zwecke. So unleugbar der „Historikerstreit“ eine öffentliche Debatte war und ist, so unumgänglich blieb und bleibt doch auch die sorgfältige Kontrolle der vorgetragenen wissenschaftlichen Hypothesen und der tatsächlich oder vermeintlich gesicherten Forschungsresultate.

Dabei ergab sich, von der Natur der umstrittenen Probleme her, zunächst ein gewisser professioneller Vorsprung, jedenfalls eine unmittelbare Herausforderung für die Historiker, unzweideutig Stellung zu beziehen. Das hieß zugleich auch: sich zu den umstrittenen historischen Sachverhalten klärend zu äußern. Schwer zu verstehen ist, warum sich die für wichtige Probleme besonders zuständigen Osteuropahistoriker so auffällig zurückhielten. Und ein eigentümlicher, bedauerlicher Aspekt des bisherigen „Historikerstreits“ bleibt es, daß die kompetenten Politikwissenschaftler, die Politischen Soziologen, ja die Sozialwissenschaftler überhaupt – mit Ausnahme von Habermas, Sontheimer und Euchner –, die Verfassungsrechtler, die Vertreter der Politischen Philosophie usw. als interessierte, gleichwohl stumme Beobachter am Rande standen. Wird diese merkwürdig apolitische Abstinenz auch in Zukunft anhalten? Bisher kann man sich jedenfalls dem Eindruck kaum entziehen, als ob die Kontroverse an liberale Journalisten und eine Gruppe von Neuzeithistorikern sozusagen delegiert worden sei.

Das hat einen Kommentator der FAZ nicht von der verblüffenden Erkenntnis abgehalten, es habe sich bei diesem Disput in Wirklichkeit um „die Auseinandersetzungen“ zwischen Nolte und anderen Historikern auf der einen Seite, dagegen

„einigen Sozialwissenschaftlern" auf der anderen Seite gehandelt. In der Nomenklatur der FAZ galten Historiker bisher schlichtweg als Historiker oder als Geisteswissenschaftler. Jetzt aber wurden kritische Historiker wie Jäckel, Broszat, Kocka, Meier, Winkler und die Mommsens unversehens in „Sozialwissenschaftler" verwandelt. Und mit dem an dieser Stelle durchaus abschätzig gemeinten Begriff ließ sich sogleich die ebenso scharfsinnige wie respektvolle Charakterisierung verbinden, daß es „Habermas und seine Domestiken" in „ihrem herrschaftlichen Diskurs" gewagt hatten, Kritik zu üben statt Beifall zu spenden. Trotz einer solchen beneidenswerten Treffsicherheit des fachmännischen Urteils, dem jede perfide Abkanzelung fernlag, wird man sich nicht nur in Frankfurt wundern, welch einen vielköpfigen Haushalt an hochbezahlten „Domestiken" ein ebenda lehrender Philosoph selbst heutzutage noch zu unterhalten vermag, ja, mehr noch, wieviel neue „Domestiken" selbst aus dem Ausland, aus Europa, Amerika, Israel ihm ständig ihre Dienste anbieten.[102]

Doch zurück aus der Sackgasse einer journalistischen Polemik zum „Historikerstreit" selber. Die mehrfach erörterte Verquickung von Politik und Wissenschaft findet sich bei allen Historikern, die im Kreuzfeuer der Kritik standen – auch und gerade dann, wenn sie diese Fusion entschieden zurückgewiesen haben. Eine der Hauptthesen von Ernst Nolte z.B. ist die dubiose Behauptung geblieben, daß die von der Marxschen Vernichtungstheorie angeleitete, angeblich beispiellose bolschewistisch-„asiatische" Vernichtungspraxis im Bürgertum eine panische Angst ausgelöst habe, von der Hitler selber, die nationalsozialistische „Bewegung" und ihre Wählerschaft erfaßt worden seien. Aus existentieller Furcht habe daher Hitlers Deutschland dieses „Vorbild" durch eine noch radikalere Politik zu imitieren, ja zu übertreffen versucht.

Diese These ist bisher nicht einmal von fern als eine Hauptantriebskraft der nationalsozialistischen Vernichtungspolitik plausibel gemacht worden. Das Schlüsselbeispiel des „Rattenkäfigs" ist, wie sich erwiesen hat, alles andere als vertrauenerweckend. Der dichte Quellenbefund, der die Verachtung des jüdischen Bolschewismus und des im Inneren zutiefst verrotteten Sowjetsystems ebenso belegt wie die offene Bewunderung der Brutalität Stalins, muß erst noch durch eine neue, empirisch überzeugende Beweisführung in Frage gestellt werden. Bis dahin behalten für eine wissenschaftliche Geschichtsschreibung die bekannten Quellen ihre „Vetomacht" (Koselleck) gegenüber allen Spekulationen.

Bis dahin auch läßt sich eine kritische Schlußfolgerung weiter vertreten. Noltes These von den fatalen Wirkungen des angsterzeugenden Vorbilds der bolschewistischen Klassenkriegführung richtet sich vor allem gegen die vielfach gesicherte Interpretation, daß Hitler und der Nationalsozialismus in erster Linie als ein Produkt der reichsdeutschen und der deutsch-österreichischen Geschichte verstanden werden müssen. Erst danach ist selbstverständlich auch der europäische Kontext zu berücksichtigen. Diese mühsam erstrittene Einsicht droht Nolte mit der Verlagerung der historischen ‚Primärschuld' auf Marx, die Russische Revolution und die bolschewistische Vernichtungspolitik zu verschütten. Es hat nichts mit einer teutonozentrischen Manie zu tun, wenn dagegen noch einmal mit Nachdruck die empirisch und interpretatorisch überlegene Gegenposition betont wird.

- Den fanatischen Antimarxismus hatten Hitler und zahlreiche Nationalsozialisten längst vor 1914/1918 fest verinnerlicht, ehe die Russische Revolution, der russische Bürgerkrieg, dann der Klassenkrieg in der sich konsolidierenden Sowjetunion den Haß auf die „Roten" bestätigten und verstärkten.
- Der vulgäre, rassistisch überformte Sozialdarwinismus Hitlers und zahlreicher Nationalsozialisten gehörte längst vor 1917 zu den stärksten Impulsen ihrer hochideologisierten „Weltanschauung". Die zeitgeschichtlichen Erfahrungen seither lieferten diesen wirren Köpfen nur eine Bestätigung.
- Die Wahnideen des Hitlerschen und nationalsozialistischen Judenhasses stammten aus dem giftigen Sumpf des deutschen und österreichischen Antisemitismus. Der neue rassistische politische Antisemitismus seit den späten 1870er Jah-

ren hat schon nach kurzer Zeit explizit zum Vernichtungspostulat geführt. Im September 1899 verkündete z.B. die „Deutsch-soziale Reformpartei" reichsdeutscher Antisemiten in ihren Hamburger Beschlüssen die programmatische Forderung ganz ungeniert in aller Öffentlichkeit, daß die „Judenfrage im Laufe des 20. Jahrhunderts ... endgültig durch völlige Absonderung und (wenn die Notwehr es gebietet) schließliche Vernichtung des Judenvolkes gelöst werden" müsse.[103] Neu war ‚nur', daß Hitler und seine Kohorten diesen Appell wortwörtlich ernstnahmen, sie brachten den Willen zu dieser Tat mit.

- Das voll ausgebildete, weitverbreitete antidemokratische, antiliberale, antiparlamentarische Syndrom haben die Nationalsozialisten von der deutschen Rechten vor 1917/18 mühelos übernommen.
- Das tiefeingefressene antikapitalistische Ressentiment insbesondere des mittelständischen, protestantischen, kleinstädtischen Bürgertums und der bäuerlichen Gesellschaft vermochten die Nationalsozialisten ebenso auszubeuten, wie sie den harten Konflikten einer modernen Klassengesellschaft die längst vielfach beschworene „Volksgemeinschaft" in hypertropher Idealisierung entgegensetzen konnten.
- Langlebige Vorbedingungen des Erfolgs, die aus den Antagonismen der deutschen Sozialverfassung, aus der Obrigkeits- und Untertanenmentalität, aus den Eigenarten des preußischen Militarismus, aus dem staatsfrommen Protestantismus, aus der Anfälligkeit für charismatische Führerpersönlichkeiten, aus der Politischen Philosophie usw. hervorgingen, kamen dem Nationalsozialismus ebenso zustatten wie kurzfristig wirksame Vorbedingungen, die aus zeitgenössischen Erfahrungen zwischen 1914 und 1933 stammten. Dazu gehörten das „Kriegserlebnis", die „Nation in Waffen", der „totale Krieg" seit 1916, der Abstieg in die Niederlage, der Verzicht auf alle Kriegsziele, die Dolchstoßlegende, der Versailler „Schandfrieden", die Reparationen und Inflationsfolgen, die Zerstörungskraft der Welt-

wirtschaftskrise 1929. So beginnt eine lange Liste begünstigender Faktoren mit fatalen Auswirkungen.

Überall dominieren zunächst Traditionen und Belastungen der deutschen Geschichte. Erst danach muß der Einfluß des europäischen und weltgeschichtlichen Kontextes hier und da präzisiert werden. Dorthin gehört dann auch die unbestrittene Sorge vor einem potentiell möglichen Zangenangriff des neuen Linksradikalismus: durch die KPD von innen her, die allmählich erstarkende Sowjetunion von außen her. Diese konstatierbare Angst, die jedoch niemals das realhistorische Fundament einer tatsächlich geplanten militanten Kooperation dieser beiden Kräfte mit dem Ziel des revolutionären Umsturzes besessen hat, ist von 1917/20 bis 1933 maßlos dramatisiert worden. Nolte ist der vorerst letzte in einer langen Reihe von Kassandra-Imitatoren, welche diese bemooste Überwältigungslegende zu einer höchst realen, tödlichen Gefahr erklären.

Angeblich glaubte Hitler nicht nur an ihre Existenz. Vielmehr soll in dem Horror vor der Überflutung durch die „asiatischen" Bolschewisten sogar das innerste Movens seiner Politik und Person gelegen haben. Nolte hat sein Axiom – in dem sich vielleicht auch die spezifische Realitätsferne eines Historikers ausdrückt, der sein „Lebenswerk" der Geschichtsmächtigkeit von Ideologien gewidmet hat – im Herbst 1987 noch einmal ganz unmißverständlich, ja pointierter denn zuvor formuliert: „Hitler als deutschen Politiker und nicht als Anti-Lenin aufzufassen, scheint mir", kanzelte er Hunderte von sachkundigen Historikern ab, „ein Beweis von beklagenswerter Kurzsichtigkeit und Enge zu sein." Von dieser Prämisse aus insistierte Nolte, dem Sog der von ihm selber hochstilisierten Ängste und Phobien folgend, noch einmal trotzig: „Wenn Hitler ein wesentlich von Ängsten bestimmter Mensch war – u. a. von der Angst vor dem ‚Rattenkäfig'", der seinen „Handlungsimpuls verständlicher" mache, sei der Krieg gegen die Sowjetunion nicht nur der „größte Vernichtungs- und Versklavungskrieg", sondern auch „objektiv (!) trotzdem ein Präventivkrieg gewesen".[104]

Die gewaltige Bürde einer außerordentlich schwierigen Beweisführung lastet mithin auf Noltes angekündigtem Buch, das solchen mehr als riskanten Thesen die bisher fehlende Glaubwürdigkeit verschaffen soll. Weder die für Historiker wie mich verfügbaren historischen Kenntnisse noch eine disziplinierte historische Phantasie reicht vorerst dafür aus, sich vorzustellen, wie das empirisch schlüssig gelingen könnte. Zu viele Quellen und wohlbegründete Interpretationen sprechen vorerst gegen den Erfolg dieses Unternehmens. Die stolze Verstocktheit, mit der Nolte seit dem Herbst 1986, ohne eine auch nur minimale Konzessionsbereitschaft gegenüber seinen Kritikern zu zeigen, immer wieder betont hat, er denke gar nicht daran, in der Sache irgend etwas zurückzunehmen, läßt die Sorge vor einem Irrgarten, dessen Windungen jetzt 600 Buchseiten in Anspruch nehmen werden, nicht grundlos aufkommen. Aber das Urteil bleibt natürlich von der empirischen und interpretatorischen Überzeugungskraft des „Europäischen Bürgerkriegs 1917–1945" abhängig.[105]

Was immer auch Nolte als das rein wissenschaftliche Interesse eines – wie er gern sagt – einsamen Denkers an einem vermeintlich komplexeren, realitätsnäheren Verständnis der Jahre von 1917 bis 1945 beschreiben mag, so liegen dennoch einige politische Implikationen klar auf der Hand. Die Grundtendenz von Noltes Uminterpretation läuft auf eine Entlastung der deutschen Geschichte durch die Relativierung der nationalsozialistischen Massenverbrechen hinaus, die sich nach dem originären Vorbild und Schreckbild der Exzesse der Russischen Revolution, des Stalinschen Regimes, des GULag angeblich orientierten und dieser „asiatischen" Gefahr mit einer ins Aberwitzige übersteigerten Imitation begegneten.[106] Die Neulokalisierung des ‚absolut Bösen' in Noltes politischer Theologie führt jetzt weg von Hitler, dem Nationalsozialismus, der deutschen Geschichte. Sie verlagert die eigentlichen Ursprünge der braunen Barbarei auf das Marxsche Vernichtungspostulat und die bolschewistische Vernichtungspraxis. Erneut funktioniert der klassische Mechanismus der Externalisierung des Übels aus der eigenen Geschichte. Unmenschlich bleibt der deutsche Vernichtungskrieg, gewiß. Da jedoch seine Wurzeln in der Marxschen Theorie und im bolschewistischen Klassenkampf liegen sollen, kann dem deutschen Täter eine zumindest verständliche Panikreaktion auf die „ursprüngliche" Unmenschlichkeit im Osten zugebilligt werden. Von daher ist es dann offenbar nur mehr ein Schritt zu dem atemberaubenden Urteil, daß Hitlers Überfall im Juni 1941 mitsamt dem folgenden Eroberungs- und Vernichtungskrieg „objektiv" – man traut seinen Augen nicht – „ein Präventivkrieg" gewesen sei.

Wem trotzdem die These von der Exkulpationstendenz immer noch als zu gewagt erscheint, muß Noltes eigene, ganz und gar nicht unpolitische Auffassung in einem „Welt"-Interview vom September 1987 zur Kenntnis nehmen: „Das Herrenvolk damals und jetzt das Sündervolk. Das eine ist eine Umkehrung des anderen." Also auf in's gelobte Land, wo man nicht mehr „von den Deutschen als Deutsche verlangt, daß sie sich als Schuldige erklären".[107] Wenn es wirklich noch eines weiteren Beweises bedurft hätte, daß auch die ‚reine Wissenschaft' des Ernst Nolte voll politischer Implikationen steckt – wie jede Geschichtsschreibung explizit oder implizit ihre politischen Dimensionen besitzt –, Noltes vehemente Opposition gegen den Begriff „Sündervolk" müßte eigentlich jedem als Beweis genügen. Ob aber das Phantom eines von panischer Angst erfüllten, vor „asiatischen" Taten zitternden, indes mit unerbittlicher Konsequenz und mit industriellen Methoden Vernichtungs-Imitation betreibenden Hitlerschen Großdeutschland das „Sündervolk" endlich erlösen kann? Nolte müßte es wissenschaftlich exakt beweisen.

In Andreas Hillgrubers „Zweierlei Untergang" tritt ein womöglich noch engerer Zusammenhang von wissenschaftlichen und politischen Interessen hervor. Seine Identifikation mit dem kämpfenden Ostheer und der ostdeutschen Zivilbevölkerung ohne jede abwägende Berücksichtigung des Schicksals der jüdischen und slawischen „Untermenschen", der Angehörigen der deutschen Opposition und Widerstandskreise in den Vernichtungslagern, den KZ und Zuchthäusern, aber auch der

Europäer unter deutscher Herrschaft und des deutschen Volkes in einem sinnlos verlängerten „totalen Krieg", besitzt ganz unübersehbar bedrückende politische Komponenten. Seine Klage über die Zerstörung der „europäischen Mitte", der deutschen Vermittlungsposition zwischen Ost und West, der deutschen Großmachtstellung ist durchsetzt mit zahlreichen politischen Werturteilen. Und seine spät eingestandene Leitperspektive, daß der Verlust der deutschen Ostgebiete und die Vertreibung der Deutschen die „wohl gravierendste Kriegsfolge" bilden, stellt ein genuines Politikum an sich dar.

All diese politischen Implikationen können – von der wissenschaftlichen Sackgasse einmal ganz zu schweigen – nur in das politische Abseits führen. Für diesen Irrweg ist die Aversion Hillgrubers gegen methodologische und theoretische Reflexion aller Wahrscheinlichkeit nach erneut in hohem Maße bestimmend gewesen.[108] Diese naheliegende Vermutung kann freilich im strikten Sinn nicht bewiesen werden. Wie dem daher auch sein mag – der politische Effekt von „Zweierlei Untergang" ist schlechterdings fatal. Die Wiederkehr eines unreflektierten Nationalismus, der die Identifikation mit dem kämpfenden deutschen Ostheer und der deutschen Zivilbevölkerung als die einzig mögliche Option dogmatisiert, hat zu der bei einem empirisch außerordentlich sachkundigen Historiker bisher unvorstellbaren, jetzt aber auf Buchpapier wiederholten Ausblendung und Ausgrenzung der nationalsozialistischen Opfer geführt. Drastischer konnten die Folgen einer naiven Identifikationsentscheidung kaum demonstriert werden. Daß ein guter Teil der Verantwortung erst für die Amputation, dann für die Teilung des Deutschen Reiches und damit für die Zerstörung der „europäischen Mitte" auch auf die Westmächte und ihre bösartigen Kriegsziele abgeladen wird, wiederholt mit dem Vorwurf gegen die Alliierten im Westen in gewisser Hinsicht die allerdings weitaus gravierendere Abwälzung von Schadensursachen, wie sie Nolte mit dem Blick nach Osten vornimmt. Eine unpolitische Argumentation wird das im Ernst kein unbefangener Leser nennen können. Und Hillgrubers Fixierung auf das politisch verheerende, erkenntnisblockierende Interesse an der „wohl gravierendsten Kriegsfolge“ läßt einen mit Schreck und Grausen dem Tag entgegensehen, da seine auf eine derart krasse wissenschaftliche Fehlinterpretation, aber auch und vor allem auf ein politisch so verhängnisvolles Fehlurteil gegründete „größere Darstellung“ erscheinen wird.

Michael Stürmer schließlich hat zwei seiner Lieblingsthemen bisher alles andere als wissenschaftlich überzeugend präsentiert. Die Identitätsproblematik ist von ihm noch nicht so formuliert worden, daß die Prozesse der Identitätsbildung und der Charakter des Identitätsinhalts wissenschaftlich produktiv, d.h. neue Erkenntnisse versprechend, angegangen werden könnten. Die permanente Wiederholung formelartiger Identitätsbeschwörungen kann über dieses eklatante Defizit nicht hinwegtäuschen.

Ähnlich steht es um die geopolitische Marotte, die zu der angeblich aus intimer Kenntnis der historischen Prozesse abgeleiteten „Mittellagen“-Lehre geführt hat. Solange der Einfluß geographischer Faktoren auf Politik und Gesellschaft, Wirtschaft und Kultur nicht so präzise und differenziert – und zugleich auch so relativierend! – bestimmt wird wie in den besten französischen Studien, wird das ungehemmte Pathos der „Logik der Machtgeographie“ die nur zu begründeten Zweifel an diesem „Geographismus“ weiter nähren. Das Ziel seiner Verfechter ist klar: Sie möchten eine Trendwende weg von der seit den 1960er Jahren vorgedrungenen liberaldemokratischen Interpretation der deutschen Geschichte unterstützen. Mit anderen Worten: An die Stelle eines kritischen, pluralismusfreundlichen Paradigmas soll der Primat einseitig-hausbackener Dogmen treten, die den Anspruch, bis zum Kern von „Deutschlands Schicksal“ vorzustoßen, ebenso naiv wie arrogant vertreten.

Aus seinen politischen Absichten dagegen hat Stürmer, das unterscheidet ihn geradezu wohltuend von anderen, nie ein Hehl gemacht. Nur: Sein Bemühen um eine neokonservative „Identitätsstiftung“ führt zu einem inhaltlich in vielerlei Hinsicht so abstoßenden Wunschbild, daß es auch künftig scharfe

Kritik begleiten wird. Wenn Stürmer etwa in diesem Zusammenhang ausgerechnet „auf deutscher Seite viel jüngste Geschichte" und daher einen „wenig aufrechte(n) Gang" beklagt oder wenn er ein wendegerecht geläutertes Nationalgefühl fordert, verdienen derartige Hinweise auf den Inhalt seiner neudeutschen Identität unverzüglich entschiedenen Widerspruch. Zu Recht hat daher Eberhard Jäckel geurteilt, daß in Stürmers Drängen auf den Konsens über ein möglichst allen gemeinsames Geschichtsbild – „ein gänzlich ungeeigneter Gegenstand der Übereinstimmung" – leicht in einen „Akt vormoderner Bevormundung" münden könne.[109]

Auch in der politischen Diskussion erdrückt die „Mittellagen"-Rhetorik jede differenzierte Analyse. Da Stürmer den starren Bedingungen der „Machtgeographie" ausdrücklich den Vorrang vor allen anderen „Kontinuitäten" in der deutschen Geschichte zuspricht, läuft die auf neu frisierte alte politische Lehre darauf hinaus, an die Stelle möglichst komplexer Analysen wenige handliche Faustformeln zu setzen. Sollte die sogenannte operative Politik Bonns ihnen wirklich einmal folgen, wären fatale Ergebnisse die kaum vermeidbare Folge.

Hier und heute aber geht es um wichtige Entwicklungen, die nach der ersten Phase des „Historikerstreits" zu konstatieren sind.

Nicht die Kritiker von Nolte, Hillgruber und Stürmer haben einen politisch wie wissenschaftlich wohlbegründeten Konsens in Frage gestellt, sondern diese selber haben ihn in zentralen Bereichen aufgekündigt.

Wer die Einzigartigkeit der nationalsozialistischen Verbrechen durch den Rekurs auf ein Marxsches Vernichtungspostulat und die bolschewistische Vernichtungspraxis zu relativieren oder sogar primär zur Reaktion auf vorangegangene grauenhafte Vorbilder zu stilisieren versucht, kann die Frage nach seinen politischen Absichten genau so wenig empört abwehren, wie derjenige, der mit seiner Planierraupe alle essentiellen Unterschiede in einem pseudo-universalgeschichtlichen „Zeitalter der Tyrannen" einebnet.[110]

Wer die Kontinuität der marxistisch-bolschewistischen Gefahr in einem grell ausgemalten Feindbild für *das* Grundproblem des 20. Jahrhunderts hält (das eben auch, Verstehen ziert den Historiker, den deutschen „Radikalfaschismus" hervorbrachte), kann nicht nur traditionelle Schreckbilder beleben, sondern unter anderem mit seinem ideologischen Ballast dazu beitragen, das nüchterne Urteil über die Realität der innerrussischen Entwicklung und der internationalen Politik in der Gegenwart und Zukunft zu erschweren – und schwierig genug ist ein solches Urteil ohnehin schon.

Wer einem neokonservativen Identitätswandel das Wort redet, untergräbt, ehe er's sich versieht, die bestehende und belastbare nationalkritische Loyalität gegenüber der Bundesrepublik als einem liberaldemokratischen Gemeinwesen, dessen Bürger des anempfohlenen Identitätswandels nicht bedürfen.

Wer einen unreflektierten Nationalismus in der Form enthüllt, daß er die Identifikation mit dem kämpfenden Ostheer und der ostdeutschen Zivilbevölkerung verlangt, anstatt die schnellstmögliche Rettung aller unter brauner Gewalt und das früheste Ende des „totalen Krieges" zu seinem Richtwert zu machen, und wer dazu noch bei platten Vorwürfen gegen englische Kriegsziele, die Zerstörung der „europäischen Mitte" und deutschen Großmachtstellung landet und das Ganze mit einem zutiefst irritierenden Urteil über die „wohl gravierendste Kriegsfolge" in die rechte Perspektive rückt, der untergräbt damit die so oft beschworene Westbindung ungleich wirksamer als manches törichte grüne Gerede über eine Lösung aus der Westintegration.

Wenn all diese bedrückenden, ja bedrohlichen Entwicklungen inzwischen vor erhöhten Schranken stecken bleiben, wenn ihre Protagonisten unter einen Rechtfertigungsdruck geraten sind, den sie selber nach ihrem eiligen Vormarsch in die Öffentlichkeit als schmerzhaft beklagen, ist das ein Verdienst der liberalen Öffentlichkeit und all jener Historiker, die mit ihr im „Historikerstreit" das kritische Selbstverständnis der Bundesrepublik verteidigt haben. Daß diese Verteidigung so erfolgreich war, ist der Grund zu einem insgesamt optimistischen Urteil über den bisherigen Gang der Debatte. Und da die Wachsamkeit und das kritische Urteil der liberalen Öffentlichkeit wie der engagierten Historiker es ermöglicht haben, diesen Erfolg zu erstreiten, hat sich zugleich eben jene vielzitierte Politische Kultur bewährt, deren Gefährdung so oft prophezeit wurde, nachdem endlich die Gegenwehr gegen den Revisionismus eingesetzt hatte. All das berechtigt zu der Hoffnung, daß auch künftig die besseren Argumente derjenigen, die im „Historikerstreit" die Kritik am Revisionismus verfochten haben, die Oberhand behalten. Ihre Wachsamkeit und entschiedene Intervention bleiben auch weiterhin unentbehrlich, denn die Versuchung, die nationalapologetische Entsorgung der deutschen Vergangenheit trotz des erfolgreichen Widerstandes erneut voranzutreiben, wird sobald nicht nachlassen.

Anmerkungen

1 A. Heuss, Versagen u. Verhängnis. Vom Ruin deutscher Geschichte u. ihres Verständnisses, Berlin 1984, S. 143. Vgl. unten IV.9. zu dieser perfiden Diatribe eines ehemals bedeutenden Gelehrten, dessen Elaborat der Siedler Verlag veröffentlicht hat. – Zum „Historikerstreit" die Sammlung der meisten wichtigen Beiträge zur Kontroverse des Jahres 1986 in: „Historikerstreit". Die Dokumentation der Kontroverse um die Einzigartigkeit der nationalsozialistischen Judenvernichtung, München 1987 (im Piper Verlag; mit einigen zusätzlichen neuen „Anmerkungen" von Habermas, Nolte, Fest, Stürmer und Hillgruber). Dieser Band gestattet einen bequemen Überblick, besitzt aber auch gravierende Mängel: 1. Der Untertitel suggeriert eine einzige Thematik, während die Debatte auch um andere, ebenso wichtige Themen ging. 2. Der klägliche erste Leserbrief von A. Hillgruber in der FAZ vom 23. 8. 1986 ist vom Autor, wohlweislich, nicht noch einmal abgedruckt worden. Damit fehlt jedoch eine auch atmosphärisch wichtige frühe Reaktion. 3. Stürmer hat nach der ersten Kritik von Habermas nicht reagiert, wenn man von dem Leserbrief in der FAZ vom 16. 8. 1986 absieht. Dennoch ist dem Autor des Piper Verlags eingeräumt worden, zwei nichtssagende FAZ-Artikel in diesem Band abzudrucken (Geschichte in geschichtslosem Land, FAZ 25. 4. 1986, hier: S. 36–38; Was Geschichte wiegt, FAZ 26. 11. 1986, hier: S. 293–95), so daß der Eindruck erweckt wird, er habe sich doch an der Kontroverse beteiligt. Vgl. weiter: H. Hoffmann Hg., Gegen den Versuch, Vergangenheit zu verbiegen, Frankfurt 1987; D. Diner, Ist der Nationalsozialismus Geschichte? Frankfurt 1987 (vor allem H. Mommsen, Friedländer, Diner); R. Kühnl Hg., Vergangenheit, die nicht vergeht. Die NS-Verbrechen u. die Geschichtsschreibung der Wende, Köln 1987 (z. T. urheberrechtlich umstrittener Raubdruck der Beiträge in „Historikerstreit"; einige neue Aufsätze; Titel rechtskräftig abgesprochen; vgl. W. Schütte, in: Frankfurter Rundschau 31. 7. 1987); G. Erler u. a., Geschichtswende? Entsorgungsversuche zur deutschen Geschichte, Freiburg 1987; R. Kosiek, Historikerstreit u. Geschichtsrevision, Tübingen 1987 (rechtslastig). Zu den Sammelbänden: V. Ullrich, Die Fronten sind geklärt worden, in: Frankfurter Rundschau 5. 9. 1987. – C. Meier, 40 Jahre nach Auschwitz. Deutsche Geschichtserinnerung heute, München 1987; N. Kampe, Normalizing the Holocaust? The Recent Historians' De-

bate in the Federal Republic of Germany, in: Holocaust and Genocide Studies 2. 1987, S. 61–80; P. Pulzer, Erasing the Past: German Historians Debate the Holocaust, in: Patterns of Prejudice 21. 1987, S. 3–14; W. Speitkamp, Die Historikerkontroverse u. der Holocaust, in: Geschichtsdidaktik 12. 1987, S. 217–28; E. Jäckel, „Verantwortung übernehmen heißt nicht unterwürfig sein", in: Frankfurter Rundschau 6.6. 1987 (Bilanz nach einem Jahr); H. A. Strauss, Antisemitismus u. Holocaust als Epochenproblem, in: Aus Politik u. Zeitgeschichte B 11/87, 14.3. 1987, S. 15–23; B. Faulenbach, NS-Interpretationen u. Zeitklima. Zum Wandel in der Aufarbeitung der jüngsten Vergangenheit, in: ebd., B 22/87, S. 19–30; H. Mommsen, Das Dritte Reich: Bürde oder Herausforderung? in: Niemandsland. Zeitschrift zwischen den Kulturen 1. 1987, S. 16–20; H. Grebing, Deutsche Vergangenheit u. politische Moral, in: ebd., S. 5–15; W. D. Narr, Der Stellenwert der Auseinandersetzung mit dem Nationalsozialismus in der gesellschaftlichen Diskussion heute, in: ebd., S. 26–44; J.-L. Evard, Über den Umgang mit Mord in der Geschichtsschreibung, in: ebd., S. 111–18; A. Kuhn, Wem gehört die deutsche Geschichte? in: Blätter für deutsche u. internationale Politik 32. 1987, S. 25–32; A. Klönne, Historiker-Debatte u. „Kulturrevolution von rechts", in: ebd., H. 3, u. in: Kühnl Hg., S. 317–30; P. Schneider, Im Teufelskreis der Schuld, in: Die Zeit 27.3. 1987. Literaturüberblick in den vorn genannten Sammelbänden, sowie in: S. Melnik, Annotierte ausgewählte Bibliographie zur Historikerdebatte, in: Liberal 29. 1987/H. 2, S. 85–95. – Demnächst erscheint aus amerikanischer Perspektive ein Buch über den „Historikerstreit" aus der Feder von Charles S. Maier/Harvard University.

2 J. Habermas, Eine Art Schadensabwicklung. Apologetische Tendenzen in der deutschen Zeitgeschichtsschreibung, in: Die Zeit 11.7. 1986; auch in: ders., Eine Art Schadensabwicklung, Frankfurt 1987, S. 120–36, und in: „Historikerstreit", S. 62–76. – Hier wird nach dem Erstdruck in Zeitungen, Zeitschriften usw. zitiert. Um dem Leser die Kontrolle zu erleichtern, wird auch, wenn möglich, auf den Neudruck der Beiträge in: „Historikerstreit" verwiesen.

3 T. Nipperdey, Unter der Herrschaft des Verdachts, in: Die Zeit 17.10. 1986, und in: Historikerstreit, S. 215–19. Nipperdey verficht dort eine Auffassung – wie auch andere, die er verteidigt – in einem Beitrag, der nicht gerade einen Höhepunkt der bisherigen Kontroverse markiert. Vgl. dazu unten IV.4, mit Anm. 69. Ähnlich vorwurfsvoll und irreführend der ehemalige Doktorand Noltes und Assistent Stürmers, der Münsteraner Neuzeithistoriker H.-U. Thamer, Der Nationalsozialismus in der deutschen Geschichte. Anmerkungen zum Historiker-Streit, in: Geschichte, Politik u. ihre Didaktik 13. 1986, S. 142–47 (Habermas habe den Streit „vom Zaun gebrochen", S. 142; ebenfalls die Legende, es drehe sich primär um einen wissen-

schaftlichen Streit usw.). – Revisionismus charakterisiert selbstverständlich einen Normalvorgang in der wissenschaftlichen Arbeit. Hier wird darunter jedoch nur der neokonservative, nationalapologetische Revisionismus, der zu einem Gegenstand der Kontroverse wurde, verstanden, um eine handliche Abkürzung zu besitzen.

4 E. Nolte, Der Faschismus in seiner Epoche, München 1963/1979[5]; ders., Die faschistischen Bewegungen, ebd. 1966 u.ö., erweitert zu: ders., Die Krise des liberalen Systems u. die faschistischen Bewegungen, ebd. 1968 (S. 432: bis auf vier neue Unterkapitel und die Bibliographie mit dem dtv-Taschenbuch identisch). Hier findet sich auch die Erfindung des sog. „liberalen Systems", womit Nolte die Summe eigentümlicher westlicher Freiheiten seit dem Mittelalter meint. Treffender und genauer war das alles schon bei Max Weber (z. B. klassisch in: ders., Gesammelte Aufsätze zur Religionssoziologie, I, Tübingen 1947/1978[7], S. 1–16) als die Konstellation okzidentaler Eigenarten auf den Begriff gebracht und in seinen Schriften ausführlich beschrieben und analysiert worden. Zu diesen Eigentümlichkeiten gehört z. B. auch die universalhistorische Einzigartigkeit des europäischen Staatensystems mit dem dauerhaften Spannungsverhältnis zwischen weltlicher und geistlicher Herrschaft (statt ihrer Kongruenz wie in anderen Kulturkreisen). Das „liberale System" ließ sich daher im Anschluß an Weber, aber auch an Otto Hintze u. a. klar und historisch exakt charakterisieren. Der schillernde, eigens neuerfundene Begriff „liberales System" war insofern unnötig, und wenn Begriffe ihren Sinn behalten sollen, sind Skrupel gegenüber dem Wort „liberal" in Noltes Sinn nur zu sehr angebracht. – Damals sprach Nolte von seinen „Werken zur Phänomenologie des Faschismus" oder von seiner „Tetralogie zum Faschismus". Gemeint waren außer den beiden vorher zitierten Studien noch: ders. Hg., Theorien über den Faschismus, Köln 1967/Königstein 1984[6]; ders., Der Faschismus. Von Mussolini zu Hitler. Texte, Bilder, Dokumente, München 1968. – Später Rückblick: E. Nolte, Der Faschismus in seiner Epoche u. seine weltpolitischen Konsequenzen bis zur Gegenwart, in: Studienzentrum Weikersheim e. V. Hg., Deutsche Identität heute, Mainz-Laubenheim 1983, S. 25–47. (Es stellt ein Problem für sich dar, warum Nolte in dieser rechtskonservativen „Akademie" des unrühmlich aus der Politik ausgeschiedenen pp. Filbinger auftritt und für sie publiziert.) Vgl. zu Noltes wissenschaftlichem Werdegang: E. Nolte, in: Wer ist Wer?, Bd. 25, Lübeck 1986, S. 963.

5 E. Nolte, Deutschland u. der Kalte Krieg, München 1974; 2. z. T. überarbeitete Aufl. Stuttgart 1985[2]. Zitate aus der 1. Aufl.: S. 320, 159, 607, 601 (etwas modifiziert: 2. Aufl., S. 562f.) Als weitere exotische Spekulation (S. 160): „Wie kann man ernstlich daran zweifeln, daß auch ... Roosevelt einer antikommunistischen und antisemitischen Bewegung in den USA mindestens mit Sympathie gegenüber

gestanden hätte ..., wenn die Partei (d.h. die amerikanische KP, H.-U.W.) ... in der amerikanischen Politik eine ähnliche Rolle gespielt hätte wie die KPD in Deutschland?"

6 Deshalb habe ich, um sogleich Farbe zu bekennen, eine Rezension abgelehnt, nachdem ich früher meine Hochachtung vor der Leistung, die „Der Faschismus in seiner Epoche" verkörpert, in einer langen Besprechung ausgedrückt hatte. Das war – in der Retrospektive ist das vollends klar – falsch und zu rücksichtsvoll. Eine offene Kritik wäre richtig und sofort geboten gewesen. Eine rühmliche Ausnahme unter den westdeutschen Rezensenten bildete L. Niethammer (Zeitgeschichte als Notwendigkeit des Unmöglichen, in: Historische Zeitschrift 221. 1975, S. 373–89), der unverzüglich-unbeirrt auf zahlreiche dubiose Schwachpunkte scharfsichtig hinwies. Vgl. zur Reaktion Noltes auf die '68er Bewegung u.a.: ders., Sinn u. Widersinn der Demokratisierung in der Universität, Freiburg 1968.

7 F. Gilbert, Rez. von E. Nolte, Deutschland u. der Kalte Krieg, in: American Historical Review 81. 1976, S. 618–20 (vgl. ders., ebd. 82. 1977, S. 235 f., eine Antwort auf Noltes Protest). – P. Gay, Freud, Jews, and Other Germans, N.Y. 1978, S. XI–XIV; dt. Freud, Juden u. andere Deutsche, Hamburg 1986, S. 14–17; vgl. auch ders., Die Republik der Außenseiter, Frankfurt 1987^2, Vorwort. Ausführlich Noltes Verteidigung: „Pluralität der Hitlerzeit?" in: ders., Was ist bürgerlich? Stuttgart 1979, S. 88–113; vgl. ebd., S. 8 f.; dazu ders., Über Frageverbote, in: ebd., S. 56–66; ders., Bürgerliche Gesellschaft u. Vernichtungspostulat, in: ebd., S. 220–45.

8 E. Nolte, Marxismus u. Industrielle Revolution, Stuttgart 1983. Vgl. die bisher beste, knappe Rez. von E. J. Hobsbawm, in: Bulletin of the German Historical Institute London 17. 1984, S. 20–24. Hier bei Nolte auf S. 19: Konstruktion der „Trilogie", auch auf dem Werbeblatt am Schluß. – Vgl. E. Nolte, Philosophische Geschichtsschreibung heute? in: Historische Zeitschrift 242. 1986, S. 265–89, Zitat: S. 287 f. Ein aufschlußreicher Vortrag (im Bonner Philosophischen Seminar, 8.6. 1984), wo Nolte nach einer sechsseitigen Eloge auf die „philosophische Geschichtsschreibung" dem Leser unverblümt eröffnet (S. 275): „spätestens jetzt ist deutlich geworden, daß ich von meiner eigenen Geschichtsschreibung spreche". Auf die Beantwortung der Frage, ob und wo sonst noch „philosophische Geschichtsschreibung" bewerkstelligt worden ist, wird von Nolte explizit verzichtet. Wer wäre überhaupt noch übrig geblieben? Später heißt es (S. 288): „Aber keine Geschichtsphilosophie, Geschichtsdeutung oder Universalgeschichte wird künftig ernstzunehmen sein, die den Marxismus, den Faschismus und den Kalten Krieg nicht auf angemessene Weise zum Thema macht." Über Marxismus und Faschismus wird in diesem Kontext kaum Streit aufkommen. Ist jedoch die begrenzte Periode des Kalten Krieges überhaupt mit ihnen vergleichbar? Und müs-

sen Philosophie und Universalgeschichte auf die drei Schwerpunkte von Noltes „Trilogie“ derart apodiktisch festgelegt werden? Offensichtlich gibt es nicht wenige Themenkomplexe, die mindestens ebenso wichtig, wenn nicht wichtiger sind, wie z. B. die Aufzählung bei Weber, oben in Anm. 4.

9 Nolte, Marxismus, vor allem S. 280–85, 460–82. Vgl. die aus der Zeit vor 1986 stammenden zahlreichen Anspielungen auf das „Vernichtungsproblem“ insbesondere in den Aufsätzen des vorn (in Anm. 7) zitierten Sammelbandes, Was ist bürgerlich? Nolte kaprizierte sich auch damals schon auf „Frageverbote“, vgl. ders., ebd., S. 65; ders., Bürgerliche Gesellschaft (vor 1979 unveröffentlicht), in: ebd., S. 233; ders., Pluralität (vor 1979 unveröffentlicht), in: ebd., S. 100. Vgl. dazu noch: ebd., S. 96, 222, 226, 229, 231 f., 235, 237.

10 A. Hillgruber, Hitler, König Carol u. Marschall Antonescu. Die deutsch-rumänischen Beziehungen 1938–1944, Wiesbaden 1954/1965[2]; ders., Hitlers Strategie. Politik u. Kriegführung 1940/41, Frankfurt 1965/1982[2]; ders. Hg., Kriegstagebuch des Oberkommandos der Wehrmacht (Wehrmachtsführungsstab), Bd. II/1 u. 2, Frankfurt 1963 (Gesamthg. P. E. Schramm, 4 Bde, 1961–65); ders. Hg., Staatsmänner u. Diplomaten bei Hitler, 2 Bde, ebd. 1967/70. Interessant auch: ders., Deutschlands Rolle in der Vorgeschichte der beiden Weltkriege, Göttingen 1967/1979[2]. Aus der Freiburger Zeit: ders., Bismarcks Außenpolitik, Freiburg 1972/1981[2].

Vgl. zu Hillgrubers wissenschaftlichem Werdegang: A. Hillgruber, in: Kürschners Deutscher Gelehrten-Kalender 1987, Berlin 1987, S. 1814; dass., in: Wer ist Wer?, Bd. 25, Lübeck 1986, S. 553 f.; H. H. Herwig, A. Hillgruber, Historian of „Großmachtpolitik“ 1871–1945, in: Central European History 15. 1982, S. 186–98.

11 Zur Kontroverse um Hillgrubers Plädoyer für eine moderne Politikgeschichte (ders., Gedanken zu einer politischen Geschichte moderner Prägung, in: Freiburger Universitätsblätter 9. 1970, S. 32–43; ders., Politische Geschichte in moderner Sicht, in: Historische Zeitschrift 216. 1973, S. 529–52, auch in: G. Kaltenbrunner Hg., Die Zukunft der Vergangenheit, Freiburg 1975, S. 74–99) vgl. H.-U. Wehler, Moderne Politikgeschichte oder „Große Politik der Kabinette“? in: Geschichte u. Gesellschaft 1. 1975, S. 344–69, u. in: ders., Krisenherde des Kaiserreichs 1871–1918, Göttingen 1979[2], S. 383–403, 532–37 (mit der einschlägigen Literatur). Eine Antwort kann man bei einem erwachsenen Mann, der einen Streit bewußt eröffnet hatte, den einen, auf purem oder willentlichem Mißverständnis beruhenden Satz nicht nennen, den sich Hillgruber 1977 abgerungen hat: „Abzulehnen ist nur die anmaßende Forderung H.-U. Wehlers, eine moderne politische Geschichte habe sich als Teildisziplin einer sog. ‚Gesellschaftsgeschichte‘ deren Bedingungen unterzuordnen ..., was in

praxi auf ein Zuarbeiten für eine linke ‚Tendenzhistorie‘ hinausläuft“, wie u.a. Hildebrands Kritik zeige; so A. Hillgruber, Deutsche Großmacht- u. Weltpolitik im 19. u. 20. Jahrhundert, Düsseldorf 1977/1979[2], S. 7, Anm. 1. – Ein unbeholfener Ausflug in unvertrautes Theoriegelände: A. Hillgruber, Methodologie u. Theorie der Geschichte der Internationalen Beziehungen, in: Geschichte in Wissenschaft u. Unterricht 27. 1976, S. 193–210.

12 A. Hillgruber, Deutsche Geschichte 1945–(1972)1982. Die „deutsche Frage“ in der Weltpolitik (1974), Berlin 1985[2]; ders., Europa in der Weltpolitik der Nachkriegszeit 1945–1963, München 1979/1987[3]; ders., Sowjetische Außenpolitik im Zweiten Weltkrieg, Düsseldorf 1979 (Nachdruck von: Der Zweite Weltkrieg 1939–1945, in: Osteuropa-Handbuch: Sowjetunion. Außenpolitik 1917–1955, Hg. D. Geyer, Köln 1972, S. 270–342 (bemerkenswert mutig für jemand, der das Russische nicht beherrscht); ders., Die gescheiterte Großmacht. Eine Skizze des Deutschen Reiches 1871–1945, Düsseldorf 1980/1984[2]; ders., Der Zweite Weltkrieg. Kriegsziele u. Strategie der großen Mächte, Stuttgart 1982/1985[4]; vgl. auch ders. u. G. Hümmelchen, Chronik des Zweiten Weltkrieges. Kalendarium 1939–1945, Düsseldorf 1978, sowie die Abschnitte von Hillgruber in: ders. u. J. Dülffer Hg., Ploetz-Geschichte der Weltkriege. Mächte, Ereignisse, Entwicklungen 1900–1945, Freiburg 1981; ders., O. v. Bismarck, Göttingen 1978. – Aufsatzbände: ders., Großmachtpolitik u. Militarismus im 20. Jahrhundert, Düsseldorf 1974 (3 Beiträge); ders., Deutsche Großmacht- u. Weltpolitik (20 Beiträge, das Glanzstück: Die ‚Endlösung‘ u. das deutsche Ostimperium als Kernstück des rassenideologischen Programms des Nationalsozialismus [1972], S. 252–75); ders., Die Last der Nation, ebd. 1984 (5 Beiträge). Vgl. K. Hildebrand, Deutsche Außenpolitik 1933–1945, Stuttgart 1971/1980[4], S. 202, Anm. 1 (der 4. Aufl.), über Hillgrubers „geplante“ große Gesamtdarstellung. In „Deutsche Großmacht- u. Weltpolitik“ (S. 7) erklärte Hillgruber 1977, diese Beiträge seien als „Bausteine einer späteren Darstellung der Geschichte der Großmacht Deutsches Reich anzusehen“.

13 Der abstrusen, aber seit 1986 erneut zu verzeichnenden Wiederbelebung der Goebbelsschen Propagandalüge, daß Hitler durch einen „Präventivkrieg“ einem unmittelbar bevorstehenden Überfall Stalins auf Deutschland zuvorgekommen sei – eine Wiederbelebung, bei der sich insbesondere rechtskonservative Historiker des „Militärgeschichtlichen Forschungsamts“ und Mitarbeiter der FAZ unrühmlich hervorgetan haben –, ist Hillgruber deshalb auch mit unzweideutiger Entschiedenheit und mit der ganzen Autorität eines in dreißig Arbeitsjahren erworbenen umfassenden Sachwissens scharf entgegengetreten. Vorzüglich hierzu: B. Pietrow, Deutschland im Juni 1941 – ein Opfer sowjetischer Aggression? Zur Kontroverse über die Prä-

ventivkriegsthese, in: Geschichte u. Gesellschaft 14. 1988/H.1 (mit der Literatur).

14 K. Hildebrand, Von Erhard zur Großen Koalition 1963–1969 (=Geschichte der Bundesrepublik, IV), Stuttgart 1984, S. 465 u. 531 (die Angaben zur Person, die gewöhnlich vom Autor stammen oder von ihm gebilligt werden).

Zu Hildebrands wissenschaftlichem Werdegang: K. Hildebrand, in: Kürschners Deutscher Gelehrten-Kalender 1987, Berlin 1987, S. 1806; dass.; in: Wer ist Wer?, Bd. 25, Lübeck 1986, S. 550.

15 K. Hildebrand, Vom Reich zum Weltreich. Hitler, NSDAP u. koloniale Frage 1919–1945, München 1969 (die Diss., 760 S. Text, 965 S. Umfang); ders., Deutsche Außenpolitik (173 S. Text); ders., Das Dritte Reich, München 1979/1980² (112 S. Text. Wie man hier einen vom Nationalsozialismus okkupierten Begriff wie den des „Dritten Reiches“ ohne Anführungszeichen gebrauchen kann, ist ein Rätsel für sich). Das Heftchen von dems., Bethmann Hollweg. Der Kanzler ohne Eigenschaften? Düsseldorf 1970/1979², ist nur ein ausgewalzter, selbständig gedruckter Literaturbericht ohne sicheres Urteil. Einen Vortrag (von 40 S.) enthält ders., Das Deutsche Reich u. die Sowjetunion im internationalen System 1918–1932. Legitimität oder Revolution? Wiesbaden 1977. Vgl. das Vorwort zu: ders. u. R. Pommerin Hg., Deutsche Frage u. Europäisches Gleichgewicht. Festschrift A. Hillgruber, Köln 1984. – Die Habilitationsschrift: K. Hildebrand, Preußen als Faktor der britischen Weltpolitik 1866–1870. Studien zur Außenpolitik Großbritanniens im 19. Jahrhundert, Mannheim 1972, 435 S., MS. Aus diesem Interessenbereich: ders., Von der Reichsgründung zur „Krieg-in-Sicht-Krise“. Preußen-Deutschland als Faktor der britischen Außenpolitik 1865–1875, in: M. Stürmer Hg., Das Kaiserliche Deutschland, Düsseldorf 1970/1977³, S. 205–34; ders., „British Interests“ u. „Pax Britannica“. Grundfragen englischer Außenpolitik im 19. u. 20. Jahrhundert, in: Historische Zeitschrift 221. 1975, S. 623–39; ders., Großbritannien u. die deutsche Reichsgründung, in: ebd., Beiheft 6, München 1980, S. 9–62; dort wird (S. 14) der Druck der Habilitationsschrift angekündigt, die indes bisher (Sept. 1987) noch nicht erschienen ist.

16 Hildebrand, Von Erhard, S. 463. Vgl. zu dieser Darstellung insbesondere die Rezensionen von K. Bohnsack, Der hohe Preis des Neohistorismus. Geschichtsschreibung im Kielwasser des Staatsschiffs, in: Zeitschrift für Parlamentsfragen 16. 1985, S. 562–75 (kühl im Ton, sachlich streckenweise vernichtend); C. Kleßmann, Ein stolzes Schiff u. krächzende Möwen. Die Geschichte der Bundesrepublik u. ihre Kritiker, in: Geschichte u. Gesellschaft 11. 1985, S. 476–94; J. Kocka, Die Ära Adenauer als Glanzzeit, in: Die Neue Gesellschaft/Frankfurter Hefte 32. 1985, S. 864–66. – Wichtige Probleme der sozialstrukturellen Veränderung, des Konjunkturverlaufs, des Verbands-

wesens, der sozial- und wohlfahrtsstaatlichen Entwicklung, des Bildungssystems werden nicht einmal in Frageform angeschnitten, geschweige denn, daß in diesen Bereichen nach Kontinuität und Diskontinuität, Transformation und Neubeginn konsequent gefragt würde, um der Darstellung jetzt fehlende wichtige Dimensionen zu erschließen bzw. um mit Hilfe solcher Fragen und der möglichen Antworten den Text überhaupt zu strukturieren. Vgl. dagegen die insgesamt vorzüglichen Beiträge in: W. Conze u. M. R. Lepsius Hg., Sozialgeschichte der Bundesrepublik Deutschland, Stuttgart 1983. Die von den drei genannten Rezensenten, vor allem von Bohnsack, geübte Kritik an handwerklichen Mängeln und Schwächen des Urteils habe ich auf einem anderen Gebiet gegen Hildebrand bereits vor zehn Jahren vorgebracht und ihm ungenaue Argumentation und ideologisch motivierte Verzerrung nachgewiesen: H.-U. Wehler, Kritik u. kritische Antikritik, in: Historische Zeitschrift 225. 1977, S. 347–84, u. in: ders., Krisenherde des Kaiserreichs, S. 404–26, 537–45, insbes. S. 416–25. – Zu dem im folgenden erwähnten „Bias" vgl. z. B. Hildebrand, Von Erhard, S. 347 f., 445–60; vgl. damit Hillgruber, Deutsche Geschichte 1945–1972, S. 162–64.

17 K. Hildebrand, Deutscher Sonderweg u. „Drittes Reich", in: W. Michalka Hg., Die nationalsozialistische Machtergreifung, Paderborn 1984, S. 392–94; vgl. neuerdings ders., Der deutsche Eigenweg, in: M. Funke u. a. Hg., Festschrift K. D. Bracher, Düsseldorf 1987, S. 15–34; Kernthese: „den eigentlichen Sonderfall in der deutschen Geschichte aber repräsentierte der Diktator selbst" (S. 30), insgesamt siebenmal: S. 17, 24, 29, 30–32. Vgl. allg. zu dieser weiten Problematik besonders sachkundig: B. Faulenbach, Eine Variante europäischer Normalität. Zur neuesten Diskussion über den „deutschen Weg" im 19. u. 20. Jahrhundert, in: Jahrbuch des Instituts für Deutsche Geschichte / Tel Aviv 1987; ders., Die Frage nach den Spezifika der deutschen Entwicklung. Zu neuen Interpretationen des 19. Jahrhunderts, in: Neue Politische Literatur 1986/Beiheft 3, S. 69–82; ders., Die These vom deutschen Sonderweg u. die historische Legitimation politischer Ordnung in Deutschland, in: K.-E. Jeismann Hg., Geschichte als Legitimation? Braunschweig 1984, S. 99–117; ders., „Deutscher Sonderweg". Zur Geschichte u. Problematik einer zentralen Kategorie der deutschen Geschichte, in: Aus Politik u. Zeitgeschichte 1981/B 33, S. 3–31; H.-U. Wehler, „Deutscher Sonderweg" oder allgemeine Probleme des westlichen Kapitalismus? in: ders., Preußen ist wieder chic ..., Frankfurt 1983, S. 19–32. – Hildebrand, Rezension von H. Koch Hg., Aspects of the Third Reich, London 1985, in: Historische Zeitschrift 242. 1986, S. 465 f. In diesem Sammelband: E. Nolte, Between Myth and Revisionism? The Third Reich in the Perspective of the 1980s, S. 17–38 (ursprünglich ein Vortrag vor der Siemens-Stiftung in München 1980, gekürzt: FAZ 24.7.

1980); in Koch Hg. als „vom Herausgeber überarbeitete Übersetzung"; dt. Zwischen Geschichtslegende u. Revisionismus? in: Historikerstreit, S. 13–35. Ein früher kritischer Einwand: S. Friedländer, Kitsch u. Tod. Der Widerschein des Nazismus, München 1986[2], Nachwort, S. 128. – Vgl. M. Broszat, Plädoyer für eine Historisierung des Nationalsozialismus, in: Merkur 39. 1985, S. 373–85.

18 M. Stürmer, Koalition u. Opposition in der Weimarer Republik 1924–1928, Düsseldorf 1967; hieran anschließend: ders. Hg., Die Weimarer Republik. Belagerte Civitas, Königstein 1980/1985[2]; ders., Regierung u. Reichstag im Bismarckstaat 1871–1880. Cäsarismus oder Parlamentarismus, Düsseldorf 1974 (vgl. meine Kritik: Reichstag u. Reichsregierung vor 100 Jahren, in: Krisenherde des Kaiserreichs, S. 337–41); ders. Hg., Bismarck u. die preußisch-deutsche Politik 1871–1890, München 1970/1978[3]; ders. Hg., Das Kaiserliche Deutschland. Politik u. Gesellschaft 1871–1914, Düsseldorf 1970/1977[3] (vgl. seine Einleitung: Bismarcks Deutschland als Problem der Forschung, S. 7–25); die konservative Konkurrenz bildete: T. Schieder u. E. Deuerlein Hg., Reichsgründung 1870/71 als Problem der deutschen u. europäischen Geschichte, Stuttgart 1970. Von Stürmers Aufsätzen sind zu nennen: Staatsstreichgedanken im Bismarckreich, in: Historische Zeitschrift 209. 1969, S. 566–615; ders., Konservatismus u. Revolution in Bismarcks Politik, in: ders. Hg., Das Kaiserliche Deutschland, S. 143–67; ders., Revolutionsfurcht u. überseeische Expansion im Zeitalter Bismarcks, in: Neue Politische Literatur 15. 1970, S. 188–98; ders., Bismarck-Mythos u. Historie, in: Aus Politik u. Zeitgeschichte B 3/71, 16. 1. 1971; engl. Bismarck in Perspective, in: Central European History 4. 1972, S. 291–331; ders., Militärkonflikt u. Bismarckstaat. Zur Bedeutung der Reichsmilitärgesetze 1874–1890, in: G. A. Ritter Hg., Parlament u. Regierung, Düsseldorf 1974, S. 225–47; ders., Krise, Konflikt, Entscheidung. Die Suche nach dem neuen Cäsar als europäisches Verfassungsproblem, in: K. Hammer u. P.-C. Hartmann Hg., Der Bonapartismus, München 1977, S. 102–18; ders., Bismarckstaat u. Cäsarismus, in: Der Staat 17. 1978, S. 467–98.

Über Stürmers wissenschaftlichen Werdegang: M. Stürmer, in: Kürschners Deutscher Gelehrten-Kalender 1987, Berlin 1987, S. 4621; dass., in: Wer ist Wer?, Bd. 25, Lübeck 1986, S. 1314.

19 Aufschlußreich, treffsicher und zugleich auch voll amüsanter Ironie über Stürmers Wandlungen: V. Berghahn, Geschichtswissenschaft u. Große Politik, in: Aus Politik u. Zeitgeschichte B 11/87, 14. 3. 1987, S. 25–37. Vgl. C. Podewils Hg., Tendenzwende, Stuttgart 1975 (darin z. B. G. Mann, Die alte u. die neue Historie, S. 40–58). – M. Stürmer, Handwerk u. höfische Kultur. Europäische Möbelkunst im 18. Jahrhundert, München 1981; ders. Hg., Herbst des Alten Handwerks, München 1979/1986[2]; vgl. ders., Luxusgüter in der Knapp-

heitsgesellschaft. Handwerkskultur u. höfisches Leben im 18. Jahrhundert, in: Francia 6. 1978, S. 319–65; ders., Höfische Kultur u. frühmoderne Unternehmer. Zur Ökonomie des Luxus im 18. Jahrhundert, in: Historische Zeitschrift 229. 1979, S. 265–97; ders., Londons Kunstschreinerei im 18. Jahrhundert. Vorbild u. Gegenbild der deutschen Möbelkunst, in: Zentralinstitut für Kunstgeschichte Hg., Relations Between British and Continental Art 1680–1880, München 1981, S. 127–45; ders., Die Roentgen Manufaktur in Neuwied, in: Kunst u. Antiquitäten 1979, S. 24–36; 1980, S. 58–68; heterogene Gelegenheitsarbeit: ders., Scherben des Glücks. Klassizismus u. Revolution, Berlin 1987. – Die Distanzierung von den früheren Positionen wird z. B. sichtbar in: ders., Begriffsgeschichte oder der Abschied von der Schönen Neuen Welt, in: Der Staat 17. 1978, S. 272–80; ders., Nationalstaat u. Klassengesellschaft im Zeitalter des Bürgers, in: Merkur 35. 1981, S. 465–77; ders., Eine politische Kultur – oder zwei? Betrachtungen zur Regierungsweise des Kaiserreichs, in: O. Pflanze Hg., Innenpolitische Probleme des Bismarck-Reiches, München 1983, S. 143–54; ders., Bismarck. Sozialpolitik als Räson des Machtstaates, in: Zeitschrift für Sozialreform 29. 1983, S. 370–89; ders., Preußens Erbe an die deutsche Geschichte, in: FAZ 14. 10. 1981, mit dem faulen geopolitischen Zauber, den Stürmer seither bevorzugt, s. unten V. 3. Vollends deutlich dann der Umschwung in den Publikationen in Anm. 20. – Für den Kontakt mit Kohl wichtig: die von Kohl besuchte Erlanger Feier zum 75. Geburtstag von Fuchs am 13. 3. 1980.

20 M. Stürmer, Das Ruhelose Reich 1866–1918, Berlin 1983/1984²; bisher gibt es eigenartig wenige kritische Rezensionen, vgl. aber H.-J. Puhle, Die neue Ruhelosigkeit. M. Stürmers nationalpolitischer Revisionismus, in: Geschichte u. Gesellschaft 13. 1987, S. 382–99; J. Kocka, Besprechung von M. Stürmer, Das Ruhelose Reich; H. Schulze, Weimar, in: Geschichtsdidaktik 9. 1984, S. 78–83 (= Sendung des Deutschlandfunks, 14. 8. 1982). – M. Stürmer, Das industrielle Deutschland (1866 bis Gegenwart), in: H. Boockmann u. a., Mitten in Europa. Deutsche Geschichte, Berlin 1984, S. 296–409; ders., Die Reichsgründung, München 1984; ders., Bismarck, ebd. 1987 (zu dieser mißglückten Kurzbiographie vgl. H.-U. Wehler, Bismarck – der Durchbruch zur „eigentlichen" Biographie? M. Stürmers Versuch über den ersten Reichskanzler oder: Die Nemesis der Hektik, in: Die Zeit 10. 4. 1987); ders., Deutscher Flottenbau u. europäische Weltpolitik vor dem Ersten Weltkrieg, in: Deutsches Marine-Institut u. Militärgeschichtliches Forschungsamt Hg., Die deutsche Flotte im Spannungsfeld der Politik 1848–1985, Herford 1985, S. 53–65, u. in: ders., Dissonanzen des Fortschritts, München 1986, S. 151–65, Zitat S. 156: gegen V. Berghahn, Der Tirpitz-Plan. Genesis u. Verfall einer innenpolitischen Krisenstrategie

unter Wilhelm II., Düsseldorf 1971. Vgl. aus Stürmers bunter Publizistik: ders., Wem gehört die deutsche Geschichte, in: Die Bunte 19.12. 1984, S.146; ders., Wem gehört die deutsche Geschichte? in: Studienzentrum Weikersheim e.V. Hg., Deutsche Identität, Mainz-Laubenheim 1983, S.48–64 (auch bei Stürmer stellt sich dieselbe Frage – wie bei Nolte, vgl. vorn Anm.4 –, warum er in diesem politischen Ambiente auftritt und veröffentlicht); ders., „Mitteleuropa": An Out for the German Left? in: Wall Street Journal 29.4. 1987; die Beiträge in: Dissonanzen des Fortschritts und die unter Anm.32–37 zitierten Aufsätze.

21 E.Nolte, Vergangenheit, die nicht vergehen will, in: FAZ 6.6. 1986, u. in: Historikerstreit, S.39–47. (Zu Scheubner-Richters Bericht über die versuchte Armenierausrottung vgl. Hitlers Rede vor den Oberbefehlshabern der Heeresgruppen, 22.8. 1939, in: Akten zur Deutschen Auswärtigen Politik, Serie D, VII, Nr.193, S.171, Anm.1: „Wer redet heute noch von der Vernichtung der Armenier", usw.) – Hitler über Stalin: zuletzt übersichtlich R.Zitelmann, Hitler. Selbstverständnis eines Revolutionärs, Hamburg 1987, S.440–47. – Vgl. W.J.Mommsens Frankfurter Vortrag: Vergangenheit, die nicht vergehen will. Auseinandersetzung oder Schlußstrich? in: H.Dubiel Hg., Populismus u. Aufklärung, Frankfurt 1986, S.211–20; Stürmers Frankfurter Vortrag: Weder verdrängen noch bewältigen, in: Schweizer Monatshefte 66. 1986, S.689–94 (bezeichnenderweise hat Stürmer seine ursprüngliche Erlaubnis, den Aufsatz in der Dokumentation „Historikerstreit" des Piper Verlags nachzudrucken, zurückgezogen; Meier, 40 Jahre, S.95, Anm.25). – Die FAZ vom 6.6. 1986 erschien, während die Römerberg-Gespräche liefen. Noltes Artikel wirkte sofort polarisierend. Während sich Stürmer als Tagungsreferent mit Nolte solidarisierte, wurde von anderen Referenten, wie z.B. dem Bochumer Zeithistoriker Hans Mommsen und von W.J.Mommsen entschiedene Kritik geübt. Das Auditorium äußerte sich, Berichten zufolge, lebhaft bis leidenschaftlich. – Noltes Befürchtung, daß durch die Überbetonung des „Holocaust" von den Euthanasie-Aktionen, der Ermordung russischer Kriegsgefangener und der Ausführung des Kommissar-Befehls abgelenkt werden könne, treffen bisher nicht zu. Vgl. zur Euthanasie die bisher beste Gesamtdarstellung von H.-W.Schmuhl, Rassenhygiene, Nationalsozialismus, Euthanasie, Göttingen 1987 (ausführlich zu der Vorgeschichte, dem Einfluß des Sozialdarwinismus und der Eugenik-Strömungen in den 60 Jahren vor 1933; genaue Analyse der verschiedenen Mordaktionen; Neuberechnung der Todesziffern; Verbindung zwischen Euthanasie und „Holocaust"; nahezu vollständiges Literaturverzeichnis). Zu den russischen Kriegsgefangenen vorzüglich: C.Streit, Keine Kameraden, Stuttgart 1978. Allgemein zu antijüdischen und -bolschewistischen Vernichtungsaktionen: H.Krausnick u.

H.-H. Wilhelm, Die Truppe des Weltanschauungskrieges, Stuttgart 1981. Noch einmal ausgezeichnet gegen die Verwischung fundamentaler Unterschiede: L. Luks, Bolschewismus, Faschismus, Nationalsozialismus: Verwandte Gegner? in: Geschichte u. Gesellschaft 14. 1988/H. 1. – Zu Fellner, v. Spee u. a. vgl. z. B. R. Leicht, Das Tabu zerbricht. Antisemitismus meldet sich wieder zu Wort, in: Die Zeit 14. 2. 1986. Der Funktionär der „Jungen Union“ in Esslingen, Thaddäus Kumpmann, hält die Zeit wieder für gekommen, Israel seine Arroganz, unseren demokratischen Verfassungsstaat für den Judenmord des „Dritten Reiches“ verantwortlich zu halten, unmißverständlich vorzuwerfen (vgl. Kampe, S. 76, Anm. 16). Sind das, auch in Noltes Augen, alles christdemokratische Bagatellfälle oder ist es auch die Unverfrorenheit einer zumindest antiisraelischen Arroganz? – Noltes FU-Kollege H. Köhler, der vermutlich Noltes Stil schon seit längerem kannte, monierte sofort (Leserbrief, in: FAZ 26. 6. 1986) die „eindeutig apologetisch“ geprägten Behauptungen Noltes, seine „Verharmlosung durch Relativierung“ der Geschichte des Nationalsozialismus. In die „Nähe des Skandals“ werde jedoch der Text durch die „Diskrepanz“ zwischen beanspruchter „Beweisführung“ und den „Schlußfolgerungen“ gerückt. Der Weg von Scheubner-Richter zum „Rattenkäfig“ sei als „wissenschaftliche Argumentation nicht mehr nachvollziehbar“. Köhler hielt es für „mehr als unseriös“, daß eine „stringente Beweisführung“ fehle, vielmehr „rein assoziativ“ gedacht werde. Köhler erkannte den rhetorischen Trick zu erklären, daß „Thesen in Frageform“ erlaubt sein müßten, während dann der Gegenstand eigener, überzeugender Forschung und deren Ergebnisse der Öffentlichkeit vorenthalten würden. – Die Anspielung auf Droysen: J. G. Droysen, Historik, Darmstadt 1977[8], S. 34.

22 A. Hillgruber, Zweierlei Untergang. Die Zerstörung des Deutschen Reiches u. das Ende des europäischen Judentums, Berlin 1986; der 1. Aufsatz (Der Zusammenbruch im Osten als Problem der deutschen Nationalgeschichte u. der europäischen Geschichte, Opladen 1985) hier: S. 13–74, 100–108; der 2. Aufsatz (Der geschichtliche Ort der Judenvernichtung, in: E. Jaeckel u. J. Rohwer Hg., Der Mord an den europäischen Juden im Zweiten Weltkrieg, Stuttgart 1985/Frankfurt 1987[2], S. 213–24) hier: S. 77–99, 109 f.

23 Hillgruber, Untergang, Vorwort, S. 9 f., 23. (Zu Hillgrubers „moderner“ Politikgeschichte und Theorie der Internationalen Beziehungen vgl. oben Anm. 11). Deshalb auch Hillgrubers Kritik (S. 18) an Norbert Blüms im „Spiegel“ (1. 9. 1978, S. 67) ausgesprochener Wahrheit: „Das KZ stand schließlich nur so lange, wie die Front hielt.“ Vor der Kritik derjenigen in den eigenen Reihen, die jetzt zur „Stahlhelm“-Gruppe rechnen, ist Blüm damals alles andere als mannhaft alsbald zurückgewichen.

24 Hillgruber, Untergang, S. 20 f. Ich gebe hier meine starke Voreinge-

nommenheit bereitwillig zu, da ich Freya v. Moltke seit 1961 kenne und durch sie eine gewisse „Innenansicht" vor allem (aber nicht nur) des „Kreisauer Kreises" gewonnen habe. Außerdem war ich zeitweilig Assistent von Eugen Rosenstock-Huessy, dessen Schülerkreis den Kern der „Kreisauer" bildete und der eine Art vermittelter „spiritus rector" war. Im Lichte dieser authentischen Informationen kommt mir die Charakterisierung der Opposition als „gesinnungsethisch" nicht nur als realitätsfern, sondern als schäbige Verunglimpfung vor.

25 Hillgruber, Untergang, S. 24 f. Da Hillgruber mehrfach darauf zu sprechen kommt: An den schrecklichen und vielfach tödlichen Erfahrungen der Massenvergewaltigungen gibt es genau so wenig etwas zu deuteln wie an der häufig monatelang währenden Zeit wiederholter Vergewaltigungen. Und dennoch: Wer so darauf insistiert, sollte doch auch einmal eine Dissertation über die deutschen Militärbordelle und über die im Osten nicht nur von der SS veranstalteten Treibjagden auf jüdische und „slawische" Mädchen und junge Frauen vergeben, mit denen für „Nachschub" gesorgt wurde. Über diese Art von Massenvergewaltigungen, die traumatischen und tödlichen Erfahrungen wüßte man endlich gerne Genaueres – nicht wegen einer abstrusen Aufrechnung, sondern wegen eines gerechteren und realistischeren Urteils über deutsches Verhalten.

26 Hillgruber, Untergang, S. 37, 25, 21, 25, vgl. S. 64 f. – Zu dem von Hillgruber öfters gebrauchten Begriff der „Racheorgien": Wegen des Umgangs der deutschen Besatzungstruppen mit Kriegsgefangenen, Partisanen und Zivilbevölkerung, auch wegen der Greueltaten bis zur letzten Stunde des Rückzugs drangen die russischen Truppen unstreitig in einem Zustand größter Erbitterung vor. Ob „Racheorgien" aber derart pauschal ihr Verhalten auf deutschem Boden trifft, ist selbst heute kaum empirisch genau zu sagen. Lew Kopelew z. B., der damals als Politruk beim Einmarsch dabei war, russische Exzesse aber mißbilligte und ihrer Beschönigung oder Abschwächung nicht verdächtig ist, würde dieses Globalurteil vermutlich zumindest differenzieren.

27 Ebd., S. 48, 52–54, 61.

28 Ebd., S. 61 f., 68 f., 64.

29 Ebd., S. 65–67, 73 f., 72 f.

30 Ebd., S. 77 f., vgl. S. 81–89, 98 f., 89 f. Eine bei weitem überzeugendere Gegenposition zu Hillgrubers Hitlerismus findet sich bei: H. Mommsen, Die Realisierung des Utopischen: Die „Endlösung der Judenfrage" im „Dritten Reich", in: Geschichte u. Gesellschaft 9. 1983, S. 381–420.

31 Hillgruber, Endlösung (s. vorn Anm. 12). – Klappentext des Siedler Verlags zu Hillgruber, Untergang; R. Augstein, Die neue Auschwitz-Lüge, in: Der Spiegel 6. 10. 1986, S. 62 f., u. in: Historikerstreit, S. 196–203.

32 M. Stürmer, Kein Eigentum der Deutschen: die deutsche Frage, in: W. Weidenfeld Hg., Die Identität der Deutschen, Bonn 1983, S. 86, 91 (vgl. S. 84), 83; ders., Suche nach der verlorenen Erinnerung, in: Das Parlament 36. 1986, Nr. 20/21, 17./24.6. 1986, S. 1; ders., Weder verdrängen, S. 692. Dort auch (wie in: ders., Suche, S. 1) gleich dreimal (S. 691, 694) der beschwörende, die Aufwertung der Historiker verstärkende Appell: „In einem Land ohne Erinnerung ist alles möglich". Zur Wiederholung eigener Formulierungen vgl. auch Stürmers Bismarckbiographie, vorn Anm. 20. – W. Dilthey, Der Aufbau der geschichtlichen Welt in den Geisteswissenschaften (1910), Frankfurt 1970, S. 288 f.

33 Stürmer, Kein Eigentum, S. 84; ders., Dissonanzen, S. 196 (zuerst: Neue Zürcher Zeitung 3.5. 1985).

34 Stürmer, Dissonanzen, S. 266 f., 294, 273, 293 (vgl. S. 15, 292), 251 (vgl. S. 291), 12, 10. – Mit unüberhörbarer Sorge wies Stürmer auch auf eine vergleichbare „Suche nach Identität" in der DDR hin (S. 237). Denn Rang und Wert der Geschichte seien im Westen und Osten „ganz unterschiedlich": „im Westen Feuilleton und in der Schule weitgehend Enthistorisierung, im Osten Leitungswissenschaft, Rechtfertigung und Zielrichtung der Herrschaft" (S. 238). Das Urteil über den Westen ist so falsch, daß es jeder vernünftigen Proportion entbehrt. Das Urteil über den Osten dagegen scheint fast eine geheime Sehnsucht nach der Anerkennung der Geschichte als „Leitungswissenschaft" zu durchziehen.

35 Stürmer, Dissonanzen, S. 228 (vgl. S. 16), 271, 8, 17, 203, 208 f., 328. An einer einzigen Stelle (S. 293) konzediert Stürmer, daß im Hinblick auf das „Dritte Reich" ein Teil der Trauerarbeit noch immer bevorstehe, mutet ihr aber zugleich im selben Atemzug eine Überfrachtung zu: „Ohne sie kann Geschichte den Deutschen allenfalls Illusion und Gemütlichkeit schaffen, nicht aber sie mit ihrer Geschichte aussöhnen und an die kulturelle Mitte (!) Europas zurückführen." Praktisch forderte Stürmer – abgesehen von seinem Eintreten für das Berliner „Deutsche Historische Museum" und das Bonner „Haus der Geschichte der Bundesrepublik" – ein „kulturelles Kern-Curriculum, die Erinnerung an die deutsche Geschichte in Europa" (S. 276), das offenbar für Schulen und Universitäten gelten soll. Der Föderalismus bewahre uns vor diesem Einheitssystem der Sinnstifter, Identitätssucher und neukonservativen Curriculumsbastler mit ihrer idiosynkratischen „Erinnerung an die deutsche Geschichte".

36 Stürmer, Preußens Erbe; ders., Deutsche Versuchung. Über Sonderwege, Sackgassen u. die Sehnsucht nach Katastrophen, in: Die Politische Meinung 28. 1983, S. 13 (wörtlich ebenso); ders., Kein Eigentum, S. 87, 89, 94 (ebenso: ders., Reichsgründung, S. 96), vgl. S. 86, 93, 101; ders., Das industrielle Deutschland, S. 382; ders., Ruheloses Reich, S. 187 f., 233, 193, 200, 205 (vgl. unten Anm. 91); s. auch ders., Weder verdrängen, S. 691.

37 Stürmer, Dissonanzen, S. 330 (zuerst in: Festschrift F. J. Strauss, München 1985); 255 (zuerst in: Neue Zürcher Zeitung 2./3.3. 1985); vgl. noch S. 109, 118, 151, 153 f., 159, 204–6, 208, 213, 215 f., 225, 233, 253 f., 259, 261, 264, 270 f., 276.

38 Habermas, Schadensabwicklung (s. vorn Anm. 2). Karl-Heinz Janssen machte auf der Frontseite der „Zeit", nachdrücklich zustimmend, auf Habermas' Beitrag aufmerksam. Vgl. die knappe Erläuterung in: J. Habermas, Leserbrief, in: FAZ 11.8. 1986, u. in: Historikerstreit, S. 95–97. Kein besonders lichtvoller Kommentar sofort in der FAZ: F. Schirrmacher, Aufklärung? Habermas u. die Geschichte, in: FAZ 11.7. 1986 („Uniformierung des Geschichtsbildes"; „intellektuelle Machtsicherung"). – Im folgenden referiere ich unter meinen Gesichtspunkten die verschiedenen Positionen bewußt relativ ausführlich, um den bisher nicht umfassend informierten Leser in die Problematik einzuführen. Die Wiederholung einer Reihe von Argumenten – auch von Überlegungen, die vorn bereits angestellt worden sind – ist dabei unvermeidbar, stellt aber einen Preis für die genaue Übersicht dar, der m. E. in Kauf genommen werden kann. – Aus der folgenden Debatte mit schroff divergierenden Urteilen: M. Brumlik, Neuer Staatsmythos Ostfront, in: TaZ 12.7. 1986, u. in: Historikerstreit, S. 77–83; J. Loreck, Kontroverse Darstellungen über das „Wirken" Hitlers, in: Vorwärts 9.8. 1986; H. Helbing, Suchbild der Vergangenheit, in: Neue Zürcher Zeitung 26.9. 1986, u. in: Historikerstreit, S. 151–55; K. Sontheimer, Maskenbilder schminken eine neue Identität, in: Rheinischer Merkur/Christ u. Welt 21.11. 1986, u. in: Historikerstreit, S. 275–80; D. Gütt, Kommentar, in: Der Stern 27.11. 1986; J. Perels, Wer sich verweigerte, ließ das eigene Land im Stich, in: Frankfurter Rundschau 27.12. 1986, u. in: Historikerstreit, S. 367–72; K.-E. Jeismann, Die deutsche Geschichte als Instrument im politischen Streit, in: Geschichte, Politik u. ihre Didaktik 13. 1986, S. 147–53; R. Kühnl, Ein Kampf um das Geschichtsbild, in: ders. Hg., S. 200–91 (dogmatisch und zur These von einer weitsichtigen Verschwörung „der Rechten" neigend); K. Gossweiler, Nur eine Historiker-Debatte? in: ebd., S. 292–316 (orthodox-marxistische Polemik eines DDR-Historikers); bemerkenswerte Selbstkritik aus einer Nachbarwissenschaft: T. Herz, Nur ein Historikerstreit? Die Soziologen u. der Nationalsozialismus, in: Kölner Zeitschrift für Soziologie 39. 1987, S. 560–70; C. Türcke, Darüber schweigen sie alle. Tabu u. Antinomie in der neuen Debatte über das Dritte Reich, in: Merkur 41. 1987/H. 9–10, S. 762–72; M. A. Perger, Schlußstrich unter die Schuldgefühle? in: Deutsches Allgemeines Sonntagsblatt 27.7. 1986; G. Zehm (Pankraz), Pankraz, die Quellen u. der neue Gesslerhut, in: Die Welt 11.8. 1986. – Auch im folgenden geht es nicht um die vollständige Wiedergabe aller Argumente, sondern um eine Auswahl unter den von mir bevorzugten Gesichtspunkten.

39 F. Ringer, The Decline of the German Mandarins 1890–1933, Cambridge/Mass. 1969; dt. Die Gelehrten, Stuttgart 1983.

40 Vgl. oben den Text vor Anm. 17. Ich gehe hier auf Noltes englischen Aufsatz ein wenig ausführlicher als Habermas ein. Er hatte den „Myth" gelesen, konnte aber der Erörterung wegen des begrenzten Raums nicht mehr Platz einräumen. Andrerseits stellt Noltes Aufsatz zwischen früheren Beiträgen zum „Vernichtungsgedanken" (vgl. vorn Anm. 9) und dem FAZ-Artikel vom 6.6. 1986 doch ein wichtiges Verbindungsglied dar, das wesentliche Topoi des Juni 1986 vorwegnimmt.

41 Nolte, Myth, S. 21 f., 27 f. Weizmanns Brief vom 29.8. 1939 an Premierminister Neville Chamberlain in: Times 5.9. 1939; Jewish Chronicle 8.9. 1939; ungenau z.T. in: Archiv der Gegenwart 1939, S. 4215 (6.9. 1939). Zur Klarstellung eines von Nolte mehrfach verzerrten Zusammenhangs (korrigiert inzwischen auch bei J. Kocka, in: Historikerstreit, S. 142): Nolte spricht von „Chaim Weizmann's official declaration in the first days of September 1939, according to which Jews in the whole world would fight on the side of England". Nolte folgt dem ungenauen Teilabdruck in: Archiv der Gegenwart 1939. Der gesamte Brief in: Letters and Papers of Chaim Weizmann, Series A: Letters, Bd. 19: Januar 1935–Juni 1940, Jerusalem 1977, S. 145. Weizmann sprach für die „Jewish Agency", die zu jener Zeit eine als öffentliche Körperschaft anerkannte Vertretung der „World Zionist Organization" (WZO) für Palästina bildete und dort u.a. die englische Mandatsregierung beriet; er bot die jüdische Unterstützung militärischer Maßnahmen unter englischer Leitung an. „In the hour of supreme crisis ... the Jews ‚stand by Great Britain and will fight on the side of the democracies'." Daraus leitete Nolte seine soeben referierte, ganz und gar unhaltbare Interpretation mit ihren bestürzenden Konsequenzen ab. Weizmann fungierte von 1929 bis 1931 und von 1935 bis 1946 als Präsident der WZO, welcher die Zionistischen Weltkongresse abhielt. Der Brief könnte auf dem 21. Weltkongreß 1939 in Genf geschrieben worden sein; vielleicht entstand dort aber auch ein anderer Brief, der dann z.T. in Weizmanns Schreiben vom 29.8. zitiert wurde. Weizmann zog es vor, für die „Jewish Agency" zu sprechen, obwohl es enge Verbindungen zwischen ihr und der WZO gab, da er auch auf Probleme mit der Mandatsregierung in Palästina zu sprechen kommen wollte, wie aus dem Brief klar wird. – Vgl. hierzu auch Koch Hg., S. 378 (mit einem Teil des englischen Textes von Weizmanns Brief und bösen antijüdischen Vorwürfen gegen die Absender). Es ist ein irritierendes Problem für sich, daß Nolte für diesen Sammelband eines rechtskonservativen Historikers, der Nolte freilich vorher während eines Forschungsurlaubs an der FU vertreten hatte (!), einen Aufsatz zum Druck freigegeben hat, denn er mußte inzwischen, im Gegensatz zu

anderen in Kochs Band abgedruckten Autoren, genauer wissen, welchen politischen Anschauungen Koch anhängt. Wes Geistes Kind dieser an der englischen Universität York lehrende bajuwarische Historiker ist, lehren schlechthin unübersehbar die fünf Einleitungstexte in seinem Sammelband (S. 3–16, 181, 95, 325–30, 373–89, 453–61; z. B. die unglaubliche Apologie der SS in Oradour), lehrt seine Verherrlichung der Freikorps (Der Deutsche Bürgerkrieg: eine Geschichte der deutschen u. österreichischen Freikorps, Berlin 1978), seine Geschichte der HJ (Geschichte der Hitlerjugend 1922–1945, Percha 1975), auch seine „Geschichte Preußens" (München 1980) und seine neue Deutsche Verfassungsgeschichte (A Constitutional History of Germany in the 19th and 20th Centuries, London 1984).

42 Nolte, Myth, S. 32, 35, 28, 36.

43 Habermas, Schadensabwicklung (auch zu Nolte, Historische Zeitschrift 242, S. 265–89; hier zugleich eine treffende philosophiegeschichtliche Kritik an Noltes „Transzendenz"-Begriff, der seit 1963 selbst seine wohlwollenden Leser irritiert hat: „skurrile Hintergrundsphilosophie"). – Habermas' Anspielung bezieht sich auf R. W. Fassbinders umstrittenes, schließlich in Frankfurt nicht gespieltes Stück „Der Müll, die Stadt und der Tod", das im Herbst 1985 heftig diskutiert wurde.

44 Habermas, Schadensabwicklung. – H. Diwald, Propyläen Geschichte der Deutschen, Berlin 1978 (1987 wahrhaftig erneut in einer „durchgesehenen Auflage"!). Vgl. H.-U. Wehler, Historische Sozialwissenschaft u. Geschichtsschreibung, Göttingen 1980, S. 37 f., 314, Anm. 40. – Stürmer, Kein Eigentum, S. 84, 89.

45 A. Hillgruber, Leserbrief, in: FAZ 23. 8. 1986 („Rufmord". – Während in dem Sammelband „Historikerstreit" auch Leserbriefe abgedruckt worden sind, fehlt dort, wie in Anm. 1 erwähnt, auffallenderweise dieser Brief. Sollte er dem Verfasser dank später Einsicht selber als blamabler „Patzer" erschienen sein oder sollte ein guter Ratgeber Hillgruber vor dem Wiederabdruck dieses Kunstwerks neudeutscher Polemik bewahrt haben?); M. Stürmer, Leserbrief, in: ebd. 16. 8. 1986 u. in: Historikerstreit, S. 98 f. („Proskriptionsliste"). „Schauprozesse": Stürmer auf einer Tagung der Schleyer-Stiftung am 2./3. 10. 1986 in Berlin. Übereinstimmend in Berichten darüber: S. Wirsing, Die unerlöste Nation, in: FAZ 11. 10. 1986; G. Spörl, Sinnstifter unter sich, in: Die Zeit 17. 10. 1986.

46 E. Nolte, Leserbrief, in: Die Zeit 1. 8. 1986, u. in: Historikerstreit, S. 93 f. Noltes Anspielungen bezogen sich auf folgende Sachverhalte: Nolte hatte in Berlin dem israelischen Historiker Saul Friedländer, der dort als Stipendiat des Wissenschaftskollegs weilte, u. a. mit seiner Deutung des Weizmann-Briefs traktiert. Friedländer hatte sich empört zurückgezogen und einen Journalisten der „Zeit" informiert, der darüber, ohne Noltes Namen zu nennen, berichtet hatte. (K. Po-

katzky, Pavel, Paul, Saul. Erfahrungen mit der deutschen Verdrängung. Ein Historiker aus Tel Aviv in Berlin, in: Die Zeit 16.5. 1986.) Habermas hatte im Zuge seiner Kritik an dem „Mythos"-Aufsatz Noltes Namen – auf den ohnehin jeder Historiker durch die Formulierung in der „Zeit" hingelenkt worden war – ausgesprochen (Die Zeit 11.7. 1986). – Noltes Anspielung auf Habermas' Verlagseinfluß sowie auf einen nicht näher erläuterten „gravierenden Vorgang", der ihn (Nolte) selber vor Jahren betroffen habe, könnte sich darauf beziehen, daß Nolte vom Suhrkamp Verlag als Autor nicht unter Vertrag genommen wurde und in diese Entscheidung des Verlegers die Opposition Habermas' hineingeheimniste.

47 K. Hildebrand, Das Zeitalter der Tyrannen, in: FAZ 31.7. 1986, u. in: Historikerstreit, S. 84–92; Nolte, Was ist bürgerlich, S. 56–66. Dazu die konzise Klarstellung von Habermas (in: FAZ 11.8. 1986), auch mit der Frage nach den „Maßstäben" für Hildebrands Urteil über Kocka.

48 Stürmer, in FAZ 16.8. 1986; Hillgruber, in: ebd. 23.8. 1986. – Diese Berufskrankheit oder Milieuschädigung eines Historikers, dem Proseminar besondere Dignität zuzusprechen, trat 1986 nicht zum erstenmal auf. Als auf dem Berliner Historikertag von 1964 die Kriegszielpolitik des kaiserlichen Deutschland im Ersten Weltkrieg leidenschaftlich diskutiert wurde, kanzelte der Freiburger Altkonservative Gerhard Ritter den Hamburger Fritz Fischer als Protagonisten einer neuen, kritischen Interpretation in demselben Stil ab: Er habe im Proseminar nicht das Zitieren gelernt. Vestigia terrent? Offenbar eine eitle Hoffnung.

49 Hillgruber, Untergang, S. 37; Habermas, Schadensabwicklung; K. H. Bohrer, Leserbrief, in: FAZ 16.8. 1986; dort auch über den „bigotten" Aufsatz Hildebrands (vorn Anm. 47) und „seine Naivität" sowie Kritik daran, daß der „Zuschnitt des Gegners völlig aus den Augen" verloren werde. Umgekehrt die echauffierte Kritik Hillgrubers (FAZ 23.8. 1986) an Bohrer, „dessen Haß gegen alles Konservative ... wohl vertraut ist". Hillgrubers Aversion könnte durch einen Bericht Bohrers über eine vom „Deutschen Historischen Institut" in London veranstaltete Konferenz über „Herrschaftsstruktur und Gesellschaft des ‚Dritten Reiches'" (9.–11.5. 1979 in Cumberland Lodge) verursacht worden sein. Bohrer, damals England-Korrespondent der FAZ, hatte beim Vergleich der völlig auf Hitler zentrierten Position von Hillgruber (nicht anwesend), Hildebrand u. a. mit dem strukturanalytischen Ansatz von H. Mommsen, W. J. Mommsen, T. Mason u. a. die ungleich besseren Argumente auf der letztgenannten Seite erkannt und das auch geschrieben. Vgl. die Ergebnisse dieser Tagung in: G. Hirschfeld u. L. Kettenacker, Der „Führerstaat", Stuttgart 1981.

50 Vgl. z. B. sein Verhalten in der in Anm. 11 belegten Kontroverse.

51 Hillgruber, in: FAZ 23.8. 1986.

52 W. Malanowski, Rezension von Hillgruber, Untergang, in: Der Spiegel 1.9. 1986, S. 66–70; Augstein, Neue Auschwitz-Lüge, in: ebd. 6.10. 1986, S. 62f. Vgl. offenbar aus derselben Zeit: ders., Preußens Friedrich u. die Deutschen (Frankfurt 1968), Nördlingen 1982², S. 7–13 (Einleitung), v.a. S. 8f. Zu Augsteins „Spiegel"-Kommentar vgl. den weltfremden Leserbrief von I. Geiss, in: Der Spiegel 20.10. 1986, u. in: Historikerstreit, S. 220–22.

53 E. Jäckel, Die elende Praxis der Untersteller, in: Die Zeit 12.9. 1986, u. in: Historikerstreit, S. 115–22. Habermas' Vorwurf „apologetischer Tendenzen" habe angesichts der Nolteschen Argumentation „in der Tat nahe(gelegen)". Vgl. ders. u. A. Kuhn Hg., Hitler. Sämtliche Aufzeichnungen 1905–1924, Stuttgart 1980; ders., Hitlers Weltanschauung. Entwurf einer Herrschaft, ebd. 1981²; ders., Hitlers Herrschaft, ebd. 1986; ders. u. Rohwer Hg., Mord an den europäischen Juden. – Zu Hitlers „Präventivkrieg" 1941 vgl. oben Anm. 13 und Pietrow.

54 M. Broszat, Wo sich die Geister scheiden, in: Die Zeit 3.10. 1986, u. in: Historikerstreit, S. 189–95. Broszat zeigte, wie auch Jäckel, ein eigentümliches Verständnis für Hillgruber; die abgründigen Konsequenzen von dessen grundsätzlichen Positionen in „Untergang" hatten sich beide damals offensichtlich noch nicht klar gemacht. Broszat monierte jedoch, daß Hillgruber „durch sein Gerede über ‚Verantwortungsethik'" in das „Abseits einer zumindest verquer, wenn nicht apologetisch wirkenden Perspektive" geraten sei. – Hildebrand, Deutscher Sonderweg, S. 393.

55 Broszat, Geister, dort auch das Dregger-Zitat.

56 H. Mommsen, Neues Geschichtsbewußtsein u. Relativierung des Nationalsozialismus, in: Blätter für deutsche u. internationale Politik 21. 1986/10, S. 5–18, u. in: Historikerstreit, S. 174–88. Hier: S. 6, 13–15, 17, 3, 18.

57 Ders., Suche nach der „verlorenen Geschichte"? in: Merkur 40. 1986, S. 864–75, u. in: Historikerstreit, S. 156–73, hier: S. 868f., 871, 867, 884. Vgl. ders., Die Wende im Geschichtsbild, in: Vorwärts 20.12. 1986.

58 W. J. Mommsen, Weder Leugnen noch Vergessen befreit von der Vergangenheit, in: Frankfurter Rundschau 1.12. 1986, u. in: Historikerstreit, S. 300–21. Vgl. auch seinen Beitrag vorn in Anm. 21.

59 J. Kocka, Hitler sollte nicht durch Stalin u. Pol Pot verdrängt werden, in: Frankfurter Rundschau 23.9. 1986, u. in: Historikerstreit, S. 127–42; die Langfassung: ders., Kritik u. Identität. Nationalsozialismus, Alltag u. Geographie, in: Die Neue Gesellschaft/Frankfurter Hefte 33. 1986, S. 890–97. Vgl. W. Euchner, Die Naziherrschaft – eine Normaltyrannei, in: ebd., S. 1116–19, u. in: Historikerstreit, S. 352–59 (als Leserbrief von der FAZ nicht gedruckt).

60 H. A. Winkler, Leserbrief, in: FAZ 26.6. 1986 (gekürzt!); ders., Auf ewig in Hitlers Schatten, in: Frankfurter Rundschau 14.11. 1986, u. in: Historikerstreit, S. 256–63. – Noltes Vergleich mit Diktatoren der „Entwicklungsländer" fand sich schon 1974 in „Deutschland u. der Kalte Krieg". Vgl. auch Köhlers Urteil (FAZ 26.6. 1986), „derartige Äußerungen und Behauptungen, wie sie Nolte entwickelt", seien „bisher von einem Universitätshistoriker in der deutschen Öffentlichkeit noch nicht vorgebracht worden".

61 Leider kann ich an dieser Stelle nicht umhin, mit einer persönlichen Bemerkung auf den Grund meiner Abwesenheit in Trier kurz einzugehen. – Die Podiumsdiskussion über historische Aspekte der deutschen geographischen „Lage" fand übrigens in anderer Zusammensetzung dennoch statt.

62 C. Meier, Rede zur Eröffnung des Historikertags in Trier, 8.10. 1986, Text nach dem Mitschnitt, ungekürzt, MS; gekürzt in: Rheinischer Merkur/Christ u. Welt 10.10. 1986; ganz in: Historikerstreit, S. 204–14, u. in: Geschichte, Politik u. ihre Didaktik 13. 1986, S. 183–90. Zitate nach dem MS, S. 9, 10, 12. Die ohnehin besonnene Kritik Meiers sollte nicht verwischen, daß er sich mit unübersehbarer Anstrengung um Vermittlung bemühte. Vgl. jetzt ders., 40 Jahre.

63 Ders., Kein Schlußwort. Zum Streit um die NS-Vergangenheit, in: FAZ 20.11. 1986, u. in: Historikerstreit, S. 264–74; abwägend schon ders., Verurteilen u. Verstehen, in: FAZ 28.6. 1986, u. in: Historikerstreit, S. 48–61 (Vortrag in Tel Aviv 8.1. 1986). Jetzt die eindrucksvolle Zusammenfassung in: Meier, 40 Jahre. Zur Tagung der Schleyer-Stiftung: Spörl, in: Die Zeit 17.10. 1986; Broszat, in: ebd. 3.10. 1986; Tagesspiegel 5.10. 1986. Vgl. z. B. Stürmer, Kein Eigentum der Deutschen (1983); Kritik an der „perversen Frage": Meier, 40 Jahre, S. 47.

64 Bericht in der FAZ 24.1. 1987 (von H. Schwab-Felisch) über einen Vortrag Meiers an der Universität Duisburg. Danach einige unzweideutige Urteile Meiers: Vokabeln wie „Schuldbesessenheit" (so in dem Aufsatz von: F. Oppenheimer, Vorsicht vor falschen Schlüssen aus der Vergangenheit. Die Verführung einer kollektiven Schuldbesessenheit, in: FAZ 14.5. 1986, mehrfach im „Historikerstreit" gegen die Habermassche Position aufgegriffen!) besäßen nur „einen Hilfsdienst-Charakter für rechtsradikale Tendenzen". Noltes Verwendung des Wortes „Opfer" sowohl für KZ-Insassen als auch für KZ-Wachmannschaften bedeute: „Die Kategorie wird nichtssagend, wenn Opfer und Täter zugleich unter ihr begriffen werden sollen. Und das wiederum dürfen wir unseren Opfern nicht antun, ohne sie zu entehren." Die Geschichte habe die Erinnerung an die Untaten von 1933 bis 1945 in „ein politisch-gesellschaftliches Bewußtsein" der Bundesrepublik eingefügt, „das eine handfeste Realität besitzt" und sich nicht mehr „wegschaffen, wegdenken, wegmanipulieren" lasse. – Die

internationale Resonanz, die der „Historikerstreit" vor allem in den USA und in Israel, aber nicht nur dort, fand und weiterhin findet, bestätigt die Auffassung von der Fortdauer der Debatte. Vgl. z.B. S. Friedländer, The New German Nationalism: The Polemic Sharpens, in: Haaretz 3.10. 1986; J.M. Markham, in: New York Times 6.9. 1986; J. Miller, Erasing the Past, in: New York Times Magazine 16.11. 1986, S.31–36, 40, 109f.; C.S. Maier, Immoral Equivalence, in: The New Republic 1.12. 1986, S.36–40 (klare Kampfansage des Harvard-Historikers); G.A. Craig, The War of the German Historians, in: New York Review of Books 33, Nr.21/22, 15.1. 1987, S.16–19 (zu sehr als „elder statesman" auf Ausgleich bedacht; hübsche Spitzen gegen Nolte, Stürmer und das gegenwärtige Identitäts- und Konsensverlangen, aber Unterschätzung von Hillgrubers Entgleisungen); J. Steinberg, Living with the Past, in: New Society 8.5. 1987; S.25; S. Sullivan, Ghosts of the Nazis, in: Newsweek 119/16, 20.4. 1987, S.20–28.

65 H. Schulze, Fragen, die wir stellen müssen, in: Die Zeit 26.9. 1986, u. in: Historikerstreit, S.143–50. Zur gesellschaftlichen Funktion der Geschichtswissenschaft vgl. z.B. J. Kockas Beitrag von 1972 in: ders., Sozialgeschichte, Göttingen 1986[2], 112–31. Schulze betonte wie andere, daß durch eine eventuelle Relativierung der Singularität des Nationalsozialismus die deutschen Untaten doch um kein Gran verringert würden. Auch meldete er diskutable Zweifel an, ob Habermas' „Verfassungspatriotismus" auf längere Sicht dem „mächtigen emotionalen Appell" eines neuen Nationalismus gewachsen sei. Die neue Aufsatzsammlung von H. Schulze (Wir sind, was wir geworden sind. Vom Nutzen der Geschichte für die deutsche Gegenwart, München 1987) enthält merkwürdigerweise keinen direkten Beitrag zum „Historikerstreit".

66 Nipperdey, Herrschaft des Verdachts; er vermied dort jede konkrete Auseinandersetzung mit auch nur einem einzigen Gegenargument. – Der Geschicklichkeit eines „Zeit"-Redakteurs war offenbar die Kürzung eines Abschnitts zu verdanken, den Nipperdey jetzt (in: Historikerstreit, S.219) nachträgt. Prüft man die Behauptung (unter b) empirisch, bleibt, gelinde gesagt, von dem Zerrbild der Äußerungen Henrichs über Habermas nicht viel übrig, die Schlußpassage ist vielmehr im Urteil sehr positiv!

67 Nipperdey, in: Die Zeit 22.2. 1980. Kritik an der Verdächtigung sogleich in: J. Kocka, Legende, Aufklärung u. Objektivität in der Geschichtswissenschaft, in: Geschichte u. Gesellschaft 6. 1980, S.449–55, u. in: Wehler, Historische Sozialwissenschaft, S.315f.

68 Zu Ipsen vgl. demnächst die bei J. Kocka entstehende Bielefelder Dissertation von W. Oberkrome, Sozialgeschichtliche Ansätze in der deutschen Historiographie der 1920er bis 1940er Jahre. Methoden, Intentionen und Inhalte der deutschen „Volksgeschichte". – Zu Nol-

te, Hillgruber und Stürmer vgl. ihre vorn zitierten Veröffentlichungen. Zu Hildebrand z.B. nur: ders., Julikrise 1914: Das europäische Sicherheitsdilemma, in: Geschichte in Wissenschaft u. Unterricht 36. 1985, S. 469–502, v. a. S. 495 f.; ders., Staatskunst oder Systemzwang? Die „deutsche Frage" als Problem der Weltpolitik, in: Historische Zeitschrift 228. 1979, S. 624–44. Dazu W. Mommsen, Weder leugnen; U. Heinemann, Kriegsschuld 1914, in: Neue Politische Literatur 1986/Beiheft 3, S. 129.

69 Zitate nach: Nipperdey, Herrschaft des Verdachts. Nipperdeys Gerechtigkeitspostulat zuletzt in: ders., Nachdenken über die deutsche Geschichte, München 1986, S. 218–34, 7–20. Im Licht der Einwände gegen Nipperdeys Konsensbegehrlichkeit ist auch Meiers Hoffnung (FAZ 10. 11. 1986) fragwürdig, ob eine starke „Mitte" für vernünftige Lösungen sorgen werde. Hat das diese „Mitte" denn bei den vorn im Text aufgezählten grundsätzlichen Kontroversen getan? – Der Erlanger Historiker Horst Möller, sonst ein vielseitiger und umsichtiger Mann, hielt es für loyal und richtig, auf dem wissenschaftlichen Charakter des Streits zu bestehen (ders., Es kann nicht sein, was nicht sein darf, in: Beiträge zur Konfliktforschung 16. 1986/4, S. 146–51, u. in: Historikerstreit, S. 322–30). „Apologetische Tendenzen" konnte er nicht erkennen, die Behauptung sei schon „ignorant oder infam oder beides", wohl aber sah er „fatale Folgen" für die politische Kultur der Bundesrepublik wegen des aus „politischen Motiven" entfesselten Streits voraus. Er warf Habermas aus unerfindlichen Gründen vor, „das grundgesetzliche Gebot der Wissenschaftsfreiheit" zu ignorieren (S. 147, 149). Der Hinweis auf Massenmorde in anderen Ländern sei „keine Verharmlosung des Nationalsozialismus", sondern ein „Faktum". Auf das eigentliche Problem angemessener Referenzgrößen für den Vergleich ließ Möller sich nicht ein. „Frageverbote" lehnte auch Möller ab, ohne den ominösen Urheber zu nennen (S. 148 f.). Jede Interpretation müsse in einem demokratischen Staat möglich sein, ohne von einem „geschichtsfremden Geschichtsbild aus diffamiert zu werden". Scharfe Kritik läßt dieser Staat aber doch durchaus zu – oder? Die Vorstellung von „Wendehistorikern" entspringe einer Neigung zu „Verschwörungstheorien" und sei zudem mit „einem versuchten Rufmord" verbunden (S. 150 f.). Der Problematik der in Wahrheit umstrittenen, subtilen nationalhistorischen Apologetik stellte sich Möller genausowenig wie dem politischen Kern der „absurd(en) Polemik". Und was Möllers gegen seine Widersacher gerichteten Vorwurf mangelnder Literaturkenntnis betrifft: Hätte er guten Gewissens so einseitig kritisieren können, wenn er die vielen strittigen Texte von Nolte, Stürmer, Hillgruber und Hildebrand (noch einmal) gelesen hätte? Hat er sich einmal gefragt, ob so sachkundige Kollegen wie Jäckel, Broszat, die Mommsens, Kocka, Winkler, Meier alle tölpelhaft falsch urteilten? –

Eine denkbar unglückliche Figur gab der Bremer Historiker I. Geiss im „Historikerstreit" ab (ders., Zum Historikerstreit, in: Evangelische Kommentare 1987/Febr., S. 101–3; ders., Soll die Geschichte der NS-Zeit umgeschrieben werden? Bemerkungen zur deutschen Historikerkontroverse, Vortrag 25.4. 1987, Akademie der F. Ebert-Stiftung in Bergneustadt, MS). Als Fritz Fischers Assistent hatte er die Kontroverse der 60er Jahre Tag für Tag miterlebt und als existentielle Bedrohung empfunden. Als pragmatisches SPD-Mitglied war er unter den Bedingungen der Universität Bremen als „Rechter", ja als „Faschist" abgestempelt und politisch isoliert worden. In seinen beiden Diskussionsbeiträgen überbot er sich in eifernder, schier endloser Kritik an Habermas, lehnte zwar auch Noltes Extravaganzen erquicklich entschieden ab, zeigte aber keinerlei Verständnis für die prinzipielle politische Herausforderung, die auch in den Thesen von Hillgruber, Stürmer und Hildebrand steckte. Die vielen lobenden Worte über diese Neokonservativen, die in einer Demokratie koalitionsfähig bleiben müßten, verrieten vielleicht Bremer Milieuschäden, wurden aber sogar mit dem abstrusen Vorwurf verknüpft, Habermas und andere operierten mit „ideologischer Sippenhaft" und zerstörten „den für unser System lebensnotwendigen Pluralismus". Politisch wirkte das wie eine seltsame Anbiederung an die – ach, so arg verfolgten – Neokonservativen. Überdies zeigen beide Beiträge, daß Geiss aus seinen eigenen Konflikterfahrungen offenbar falsch gelernt hat. Politisch ist klar, daß er sich über das Ausmaß der neokonservativen Offensive bislang kaum Kenntnisse (auch aller Texte der Beteiligten!) verschafft hat. Lebt man in Bremen so weit von den wirklichen politischen Konstellationen und Konflikten entfernt? – Unergiebig ist übrigens auch H. Fleischer, Die Moral der Geschichte, in: Nürnberger Zeitung 20.9. 1986, u. in: Historikerstreit, S. 123–31.

70 J. Fest, Die geschuldete Erinnerung, in: FAZ 29.8. 1986, u. in: Historikerstreit, S. 100–13; Jäckel, Elende Praxis, dort derselbe Vorwurf gegen Hildebrand und Nolte. Vgl. auch K. D. Bracher, Leserbrief, in: FAZ 6.9. 1986, u. in: Historikerstreit, S. 113f. Zu Fests „Herrenvolk"-Gesinnung vgl. Jäckel, Elende Praxis; Kocka; H. Mommsen; Winkler; Meier, Trierer Vortrag. Warum Meier freilich nach der dort geübten offenherzigen Kritik an dem „Herrenvolk"-Topos später (in: FAZ 20.11. 1986) Fest „einen großen Artikel" mit einer „offenen, kräftigen und zugleich beherrschten Polemik" ohne jede kritische Anmerkung attestierte, wirft bei einem so geschulten Politikhistoriker wie Meier auch die Frage nach seinen politischen Motiven für diese Abstinenz auf.

71 Fest, Erinnerung. Daneben verblaßte Fests zutreffende Mahnung, „daß Schuld schlechterdings nicht aufrechenbar ist, kein fremdes Vergehen verkleinert das eigene". Wenn er dagegen die Sorge begreiflich fand, die „Akademisierung des Geschehenen könnte den

moralischen Impuls gegenüber der Vergangenheit schwächen, gerechtfertigt ist sie nicht", verschob diese Wendung die tatsächlichen Fronten um 180 Grad. Nicht die „Akademisierung", sondern die verfälschende Politisierung standen und stehen zur Debatte. – Nachdenklich, wenn auch wieder mit einigen Sottisen und in der Sache anfechtbaren Thesen, wirkt dagegen: J. Fest, Nachwort, 21.4. 1987, in: Historikerstreit, S. 388–90.

72 J. Habermas, Vom öffentlichen Gebrauch der Historie. Das offizielle Selbstverständnis der Bundesrepublik bricht auf, in: Die Zeit 7.11. 1986, auch in: ders., Schadensabwicklung, S. 137–48, u. in: Historikerstreit, S. 243–55. Vgl. auch den abwägenden Rückblick in seiner Rede bei der Entgegennahme des Sonning-Preises in Kopenhagen am 14.5. 1987: Geschichtsbewußtsein u. posttraditionale Identität, in: ders., Schadensabwicklung, S. 161–79. Vgl. weiterhin: K.-H. Janßen, Als ein Volk ohne Schatten? in: Die Zeit 21.11. 1986; R. Leicht, Nur das Hinsehen macht uns frei, in: ebd. 26.12. 1986, u. in: Historikerstreit, S. 361–66. – Der Berliner Philosoph Ernst Tugendhat machte Habermas lebhafte Vorwürfe, daß er im Schlußwort einen anderen Argumentationsstil gewählt habe: Leserbrief, in: Die Zeit 18.11. 1986. Ganz überkandidelt mit unverhülltem, plattem Antiamerikanismus und unwillens, die simplen Unterschiede zwischen der politischen Kultur des Westens und der aktuellen, operativen Politik zu begreifen, ders., Wie weit sind die Positionen von Nolte u. Habermas voneinander entfernt? in: Niemandsland 1. 1987, S. 21–23.

73 Vgl. zu Stürmer vorn Anm. 18–20. Statt einer substantiellen Antwort die aufgeregte Klage, in: M. Stürmer, Nachbemerkung, 25.4. 1987, in: Historikerstreit, S. 391 f. Da das Ausbleiben einer solchen problembezogenen Antwort auch dem Herausgeber des Sammelbandes „Historikerstreit" vermutlich zu enthüllend erschien, sind zwei allgemein gehaltene FAZ-Aufsätze aufgenommen worden (vgl. oben Anm. 1), um den Anschein der Diskussionsteilnahme zu erzeugen. Anderen Autoren wurde ein solches Privileg nicht eingeräumt. – Vgl. D. De Levita, The Concept of Identity, Den Haag 1965; dt. Der Begriff der Identität, Frankfurt 1971. Von E. H. Erikson nenne ich nur: ders., Identity, Psychosocial, in: International Encyclopaedia of the Social Sciences 7. 1968, S. 61–65; ders., The Problem of Ego Identity, in: M. Stein u. a. Hg., Identity and Anxiety, New York 1960/Glencoe 1962^2, S. 37–87; ders., Childhood and Society, New York 1963^2; dt. Kindheit u. Gesellschaft, Stuttgart 1965^2; ders., Identität u. Lebenszyklus, Frankfurt 1966/1974^2; ders., Dimensionen einer neuen Identität, ebd. 1975.

74 T. Mommsen zitiert nach: A. Heuss, T. Mommsen u. das 19. Jahrhundert, Kiel 1956, S. 224, u. A. Wucher, T. Mommsen, Göttingen 1956/1968^2, S. 25; Kocka, Kritik, S. 891 f., 897 (Zitat und etwas um-

formulierte Definition); vgl. zur Kritik ders., Kritik u. Identität, in: U.A.J.Becher u. K.Bergmann Hg., Geschichte – Nutzen oder Nachteil für das Leben? Düsseldorf 1986, S.52–54; K.D.Bracher, Das Modewort Identität u. die deutsche Frage, in: FAZ 9.8. 1986; K.-E.Jeismann, „Identität" statt „Emanzipation". Zum Geschichtsbewußtsein in der Bundesrepublik, in: Aus Politik u. Zeitgeschichte B 20–21/86, 17.5. 1986, 3–16; J.C.Hess, Westdeutsche Suche nach nationaler Identität, in: Neue Politische Literatur 1986/Beiheft 3, S.9–50; F.Gress, Was heißt hier Selbstbewußtsein? Zu Fragen der deutschen Geschichte u. Identität, in: Politische Vierteljahrsschrift 28. 1987, Lit. 1/1987, S.33–44; C.Koch, Schwierigkeiten mit der Identität, in: Niemandsland 1. 1987, S.45–51. – Beste allgemeine Einführung noch immer: R.Döbert, J.Habermas, G.Nunner-Winkler Hg., Entwicklung des Ichs, Köln 1977; vgl. auch O.M.Ewert Hg., Entwicklungspsychologie, ebd. 1972.

75 K.Hildebrand, Wer dem Abgrund entrinnen will, muß ihn aufs Genaueste ausloten, in: Die Welt 22.11. 1986, u. in: Historikerstreit, S.281–92. Jeder Student, versicherte Hildebrand, der die Literatur im „Habermas-Verfahren" traktierte, fiele durchs Examen. Sehr apart: 1. Vor zehn Jahren habe ich Hildebrand einen so nachlässigen Umgang mit eindeutigen Texten nachgewiesen (vgl. vorn Anm.16), daß das anderen, seinem eigenen Urteil zufolge, ein verpatztes Examen eingebracht hätte. 2. Treffend zu Hildebrands Behauptung auch die Feststellung C.Meiers (40 Jahre, S.91, Note 6), daß dieser „im gleichen Absatz eben die von ihm inkriminierte Unfähigkeit, Texte zu lesen, selbst an den Tag legte" (gemeint: Historikerstreit, S.287). Gegen die Beteiligung des Althistorikers Meier an der Kontroverse auch die aufgeregte Verwahrung von A.Hillgruber, Leserbrief, in: FAZ 29.11. 1986, u. in: Historikerstreit, S.296, vgl. ebd., S.394f., sowie den Widerspruch Noltes: Leserbrief, in: FAZ 6.12. 1986, u. in: Historikerstreit, S.360.

76 E.Nolte, Die Sache auf den Kopf gestellt. Gegen den negativen Nationalismus in der Geschichtsbetrachtung, in: Die Zeit 31.10. 1986, u. in: Historikerstreit, S.223–31. – Hier weist Nolte auch nachdrücklich auf einen bissigen Kommentar des radikalpazifistischen Kurt Tucholsky von 1927 hin, wo selbst den Frauen und Kindern jener Bürgerhäuser, in denen über die Wiederaufrüstung Deutschlands bramarbasiert werde, der Gastod gewünscht wird. (Vgl. K.Tucholsky, Gesammelte Werke, Hg. M.Gerold-Tucholsky u. F.J.Raddatz, V, Reinbek 1976[3], S.266.) Aus diesem Aufsatz spricht unzweifelhaft abgrundtiefe Erbitterung, aber keine allgemeine Gastod-Empfehlung à la Auschwitz. Zu verteidigen ist an dieser Entgleisung nichts. Hätte Nolte nicht dennoch zögern sollen, ausgerechnet diesen Artikel für sich ins Feld zu führen, der in der neonazistischen Literatur häufig als „Gegengewicht" gegen Hitlers Bemerkung in „Mein Kampf"

(1934, S. 772) figuriert, daß unglücklicherweise versäumt worden sei, 12–15 000 „hebräische Volksverderber" mit Gas zu töten, um „vielleicht einer Million ... wertvoller Deutschen das Leben" zu retten? Rechtsradikale Aufrechnung z. B. in: W. Stäglich, Der Auschwitz-Mythos. Legende oder Wirklichkeit? Tübingen 1979. – H. Rudolph, Falsche Fronten? in: Süddeutsche Zeitung 4./5. 10. 1986. Breitere apologetische Tendenzen bestritt Rudolph unverständlicherweise, er fühlte sich überhaupt durch die Lagerbildung irritiert (obwohl sie seit der Fischer-Kontroverse und 1968 besteht), zumal sich der Dissens in der Zunft nicht in bedeutenden Werken niederschlage. Immerhin: Habermas habe „diesen Streit nicht so effektvoll vom Zaun brechen können, wenn da nicht ziemlich viel Zaun gewesen wäre". – Zu der vorläufig letzten, unverändert verstockten Reaktion Noltes im Juli 1987 und Augsteins erfrischender Polemik dagegen vgl. unten VI.

77 S. P. Melgunow, Der rote Terror in Rußland 1918–1923, Berlin 1924, S. 247 (Ratte), vgl. 245; engl. ders., The Red Terror in Russia, London 1925, S. 175, 177. – R. Nilostonsky, Der Blutrausch des Bolschewismus. Berichte eines Augenzeugen, Berlin (1920[2]), S. 13. An solchen Broschüren (64 S.) herrschte nach 1918/20 in europäischen Buchläden kein Mangel. Der Titel klingt nicht sonderlich vertrauenserweckend, der Inhalt und die reißerische Aufmachung sind es auch nicht. Auf den beigefügten Fotos läßt sich nicht erkennen, wo es sich um tote Weiß- oder Rotgardisten oder um Zivilisten handeln könnte. Ob Nilostonsky überhaupt als seriöse Quelle gelten kann, müssen die Kenner der frühen Sowjetunion entscheiden. – G. Leggett, The Cheka: Lenin's Political Police, Oxford 1981, S. 198–402. Vgl. aber: F. T. Fomin, Zapiski staroga čekista (Erinnerungen eines alten Tschekisten), Moskau 1962, S. 51 ff. (ein eigener Abschnitt über chinesische Tscheka-Angehörige); Kitajskie dobrovol'cy v bojach za Sovetskuju Rossiju, 1918–1922 (Die chinesischen Freiwilligen in den Kämpfen für ein Sowjet-Rußland), Moskau 1961. – Mein Dank gilt den Freunden und Bekannten, die mit der sowjetischen und chinesischen Geschichte vertraut sind und mir bereitwillig weitergeholfen haben.

78 Nilostonsky, S. 23–25 (Ratte: S. 25). Nilostonsky stützt sich angeblich auf die Untersuchungsergebnisse der von den „Weißen" eingesetzten „Röhmberg-Kommission", die bolschewistische Untaten nachprüfen sollte. Wes Geistes Kind Nilostonsky war, erhellt die Schlußfolgerung (S. 48), die er aus dem unmenschlichen Verhalten der Bolschewiki zog: „nie" zuvor sei ihm die Behauptung „so verständlich" erschienen, „daß hinter dem ganzen Kommunismus-Schwindel von Moskau nichts anderes als die Verwirklichung des jüdischen Weltimperialismus steht, der nach den Thesen der Zionisten-Kongresse (d. h. den gefälschten „Protokollen der Weisen von Zion", H.-U. W.) durch rücksichtslose Ausrottung der christlichen Bevölke-

rung“ durchgeführt werde. Vgl. auch S. 42 (Schonung der Synagogen durch die „Roten“), S. 48 (Schonung „jüdischer Kapitalisten oder Schieber“), S. 58 f. (die überwiegend jüdische „Kamarilla, die Rußland regiert“, dort links viele jüdische Namen, rechts die Decknamen bekannter Bolschewiki!). Selbstverständlich schließt dieser finstere Antisemitismus nicht aus, daß der Bericht über Kiew vollständig korrekt sein könnte. Kann Nolte aber insgesamt bei einer solchen Quelle, wenn er sie überhaupt geprüft hat, weiterhin wohl sein? – Vgl. Leggett, S. 198, 402, Anm. 183, sowie H. F. Snow (Nym Wales), The Chinese Communists, Westport/Conn. 1952/1972, S. 311. – Was die vermutete Beeinflussung Orwells und seiner nachweisbaren Rattenphobie durch die Greuelberichte aus dem russischen Bürgerkrieg angeht, hat einer der derzeit besten Orwell-Kenner, Bernard Crick, 1984 m. E. überzeugend darauf hingewiesen, daß Orwells Geschichte von der Rattentortur aus dem allgemeinen Fundus an Vorstellungen von der „chinesischen Folter“ und – wie sein konkretes Beispiel! – aus englischen kitschigen Schauergeschichten stammen könne. Einen Einfluß der antibolschewistischen Literatur und der mündlichen Greuelberichte hält Crick nicht einmal für erwähnenswert! Vgl. G. Orwell, 1984, Hg. B. Crick, Oxford 1984, S. 442 f., Anm. 69 (mit genauen Nachweisen).

79 D. W. Klein u. A. B. Clark, Biographic Dictionary of Chinese Communism 1921–1965, I, Cambridge/Mass. 1971, S. 465. Unter der Diktatur Tschiangkaischeks hieß die Geheimpolizei selbstredend auch nicht „Tscheka“. Zu späteren Strafpraktiken: Bao Ruo-wang, Gefangener bei Mao, Bern 1973; H. F. Snow, Inside Red China, New York 1977, S. 92 f.; E. Wickert, China von innen gesehen, Stuttgart 1982, S. 196, 260–63. Vielleicht stammt der vertraute Topos einer spezifisch chinesischen Grausamkeit, die auch den Rattenkäfig nicht verschmäht, aus dem weiten Feld stereotyper Vorurteile und ließe sich erst durch den interkulturellen Vergleich realistisch spezifizieren. Chinesische Historiker, Philosophen und Mandarine bestimmen seit altersher, wie auch die Griechen des klassischen Altertums, die eigene Herrschaftssphäre als hochzivilisierte Kultur, während den Nachbarn, den „Barbaren“, die schlimmsten Verbrechen zugeschrieben werden. Vgl. dazu: N. Bauer Hg., China u. die Fremden. 3000 Jahre Auseinandersetzung in Krieg u. Frieden, München 1980.

80 A. Hillgruber, Für die Forschung gibt es kein Frageverbot, in: Rheinischer Merkur/Christ u. Welt 21. 10. 1986, u. in: Historikerstreit, S. 232–42; ders., J. Habermas, K.-H. Janßen u. die Aufklärung Anno 1986, in: Geschichte in Wissenschaft u. Unterricht 28. 1986, S. 725–38 (Dez.), u. in: Historikerstreit, S. 331–51. – Diese Zeitschrift wird von drei Historikern herausgegeben: H. Boockmann/Göttingen, K. D. Erdmann/Kiel und J. Rohlfes/Bielefeld. Der Vorspann (S. 725) zu Hillgrubers Aufsatz war mit „Der Herausgeber“

gezeichnet. Nach Lage der Dinge konnte diese kühne Reduzierung auf den Singular vermutlich nur der langjährige Herausgeber Erdmann vornehmen. „Der Herausgeber" jedenfalls ließ sich zuerst darüber aus, daß der Streit einerseits an sich „verständlich und begrüßenswert" sei, andrerseits „das übliche Maß (Was ist das? Wer definiert das Übliche?) wissenschaftlicher Polemik" übersteige. Augsteins zugespitzte Kritik an Hillgruber wirke jedoch „unerträglich" – dabei hatte doch Augstein die Formulierung des Klappentextes, also einen anonymen Verfasser im Verlag, nicht aber Hillgruber als „konstitutionellen Nazi" scharf „angeprangert". Auch „Der Herausgeber" wiederholte den abwegigen Vorwurf, daß weder bestimmte „Überlegungen" zur „hochsensiblen" NS-Vergangenheit „von vornherein tabuisiert oder verleumdet" noch „Zuwiderhandelnde verleumdet" und „der öffentlichen Verachtung" ausgesetzt werden dürften. (Wer, bitte, war bloß der wieder herumgeisternde Anonymus, der für Tabus focht und gleichzeitig verleumdete?) Damit verübe ein solcher Bösewicht nicht nur einen „fatalen Anschlag auf den Geist der Wissenschaft", sondern er „schadet auch der politischen Kultur in unserem Lande". Ohne Berufung auf die viel strapazierte „politische Kultur", die freilich glücklicherweise immer noch die offene Auseinandersetzung und den Konflikt der Interessen, keineswegs aber die stillschweigende Duldung von Provokationen und die kritiklose Hinnahme von phantasievollen Spekulationen privilegiert, ging offenbar nichts mehr.

81 Hillgruber, Habermas, S.725f., 733 (Janßen, in: Die Zeit 11.7. 1986). Vgl. zu 1: B.Sösemann, Die Tagebücher K.Riezlers, in: Historische Zeitschrift 236. 1983, S.327–69; mißlungener Entlastungsangriff: A.Blänsdorf, Der Weg der Riezler-Tagebücher, in: Geschichte in Wissenschaft u. Unterricht 35. 1984, S.651–84; umstrittener, aber aufschlußreicher Überblick: B.F.Schulte, Die Verfälschung der Riezler-Tagebücher, Frankfurt 1985. – 2: H.Hänel, H.Rauschnings „Gespräche mit Hitler", Ingolstadt 1984. – 3: U.Backes u.a., Reichstagsbrand. Aufklärung einer historischen Legende, München 1986 (mit einem Beitrag von Janßen); dazu die treffsichere Polemik von P.Haungs, Was ist mit den deutschen Historikern los? Oder: Ist Quellenfälschung ein Kavaliersdelikt? Zur Kontroverse um den Reichstagsbrand, in Geschichte u. Gesellschaft 13. 1987, 535–41. Auf die Antwort der Komitee-Mitglieder darf man nach einer so langen Wartezeit gespannt sein. – 4: K.-H.Janßen, Macht u. Verblendung. Kriegszielpolitik der deutschen Bundesstaaten 1914–1918, Göttingen 1963 (eine Freiburger Dissertation, die *vor* Fischers Buch und völlig unabhängig davon entstanden war!). – In seinem FAZ-Leserbrief vom 23.8. hielt Hillgruber auch einige gallige Bemerkungen über K.H.Bohrer als Journalisten für unumgänglich. Für einen gelassenen Umgang mit Publizisten, die ihn oder seine Position als Histo-

riker kritisch zu beleuchten wagen, fehlt Hillgruber offenbar das rechte Verständnis, obwohl die „Politische Kultur" in ‚diesem, unserem Lande' eine wachsame kritische Öffentlichkeit für sehr wünschenswert hält. Enthüllend hierzu auch Hillgruber, in: Historikerstreit, S. 393–95.

82 Hillgruber, Habermas, S. 727, 729. – S. 729, 732 (viermal „würde").

83 Hillgruber, Habermas, S. 726 (zuerst gegen Brumlik, dann gegen den „früher einmal renommierten" Vorwärts, vgl. Anm. 38. Wieso verdient hier Habermas' Hinweis auf Hildebrands Nolte-Laudatio in seiner Rezension in der „Historischen Zeitschrift" den Kommentar, daß es sich bei dieser rund 130jährigen angesehenen Fachzeitschrift um eine „ziemlich abgelegene Stelle" handle?). – S. 727 f. – Das „törichte Geschwätz" von Habermas, daß Hillgruber „fest in der Tradition der deutschen Mandarine" stehe, verstand Hillgruber offenbar überhaupt nicht (S. 729), denn er fügte hinzu: „was immer das heißen mag". Fritz Ringers bekanntes Buch über die deutschen Gelehrten (vgl. vorn Anm. 39) ist ihm demzufolge unbekannt geblieben, sonst hätte er kunstvoller returniert.

84 Hillgruber, Habermas, S. 729, 731. – Habermas, Nachspiel, in: ders., Schadensabwicklung, S. 149–58, Zitat S. 150; auch als: ders., Anmerkung, 23. 2. 1987, in: Historikerstreit, S. 383–86. Dort auch eine entschiedene und zutreffende Zurückweisung der „Zitatenfälschung" und das selbstkritische Eingeständnis (ein Verhalten, das man bisher bei allen seinen Kontrahenten nicht einmal andeutungsweise findet) eines von den Kritikern nicht entdeckten irreführenden Ausdrucks („effektivere Mittel" stamme nicht von Hillgruber, sondern sei von diesem aus dem NS-Jargon entlehnt, ebd., S. 383). Entschiedene Zurückweisung von Hillgrubers unqualifiziertem Vorwurf (S. 736), Habermas habe in der APO-Zeit „maßgeblichen Anteil" an der „von den extremen Linken an den westdeutschen Universitäten ... entfesselten Agitation und (am) psychischen Terror gegen einzelne nichtmarxistische Kollegen" gehabt. Habermas spricht zu Recht von einem „wenig Vertrauen" erweckenden Umgang mit Texten, da Hillgruber sich sachkundig hätte machen können, anstatt sich „von den Ressentiments seiner unreflektierten lebensgeschichtlichen Erfahrung gefangennehmen" zu lassen. (Habermas, Anmerkung, S. 385 f.). In diesem „Nachspiel" bzw. dieser „Anmerkung", die der Piper Verlag aus Gründen, deren Schilderung hier zu weit führen würde, zunächst partout nicht drucken wollte, werden auch die irreführenden Beschuldigungen Stürmers (S. 384), Hildebrands (S. 384) und Hillgrubers im Hinblick auf die referierten Thesen Dippers und H. Mommsens (S. 385) überzeugend zurückgewiesen.

85 Hillgruber, Habermas, S. 732 f., 734 f. Die „vier Probleme": S. 735 f. (mit wenigen lohnenden Vorschlägen). „Eine ähnliche Anmaßung ... einer geistigen Gängelung", fügte Hillgruber flugs gegenüber einem

Intimfeind hinzu, „erlaubt sich der Literaturwissenschaftler K. H. Bohrer", S. 737, Anm. 21 (gemeint: Bohrer in: FAZ 16. 8. 1986). – S. 736. Nachdem Hillgruber u. a. nicht dagegen opponiert hatten, daß wissenschaftliche Kontrahenten wie Broszat, H. Mommsen, W. Schieder u. a. „Revisionisten" genannt wurden, weil sie den „Hitlerzentrismus" à la Hillgruber revidierten, empfand er jetzt mit selbstredend genuiner Sensibilität den Begriff als „diffamierend gemeinte ... Etikettierung".

86 Hillgruber, Habermas, S. 731.

87 Ebd., S. 733. Die Charakterisierung als Konservativer wollte Hillgruber „gern gelten lassen", aber mit dem „Zusatz ‚Neo'" konnte er nichts anfangen; später vermutete er (S. 734), daß das, was früher „reaktionär" hieß, jetzt „neokonservativ" genannt werde. In den 60er Jahren war Hillgruber ein eher rechtsliberaler Mann; stammt sein eigener Neokonservativismus von 1968? – A. Hillgruber, Interview im „Rheinischen Merkur", in: Historikerstreit, S. 240f.; ders., Habermas, S. 730; Heuss, Versagen, S. 143. Es stimmt, ungeachtet aller Kritik und sachlichen Divergenzen, melancholisch, wie ein Zeithistoriker seine redlich verdiente Reputation dadurch weiter zerstört, daß er ein Urteil, welches Heuss selber als Altersweisheit erscheinen mag, als Leitperspektive einer künftigen größeren Darstellung akzeptiert: Sie müßte dieselbe, eher noch potenzierte Kritik wie „Zweierlei Untergang" mit Notwendigkeit auf sich ziehen. Vgl. jetzt auch noch A. Hillgruber, Mein „Schlußwort" zum sog. „Historikerstreit", 12. 5. 1987, in: Historikerstreit, S. 293–95: mit einer Fortsetzung der polternden Polemik, Ausfällen gegen C. Meier und der typischen Klage, daß der Streit kein fachwissenschaftlicher, sondern ein öffentlicher geworden sei! Hier äußert sich ein unleugbar antiliberaler, antidemokratischer, wissenschaftselitärer Affekt gegen die politischen Funktionen einer kritischen Öffentlichkeit.

88 Vgl. Nolte, in: Die Zeit 31. 10. 1986; Hildebrand, in: Die Welt 22. 10. 1986; Schulze, s. vorn Anm. 65; Möller, s. vorn Anm. 69. Vgl. S. Merl, „Ausrottung" der Bourgeoisie u. der Kulaken in Sowjetrußland? Anmerkungen zu einem fragwürdigen Vergleich mit Hitlers Judenvernichtung, in: Geschichte u. Gesellschaft 13. 1987, S. 368–81 (mit der wichtigen Literatur). R. Conquest (The Harvest of Sorrow. Soviet Collectivization and the Terror Famine, New York 1986) scheint mir nicht die proklamierte „definitive study" zu sein, da dort zuviele Vorurteile russischer Emigranten auftauchen, wie sie sich in Veröffentlichungen der „Hoover Institution" auf dem Gelände der Stanford University (zu deren Instituten sie *nicht* gehört!) häufiger nachweisen lassen, z. B. die Auffassung, daß die Kulakenpolitik wesentlich antiukrainische Vernichtungspolitik bolschewistischer Russifizierung gewesen sei.

89 Vgl. H.-U. Wehler, Die deutsche Frage in Europa 1648–1986, in:

Geschichtsdidaktik 12. 1987, S.113–19, u. in: ders., Aus der Geschichte lernen? München 1988; R. Löwenthal, Einleitung, in: D. P. Calleo u. a., Geteiltes Land – halbes Land, Berlin 1986; Weidenfeld Hg., Identität der Deutschen; ders. Hg., Geschichtsbewußtsein der Deutschen, Köln 1987; E. Jesse, Die (Pseudo-)Aktualität der deutschen Frage – ein publizistisches, kein politisches Phänomen, in: Neue Politische Literatur 1986/Beiheft S. 3, 51–68. Von einem neuen Radikalnationalismus bewegt und auf den kleindeutschen Nationalstaat fixiert: B. Willms, Idealismus u. Nation, Paderborn 1986; gesamtdeutsche Nostalgie eines ehemaligen Politikberaters aus der DDR: W. Seiffert, Das ganze Deutschland, München 1986; guter, nüchterner Überblick: T. Mayer, Prinzip Nation: Dimensionen der nationalen Frage, dargestellt am Beispiel Deutschlands, Leverkusen 1986.

90 Zum Identitätsgerede vgl. oben II.3. u. IV.6. Strauß: Wahlrede vom 4.1. 1987. Vgl. G. Hofmann, Die Weißwäscher im Wahljahr, in: Die Zeit 2.1. 1987 (dort: Benseler).

91 Stürmer, Preußens Erbe, in: FAZ 14.10. 1981; ders., Versuchung der Mitte, in: ebd., 13.6. 1987; ders., Wem gehört Deutschland? Europa u. die deutsche Frage, Berlin 1986; H. Schulze, Weimar. Deutschland 1917–1933, Berlin 1982/1983[2], S. 16f., 22, vgl. 20. Vgl. ders., Die Geburt der deutschen Nation 1740–1866, in: Boockmann u. a., S. 209, 241, 244; Hildebrand, Deutscher Sonderweg, S. 388, 390, 392, 389; Hillgruber, Gescheiterte Großmacht, S. 11, 15, 20, vgl. 94, 112; Anklänge auch bereits in: ders., Europa 1945–1963; ders., Deutsche Geschichte 1945–1972; ders., Untergang, S. 10, auch S. 74. – Stürmer, Deutsche Versuchung, S. 13, 22, 16, vgl. 15; vgl. ders., Kein Eigentum, S. 85, 87, 89, 94; ders., Reichsgründung, S. 96, vgl. 86, 93, 101; ders., Das industrielle Deutschland, S. 308, 307, 382, vgl. 304, 392, 408f.; ders., Ruheloses Reich, S. 205, 188, 233, 285, 384; vgl. weiter z. B. S. 10, 161, 187, 190, 227, 240, 262, 280, 288, 294, 215, 319, 325f., 327, 329, 334, 367, 370, 403f., 406–8; ders., Weder verdrängen, S. 691; ders., Dissonanzen, S. 109, 118, 151, 154, 159, 205f., 213, 225, 233, 253–55, 257, 259, 261, 264, 271, 276, 330.

92 Vgl. zu K. Haushofer: Neue Deutsche Biographie 8. 1969, S. 121f.; Biographisches Wörterbuch 1. 1973, S. 1046f.; H. A. Jacobsen, K. Haushofer, I: Lebensweg 1869–1946; II: Ausgewählter Briefwechsel 1917–1946, Boppard 1979; dazu K. Harpprecht, Die Narrheit der Geopolitik, in: Der Monat 284. 1982, S. 66–76. Vgl. weiter: K.-G. Faber, Zur Vorgeschichte der Geopolitik, in: Festschrift H. Gollwitzer, Münster 1982, S. 389–406; A. Dorpalen, The World of General Haushofer. Geopolitics in Action, New York 1942/Port Washington 1966[2]; G. Heyden, Kritik der deutschen Geopolitik, Berlin 1958; K. H. Harbeck, Die ‚Zeitschrift für Geopolitik' 1922–1944, Diss. Kiel 1963; R. Strauss-Hupé, Geopolitics, New York 1942. –

Über Carl Schmitts Großraum-Ideologie: ders., Völkerrechtliche Großraumordnung, Berlin 1939; ders., Positionen u. Begriffe, Hamburg 1940; auch noch: ders., Der Nomos der Erde, Köln 1950. Vgl. aus der wachsenden Schmitt-Literatur: I. Maus, Bürgerliche Rechtstheorie u. Faschismus. Zur sozialen Funktion u. aktuellen Wirkung der Theorie C. Schmitts, München 1976; H. Hofmann, Legitimität gegen Legalität. Der Weg der politischen Philosophie C. Schmitts, Neuwied 1964; C. v. Krockow, Die Entscheidung. Eine Untersuchung über E. Jünger, C. Schmitt u. M. Heidegger, Stuttgart 1958; J. Fijalkowski, Die Wendung zum Führerstaat. Ideologische Komponenten in der politischen Philosophie C. Schmitts, Köln 1958. – Über den einflußreichen englischen Vordenker der Geopolitik Halford J. McKinder vgl. H. Sprout, Political Geography, in: International Encyclopaedia of the Social Sciences 6. 1968, S. 116–23; B. Semmel, Imperialism and Social Reform 1895–1914, London 1960, S. 166–76. Zum Wiederaufleben der geopolitischen Doktrin in den USA das typisch mißratene Produkt: D. P. Calleo, The German Problem Reconsidered, Cambridge 1978; dt. Legende u. Wirklichkeit der deutschen Gefahr, Bonn 1980. Calleo dankt im Vorwort ausdrücklich für die Beratung durch Hillgruber. (Vgl. S. 23, 65, 108, 74, 82, wo der Nationalsozialismus zum guten Teil als „Folge des intensiven Drucks, der von außen her auf Deutschland lastete", gedeutet wird. Auch glaubt C. an die „Einkreisung" vor 1914, „alle Pfeile" waren auf das „Herz Europas" gerichtet; die Deutschen wurden von den „Fesseln ihrer geopolitischen Lage" abgewürgt usw.) Vgl. die Kritik in: H.-U. Wehler, Renaissance der Geopolitik? in: ders., Preußen ist wieder chic . . ., S. 60–66. Eine moderne Geschichte der deutschen Geopolitik von F. Ratzels „Politischer Geographie" (München 1897/1923[3]) über Robert Kjelléns einschlägige Schriften, die Rezeption McKinders und Mahans bis zu Haushofer und seinen Adepten fehlt noch immer. Gerade jetzt wäre sie sehr erwünscht.

93 Vgl. Stürmer, Begriffsgeschichte; ders., Nationalstaat. – H. Oncken, Der Sinn der deutschen Geschichte (1924), in: ders., Nation u. Geschichte 1919–1935, Berlin 1935, S. 19; E. Marcks, Der Aufstieg des Reiches 1807–1871/78, I, ebd. 1936, S. 56, 5, vgl. S. 9, 103; H. R. v. Srbik, Deutsche Einheit 1806–1866, I, München 1935/1963[4], S. 15 f.; IV, ebd., 1942/1963[2], S. 483; F. Meinecke, Irrwege in unserer Geschichte (1949), in: ders., Vom geschichtlichen Sinn u. vom Sinn der Geschichte, Stuttgart 1951[5], S. 216, u. in: ders., Werke, IV, Hg. E. Kessel, ebd. 1959, S. 207.

94 Vgl. Kocka, Kritik u. Identität, S. 897; H.-J. Puhle, Preußen: Entwicklung u. Fehlentwicklung, in: ders. u. H.-U. Wehler Hg., Preußen im Rückblick (= Geschichte u. Gesellschaft, Sonderheft 6), Göttingen 1980, S. 11–42.

95 Stürmer, Kein Eigentum, S. 94. So auch der Fluchtpunkt mancher

Erwägungen in seinem „Ruhelosen Reich"; Schulze, Weimar, S. 20; Kocka, Kritik, S. 896; ders., Rezension von Stürmer u. Schulze; Puhle, Die neue Ruhelosigkeit; B. Faulenbach, Deutsche Geschichte im 19. Jahrhundert, in: Archiv für Sozialgeschichte 27. 1987, S. 525–27 (geopolitische Interpretation).

96 Kocka, Kritik, S. 894; Hillgruber, in: Historikerstreit, S. 240 f.

97 Ebenfalls wird hier darauf verzichtet, die Ernennung von Michael Stürmer zum Nachfolger von Prof. Klaus Ritter als Direktor des ebenfalls aus Bundesmitteln finanzierten, rund hundert Mitarbeiter zählenden, angesehenen Forschungsinstituts für Politik, der „Stiftung Wissenschaft und Politik" in Ebenhausen bei München, mit all ihren Irrungen und Wirrungen zu schildern. Vgl. dazu: C. Leggewie, Der Geist denkt rechts, in: Die Zeit 16. 10. 1987 (Ebenhausen: S. 21); T. Sommer, Politikberatung in Deutschland. Seit 25 Jahren leitet K. Ritter die Stiftung Wissenschaft u. Politik in Ebenhausen, in: Die Zeit 2. 10. 1987; Meldung in: FAZ 2. 7. 1987; Informationen der Sozialdemokratischen Bundestagsfraktion, Tagesdienst 1. 7. 1987, Nr. 1164: Erklärung von K. D. Voigt als Obmann der SPD-Fraktion im Auswärtigen Ausschuß.

98 W. Wette, Leserbrief, in: Die Zeit 1. 8. 1986; Militärgeschichtliches Forschungsamt Hg., Das Deutsche Reich u. der Zweite Weltkrieg, bisher 4 Bde, Stuttgart 1979–1983, hier vor allem Bd. IV. Vgl. z. B. FAZ 10. 8. 1986 (Bericht über Suvorov); J. Hoffmann, Leserbrief, in: ebd. 16. 10. 1986; G. Gillesen, in: ebd. 10. 8. 1986 u. 27. 2. 1987. Allg. hierzu Pietrow (dort die neuere Kontroversliteratur, auch Hillgrubers unmißverständliche Kritik an der Präventivkriegsthese sowie die FAZ-Berichte und Leserbriefe). Informativ: V. Berghahn, Das Militärgeschichtliche Forschungsamt in Freiburg, in: Geschichte u. Gesellschaft 14. 1988/H. 2.

99 Brief von J. A. v. Kielmansegg als „Vorsitzender des Beirats" vom 24. 4. 1986 (nach der Kopie in Privatbesitz); W. Wette, G. Noske, Düsseldorf 1987. Vgl. zu einem besonders strittigen Punkt: H.-C. Schröder, G. Noske u. die Kolonialpolitik des Deutschen Kaiserreichs, Berlin 1979.

100 H. Mommsen, Das Dritte Reich, in: Niemandsland 1, S. 17. Vgl. H. Grebing (ebd. S. 12), die von einer „Enttabuisierung von bislang klar außerhalb des demokratischen Konsenses liegenden Interpretationen der deutschen Geschichte" spricht.

101 Jäckel, in: Frankfurter Rundschau 6. 6. 1987. – Zum folgenden: Eine erste Kritik an der Zurückhaltung der Soziologen bei T. Herz (vorn Anm. 38). Soweit ich zu sehen vermag, herrscht in den anderen Disziplinen schweigende Zurückhaltung.

102 K. Adam, Subjektiv. Abermals: Nolte u. die DFG, in: FAZ 5. 6. 1987. Vgl. vorher ders., Erpreßt? in: ebd. 13. 5. 1987.

103 W. Mommsen Hg., Deutsche Parteiprogramme, München 1960 u. ö., S. 84.

104 E. Nolte, Das Vergehen der Vergangenheit. Antwort an meine Kritiker im sogenannten Historikerstreit, Berlin 1987, S. 80, 18, 134, 109. („Anti-Lenin" – ein Begriff, der nach meiner Erinnerung bereits von Ernst Niekisch gebraucht wurde – auch in: ders., Die Ausschau nach dem Ganzen, in: FAZ 18.7. 1987) Der Titel des neuen Buches: E. Nolte, Der europäische Bürgerkrieg 1917–1945. Nationalsozialismus u. Bolschewismus, Berlin 1987. Noltes Taschenbuch „Das Vergehen der Vergangenheit" erschien im September 1987 nach dem Abschluß meines Manuskripts. Daher konnte es für diesen Essay nicht mehr ausgewertet und genauer charakterisiert werden. In Kürze nur sechs Punkte:

1. Auf S. 13 bis 67 erhalten alle Teilnehmer an der bisherigen Debatte die passenden Noten: von der „Attitüde eines Staatsanwalts oder Großinquisitors" (S. 20, über Winkler) über „lediglich ... Impertinenz" (S. 22, über Köhler) bis hin zur „überflüssige(n) Genauigkeit" (S. 62, Anm. 62 über Kocka – ein für Noltes Verständnis von der Geschichtswissenschaft enthüllender ‚Vorwurf'!).
2. Allgemein gilt: Das Taschenbuch aus dem Verlagsimperium des Herrn Fleissner ist ein papiernes Monument denkwürdiger Egozentrik. Wir alle haben die verschiedenen Dimensionen des „Historikerstreits", die deshalb auch in der öffentlichen Debatte verschiedene Schwerpunkte geschaffen haben, falsch beurteilt. Denn „im Kern" war, läßt Nolte uns an seinen Einsichten teilnehmen, dieser Streit „nichts anderes als eine große Kampagne gegen mich". (Das Vergehen, S. 158, so ähnlich mehr als ein halbes dutzendmal: z. B. S. 13, 19, 22, 25, 29, 49, 59) Ähnlich monoman wirkt: „Heute ist ein letzter Rest des einstigen intellektuellen Vorrangs Deutschlands darin zu sehen, daß ein paar Sätze des einfachen Professors (i. e. Nolte zu Beginn des „Historikerstreits") einen lang andauernden Sturm hervorrufen." (ebd., S. 29)
3. Offensichtlich glaubt Nolte noch immer an die Monsterfiktion des „Rattenkäfigs" (ebd., S. 18, 134), wie er weiter die Notwendigkeit der Frage verteidigt, ob Hitler und der Nationalsozialismus eine „asiatische" Tat vollbrachten, weil sie sich als Opfer fühlten (ebd., S. 17).
4. Bei seinem neuen Buch über den „europäischen Bürgerkrieg 1917–1945" wollten einige Verlage nicht sofort anbeißen. Da sind verschiedenartig Kosten-Nutzen-Kalküle denkbar. Noltes Konklusion: Das „scheint mir in sich ein geistesgeschichtlicher Tatbestand von großer Relevanz zu sein" (S. 10). Jeder Kommentar erübrigt sich. Im Anhang des Taschenbuchs lernt man mit den dort abgedruckten Rügebriefen an einige Verleger, die das Manuskript des „Bürgerkriegs" abzulehnen gewagt hatten, eine wahre Rarität kennen: eine Mischung von exhibitionistischem Gekränktsein und selbstbewußter Werbetexterei (S. 151–60). Noltes eigener Vor-

schlag zur Charakterisierung seines neuen Opus, z.B. in der Verlagswerbung: „Das Buch, das in seiner Entstehungsphase den ‚Historikerstreit' hervorbrachte und das nach seinem Erscheinen die Diskussion auf ein wissenschaftliches Niveau heben wird." (S. 158)

5. Neue Schatten fallen auf Noltes Fähigkeit zu einem sicheren Urteil: Hillgruber habe in seinem ersten Aufsatz in „Zweierlei Untergang" eine schwierige Frage „mit großem Ernst" behandelt, seine Identifikationsoption war, wen wundert's noch, buchstäblich „frag-würdig". C'est tout (S. 14). Als dubiose Kritik am Expertenmonopol gilt Nolte Christian Meiers Urteil, der „Historikerstreit" sei auch eine allgemeine politische Kontroverse. „Keineswegs", empört sich der pikierte Empiriker Nolte, könne „jedermann sich an dieser Debatte ohne spezielle Kenntnisse ... beteiligen" (S. 18). Vermutlich hatte Nolte auch Meiers unverbrämte Kritik (in: ders., 40 Jahre, S. 70) an Noltes Formulierung, auch die SS-Täter seien Opfer gewesen, in Harnisch gebracht. „Das ist schamlos", hatte Meier kurz und bündig konstatiert. In demselben Buch hielt Meier übrigens ähnlich unmißverständlich Hillgruber entgegen, daß die deutsche Vernichtungsmaschine weiterlief, „je länger die deutsche Front hielt". Und zu den schlimmen Leiden der ostdeutschen Bevölkerung fügte er endlich als notwendigen Kommentar hinzu: „systematischer, millionenfacher Massenmord bei der Vertreibung der Deutschen aus den Ostgebieten (ist) nicht betrieben worden" (Meier, 40 Jahre, S. 65, 69). – Auf der anderen Seite beurteilt Nolte allgemeines politisches Engagement generöser, wenn er meint, es peinigte „die ‚linke Intelligenz' ... die Befürchtung", „daß Michael Stürmer ... ihr durch seine mannigfaltigen und brillanten Aktivitäten den Rang ablaufen werde" (S. 13). Wenn Nolte in unvertrautem Gelände schon wieder eine unbegründete Furcht wittert, ist die Spekulation seine Sache.

6. Unter der Gürtellinie landet schließlich eine maßlose Unterstellung Noltes, die dem Mitglied des PEN-Klubs wohl kaum in einem Zustand der Geistesabwesenheit aus der Feder geflossen ist: „jene zum großen Teil ‚verfassungspatriotischen Linken', welche die Kampagne ... entfesselt" hätten, sollten sich fragen, insistiert Nolte allen Ernstes, „ob sie nicht in Gefahr sind, mit den massenhaftesten Vernichtungen zu sympathisieren, sofern diese dem ‚Fortschritt' und dem ‚Sozialismus' dienen wollen". Daß dieser absolute Tiefpunkt einer Selbstverteidigung, die keine Proportionen mehr kennt, keinen ‚Ausrutscher' darstellt, belegt ein unlängst gegebenes Zeitungsinterview von Nolte (ders., Hitler war auch ein europäisches Problem. Interview mit A. de Zayas u. G. Zehm, in: Die Welt 21. 9. 1987, S. 9; vgl. auch die Fortsetzung: ebd. 23. 9. 1987, S. 8). „Was in Wirklichkeit" hinter der Kritik stecke, sei „eine ausgesprochene oder unausgesprochene Sympathie für den Ideenge-

halt der russischen Revolution". Auf den empirischen Nachweis dieser angeblich als Gefahr drohenden Sympathie – mit „überflüssiger Genauigkeit", wie sie, bitte sehr, diesmal besonders angebracht wäre – bei Habermas, Jäckel, Broszat, Kocka, Winkler, den Mommsens und jetzt auch bei mir, wartet man in der Tat mit Spannung. Warum, zum Teufel, muß sich Nolte, der doch die meisten dieser „Sympathisanten" seit langem kennt, in solche Niederungen begeben?

105 Vgl. zur Verteidigung: Nolte, in: Die Zeit 21.10. 1986; ders., Das Vergehen, S.79, 146. Die soeben erwähnte Sorge wird auch aus anderen Quellen genährt. So hat Nolte offenbar nicht einmal, wie das Fehlen jeder Korrektur früherer Urteile auch in seinem neuen Taschenbuch unterstreicht, bei seiner dubiosen Auslegung des Weizmann-Briefes (vgl. vorn Anm.41) der Umstand irritiert, daß Eichmann während seines Prozesses in Jerusalem wortwörtlich zu seiner Verteidigung anführte, Weizmann habe doch 1939 Deutschland den Krieg erklärt! Nach: H. Arendt, Eichmann in Jerusalem, München 1986, S.158. – Der in Anm.104 bereits erwähnte FAZ-Aufsatz Noltes (18.7. 1987, „Die Ausschau nach dem Ganzen") setzt die oben belegte starre Verteidigung seiner Thesen fort. Nolte empfiehlt sich dort zunächst als Vertreter einer neuen „Zusammenhangswissenschaft", die „ein der Fachwissenschaft mehr und mehr unzugängliches ‚Ganzes' in den Blick nehmen" will. Das ist natürlich eine umständliche Umformulierung der alten Hegelschen und Marxschen Vorstellung von der „Totalität", die es wissenschaftlich einzufangen gelte. Bekanntlich ist diese Absicht, „Totalität" oder das „Ganze" tatsächlich erfassen zu können, bereits vom theoretischen Anspruch her „illegitim" (J. Habermas, Zur Logik der Sozialwissenschaften, Tübingen 1967, 179, 166), von der praktischen Überforderung eines jeden Humanwissenschaftlers, dem nur – eventuell plausibel verknüpfte – Partialerkenntnisse möglich sind, ganz zu schweigen. Nachdem der Leser derart auf das „Ganze" dieser „Zusammenhangswissenschaft", die freilich „auch dem Wagemut der Essayistik ... verwandt" bleibt, eingestimmt ist, wiederholt Nolte das Plädoyer zugunsten seiner Thesen über die bolschewistische Vernichtungspolitik, die angsterfüllten Nationalsozialisten und die Notwendigkeit einer „Historisierung" von Nationalsozialismus und Bolschewismus, die in einen „Weltbürgerkrieg" verstrickt wurden. Seine FAZ-Artikel vom 6.6. 1986 erklärte Nolte in verschnörkeltem Stil zu „andeutende(n) Vorwegnahmen", deren „Ausführung" in seinem neuen Buch „mit Spannung statt mit Befürchtungen oder Zorn entgegenzusehen" sei.

Unverzüglich gab Rudolf Augstein im „Spiegel" (Wie man Auschwitz „historisiert", 27.7. 1987, S.26f.) eine gebührende Antwort. In der Tat: „Neugierig darf man sein, wie er (Nolte) sich aus dem Rattenkäfig seiner exzentrischen Gespinste herauswindet." Auf die Erfüllung seines einzigen Wunsches, daß Nolte „einen geordneten Rückzug“ antrete, wird Augstein allerdings vergeblich warten müssen, wie das Noltes neues Taschenbuch bereits bestätigt und das Bürgerkriegsbuch vermutlich auch noch einmal bestätigen wird.

106 Vgl. hierzu G. Peschken (Wort zum Sonntag, in: Niemandsland 1. 1987, S. 52f.): Noltes „Takt ist wirklich einzigartig“. Da brächten die Deutschen mehr als 20 Millionen Russen im Zweiten Weltkrieg um, und jetzt werde ihnen von Nolte zugerufen: „Selber schuld“, überdies werde dann auch noch der Judenmord an ihnen aufgehängt. Außerdem stecke in Noltes Begriff von den „asiatischen“ Greueln, daß sie dort üblich, bei uns aber einzigartig seien. „Früher nannte man das Selbstgerechtigkeit“.

107 Nolte, in: Die Welt 21.9. 1987.

108 Diese Aversion hat, wie bereits vorn erörtert, auch zur Beibehaltung der ursprünglich als Interpretationsexperiment dienenden Vorstellung von Hitlers „Stufenprogramm“ geführt. Es ist im Licht der überprüfbaren Belege eine extrem fragwürdige Konstruktion, die aus einigen fraglos vorhandenen fixen Ideen Hitlers die Realisierung eines angeblich konsequent verfolgten Planes ableitet. Dieses „Stufenprogramm“ hat sich inzwischen längst verselbständigt und ist als dogmatisierte Denkfigur gegen die Kritik der „Strukturalisten“ immunisiert worden. Die Kontinuität von Hitlers Wahnideen anzuerkennen, ist eins, die nationalsozialistische Politik als Erfüllung dieses „Programms“ zu interpretieren, verrät dagegen ein Mißverständnis der nationalsozialistischen Politik und von Politik überhaupt, die stets auch von anderen Akteuren und nicht geplanten Konstellationen usw. abhängig bleibt, mithin nicht auf Programmverwirklichung reduziert werden kann. Eine – vermutlich ungewollte – Wirkung einer derartigen Interpretation besteht darin, daß diese ganz auf Hitler zentrierte Konzeption eine unübersehbare Entlastung aller Mitwirkenden, von den Funktionseliten in der Verwaltung, Justiz und Reichsbahn über die Wehrmacht bis zu den SS-Mannschaften der Lager impliziert. Gestattete die „Führer“-Position die von einer Stufe zur anderen kletternde Durchsetzung der programmatischen Ideen, ruht die Hauptverantwortung für die Entscheidungen, die das „Stufenprogramm“ verwirklichen wollten, auf diesem Inhaber der Entscheidungsmacht. In den referierenden Worten von Karl-Ernst Jeismann: „Je größer die Rolle Hitlers und seines Herrschaftssystems, desto entschuldbarer die deutsche Gesellschaft“ (ders., Identität, S. 10). Diese Lernunfähigkeit, die Hillgruber gegenüber der „strukturalistischen“ Kritik demonstriert hat, stimmt skeptisch, ob ihn jetzt noch so triftige Gegenargumente zum Umdenken bewegen können. – Da Hildebrand zu Noltes und Hillgrubers Thesen seine Trommel nur zustimmend gerührt hat, erübrigt sich eine erneute Diskussion seiner Position.

109 Stürmer, Was Geschichte wiegt, in: FAZ 26.11. 1986, u. in: Historikerstreit, S. 293–95; vgl. ders., Lernen aus der Geschichte, in: ebd. 2.4. 1987. – Jäckel, in: Frankfurter Rundschau 6.6. 1987.

110 Dazu hat sich auch Hermann Lübbe zu Wort gemeldet, einer der fleißigsten neokonservativen Kommentatoren des Zeitgeistes, insbesondere all jener Schleifspuren, die sich irgendwie auf die „Kulturrevolution" von 1968 zurückführen lassen. Nicht nur versucht Lübbe (Politischer Moralismus. Der Triumph der Gesinnung über die Urteilskraft, Berlin 1987, S. 72) Hillgruber gegen den „absurden Verdacht", der gegen ihn geäußert worden sei, zu verteidigen. Vielmehr behauptet er auch, „daß es angesichts von Millionen ideologiekonsequent getöteter, liquidierter Rassen- oder Klassenfeinde, daß es insbesondere in Erinnerung an die unvorstellbaren Leiden dieser Opfer nicht angeht, diese Opfer nach den Graden der moralischen Verwerflichkeit ihrer Tötung gruppieren zu wollen" (ebd., S. 25). Damit wird im Grunde jedem differenzierten Vergleich mit differenzierenden Urteilen – ein Problem, das bekanntlich im „Historikerstreit" eine fundamental wichtige Rolle spielt – die moralische Berechtigung bestritten. Der industrielle Massenmord des nationalsozialistischen Systems, das sich in einem hochentwickelten Mitgliedsland des okzidentalen Kulturkreises durchsetzte, verlangt andere Beurteilungskriterien – auch moralischer Natur – als die Exzesse des russischen Bürgerkriegs, Pol Pots und Idi Amins. Lübbe hatte bereits 1983 versucht, mit einem Plädoyer für platten Pragmatismus alle Differenzierungsgewinne, welche die Historiker und Sozialwissenschaftler bei der Beurteilung der Jahre nach 1945 erzielt hatten, plattzuwalzen. Vgl. H. Lübbe, Der Nationalsozialismus im Bewußtsein der deutschen Gegenwart, in: FAZ 24.1. 1983, auch in: M. Broszat u.a. Hg., Deutschlands Weg in die Diktatur, Berlin 1983, S. 329–49; ähnlich in: Historische Zeitschrift 236. 1983, S. 579–99. Treffsichere Kritik in: H. Dubiel u. G. Frankenberg, Entsorgung der Vergangenheit? in: Die Zeit 18.3. 1983, S. 44; meine Kritik in: Wehler, 1933 – ein halbes Jahrhundert danach, in: ders., Aus der Geschichte lernen? München 1988.

Anzeigen